异质信念与中国股票
市场异象研究

李林波　著

中国财经出版传媒集团

经济科学出版社
Economic Science Press

图书在版编目（CIP）数据

异质信念与中国股票市场异象研究/李林波著 . --
北京：经济科学出版社，2021. 12
ISBN 978 - 7 - 5218 - 3142 - 9

Ⅰ. ①异…　Ⅱ. ①李…　Ⅲ. ①股票投资 - 研究②股票
市场 - 研究 - 中国　Ⅳ. ①F830. 91②F832. 51

中国版本图书馆 CIP 数据核字（2021）第 257568 号

责任编辑：陈赫男
责任校对：刘　昕
责任印制：范　艳

异质信念与中国股票市场异象研究

李林波　著

经济科学出版社出版、发行　新华书店经销
社址：北京市海淀区阜成路甲 28 号　邮编：100142
总编部电话：010 - 88191217　发行部电话：010 - 88191522
网址：www. esp. com. cn
电子邮箱：esp@ esp. com. cn
天猫网店：经济科学出版社旗舰店
网址：http://jjkxcbs. tmall. com
北京密兴印刷有限公司印装
710×1000　16 开　12 印张　210000 字
2022 年 3 月第 1 版　2022 年 3 月第 1 次印刷
ISBN 978 - 7 - 5218 - 3142 - 9　定价：48. 00 元
（图书出现印装问题，本社负责调换。电话：010 - 88191510）
（版权所有　侵权必究　打击盗版　举报热线：010 - 88191661
QQ：2242791300　营销中心电话：010 - 88191537
电子邮箱：dbts@ esp. com. cn）

前　　言

随着资产定价理论的发展，有效市场假说的"理性人"和"同质性"假设受到了广泛质疑，而投资者异质信念无疑更接近于实际。异质信念理论认为，投资者由于先验的异质性差异或接收的信息不同，对同一资产的预期价格出现了分歧，进而影响了股票价格的形成。中国股票市场上，以"散户"为主的投资者结构及其交易特征提高了股市信息不对称程度，导致投资者异质信念增强，使得股票价格出现了非理性波动，由此引发的暴涨暴跌、资产泡沫等现象广受诟病。中国股票市场上这种投资者结构导致的异质信念与中国股票异象存在什么关系？本书以此为核心问题进行研究。

然而，本书研究也面临着两个难题：一是理论上如何基于中国股票市场特征研究投资者异质信念的形成机制；二是实证上如何使用异质信念指标解释中国股票市场异象。针对上述疑问，本书将理论分析、建模推导与实证研究相结合，使用理论模型研究、投资组合分析、横截面回归、因子模型回归、OLS回归和DID等研究方法，探究异质信念能否解释中国股票市场异象。本书的研究过程及核心结论如下：

第一，本书从私人信息投资者和公开信息投资者的预期差异视角构建了一个异质信念定价模型。模型结果发现，知情信息和公开信息披露的差异越大，异质信念越大；异质信念提高了均衡价格和流动性，但降低了股票的交易成本、定价效率和资本成本；异质信念与投资者福利负相关，提高公开信息的质量可以提高整个市场的投资者福利。上述结论揭示了异质信念解释股票异象的影响机制：异质信念越大，导致股价中的噪声信息越多，使得股票市场的定价效率越差，且财务信息更难进入股票价格中，导致股票的超额收益异象越明显。

第二，本书使用换手率分离模型构建了一个异质信念代理指标，利用中国A股市场2000~2018年的样本数据实证发现，异质信念能够负向预测横截面收益，且对解释崩盘、暴涨等极端情形下的股票收益具有优势。

本书构建了一个包含市场因子（*MKT*）、规模因子（*SMB*）和信念因子（*FMG*）的 B-3 因子模型，并使用该模型解释复制的 106 个交易市场异象，与资本资产定价模型（CAPM）、FF-5 模型和 CH-3 模型对比发现，无论在调整的 alpha 显著性还是 GRS 检验上，B-3 因子模型都具有明显优势。另外，本书使用事件研究法构建了 8 个发行市场异象，使用 OLS 回归方法检验发现异质信念可以有效解释中国股票市场的首次公开募股（IPO）异象。

第三，为了保证上述理论和结果的稳健性，本书使用融资融券制度、发行市场管制、投资者情绪进一步检验异质信念对股票异象的影响。结果发现，引入卖空机制后，悲观交易者和负面信息进入股票价格中，异质信念降低，导致股票市场的过度反应异象减弱；新股发行的市场化改革减弱了管制约束，降低了投资者异质信念，使得 IPO 溢价下降；新兴产业的上市公司利用投资者的估值偏差和市场情绪，吸引经济资源向新兴产业集聚，优化实体经济中的资源配置。

本书的边际贡献在于：首先，在理论上提出了一个新的异质信念形成机制，契合了中国股票市场以"散户"为主的投资者结构及交易特征，并在实证上使用换手率分离模型构建了一个相对应的异质信念代理指标，推动了异质信念研究的发展。其次，相对于传统的因子模型，本书构建的 B-3 因子模型在解释股票异象上具有相对优势，从行为金融学角度丰富了股票异象的解释观点。最后，本书检验了中国 A 股市场上 106 个交易市场异象和 8 个发行市场异象的收益表现，丰富了股票异象的研究文献。

目　　录

第 1 章

绪　　论

1.1　研究背景与意义

近年来，资产定价领域争论的一个热点问题是"哪一个因子定价模型更适合解释股票收益和异象"。为此涌现出了 FF - 5 和 FF - 6 因子模型（Fama & French，2015，2018）、q4 和 q5 因子模型（Hou et al.，2015，2020）、误定价因子模型（Stambaugh & Yuan，2017）、复合 6 因子模型（Barillas & Shanken，2018）、行为 3 因子模型（Daniel et al.，2019）等，在解释股票异象上，上述模型皆表现出了明显的解释能力。但是上述定价模型主要针对美国股票市场，鲜有关注中国股票市场。从关注中国资产定价问题的文献看，屈源育等（2018）和刘等（Liu et al.，2019）探讨了壳溢价的影响。刘等（2019）剔除了"壳污染"后，CH - 3 因子模型对股票收益及异象的解释能力明显提高，定价了中国股票市场的"管制风险"特征。综合上述热点的研究现状发现，国外使用行为金融学解释股票异象的研究逐渐增多，而国内研究尚待进一步丰富。因此，本书尝试借鉴行为金融学的视角，从中国股票市场现状出发，探讨"如何解释中国股票市场异象"的问题。

行为金融学理论是以心理学为基础，从人的行为特征出发，引入其他社会科学的研究工具来解释金融市场现象的一种理论学说。行为金融学的形成伴随着两个重要分支的发展：一个是对"理性人"假设的质疑，学者们提出了"前景理论"（Kahneman & Tversky，1979）、"异质信念"（Miller，1977）、"投资者情绪"（Baker & Wuglar，2006）、"外推情绪"（Barberis et al.，2015）等理论，从投资者非理性行为角度研究定价问题；另一个是对"有效市场假说"的质疑，由于股票市场中存在的一些资产定价现象难以得到合理解释，这些与传统资产定价理论相悖的定价现象被称为异象，比如过度反应现象（De Bondt & Thaler，1985）、价值效应（Basu，1977）、规模效应（Banz，1981）、过度波动之谜（Shiller，1981）、股权溢价之谜（Mehra & Prescott，1980）等。

本书的研究正是缘起于这两大行为金融学分支——投资者的非理性心理特征能否解释股票市场的定价异象。在众多的行为金融学理论中，异质信念的出现为探讨该问题提供了一个新视角。异质信念理论认为，投资者或由于接收的信息不同或由于先验的异质性差异，对同一资产价格的预期出现了分歧，最终导致股票价格和市场收益出现了非理性波动。而且，基于异质信念的理论和实证研究已经解释了资产泡沫、动量效应和反转效应等异象，为本书研究提供了理论借鉴和研究思路。

异质信念与中国股票市场以"散户"为主的投资者结构相契合。中登公司 2018 年统计年鉴显示，截至 2018 年底 A 股自然投资者账户达到 13398.30 万户，自然人投资者账户数量占总股票账户数量的 99.23%；从持股占比看，个人投资者持股占比约为 35.8%，而机构投资者的持股占比约为 14.0%，另外产业资本和外资持股占比分别为 48.4% 和 1.6%；从日交易额看，个人投资者的交易量占到 85.6%，而机构投资者的交易量仅占 12.21%。① 个人投资者缺乏相应的理论知识，上市公司定期披露的"财报"信息使得个人投资者很难对其做出理性的分析和判断。股票市场上的信息不对称，公司管理层有意识地美化财务数据，更有甚者采用信息造假等行为在股票市场上"兴风作浪"，使得谣言、内幕信息、公开信息等充斥着各种股吧、论坛、交流群以及"朋友圈"，个人投资者对"抓眼球"的信息较为敏感，而对于基本面信息较为迟钝，这加剧了中国股票市场的羊群效应和投机行为。

从异质信念的理论机制看，这种中国股票市场的投资者结构和交易特征导致了不同投资者之间的预期分歧，加剧了股票价格的非正常波动。特别是，"中小投资者比重较大"的投资者结构加剧了中国股票市场的信息不对称，机构投资者、中小投资者和上市公司管理者之间信息获取渠道和信息内容存在明显差异，使得股票交易量和股票价格主要反映了"散户"的投资预期，导致股票市场上的非理性投机现象，而行为金融学中把这种

① 中国证券登记结算有限责任公司. 中国证券登记结算统计年鉴 2018 ［Z］. 2019 – 08 – 21.

机构投资者和中小投资者的预期分歧称为"异质信念"。另外，中国股票市场的监管约束加剧了上述影响。从股票市场的实践看，监管机构对市场过度频繁的干预，制约着投资者的套利行为，特别是"T+1"交易机制、ST制度、有约束的融券交易机制、以机构投资者为主的股指期货制度等，制约着持有更多信息的悲观投资者进入交易，进一步放大了不同投资者之间的意见分歧。因此，上述特征使得传统资产定价理论在研究中国股票市场上可能存在一定的局限性，而异质信念研究中国股票市场的资产定价问题会具有相对优势。

基于上述特征，本书把"异质信念是否能解释中国股票市场的定价异象"作为核心问题。从理论模型和实证研究两方面出发，理论上探讨了异质信念解释股票异象的逻辑机制，并从实证上构建了一个异质信念代理指标和B-3因子定价模型，解释中国股票市场上的106个交易市场异象和8个发行市场异象，最后引入了融资融券制度、发行管制和投资者情绪三个指标，检验异质信念影响股票异象的稳健性。本书的研究成果对了解中国股票市场的发展程度，解释股票异象的形成，为监管者、企业管理者、投资者分别提供制度改革建议、融资建议和投资建议等具有重要的现实意义。

首先，本书的研究有助于解释中国股票市场的暴涨暴跌现象。中国股票市场具有高波动、高溢价的特征，2007~2008年和2014~2016年这两个时期内，中国股市出现的暴涨暴跌现象给监管机构带来了巨大挑战，尤其是2014~2016年屡次出现的整体暴跌现象，连续数个交易日股指跌幅超过6%，超过2000多只股票跌停，数万亿股票市值蒸发，这种远超正常预期的价格波动现象严重干扰了资本市场的定价效率，造成的股票市场改革延迟和IPO暂停等影响了中国资本市场的健康发展。从理论上看，暴涨市场中"散户"投资者对股票的基本价值反应不足、对股票上涨预期的反应过度，加剧了股票价格的暴涨；暴跌情况下"散户"投资者对股票过去价格的波动信息反应过度，加剧了股票价格的暴跌。本书的研究结论对上述现象提供了一个解释思路，并对政府如何在暴涨暴跌时期内进行干预提供了一个新建议。

其次，本书的研究有助于推动中国资本市场监管体制改革。当前中国股票市场的监管主要以"事前控制"和"事中干预"为主，比如，1995年推行的T+0交易制度、1997年推行的涨跌停幅（10%）制度、2010年3月前实行的严格卖空限制、2016年昙花一现的"熔断机制"等，这种以制度方式限制投资者交易的行为并没有使暴涨暴跌趋缓反而越来越严重，也导致我国股票市场长期以来发展缓慢。2015 年在"股灾"危机中，证监会动用巨额资金进行救市，超过半数的上市公司停牌，而且暂停了场外配资、融资融券和股指期货等业务。这种"事中干预"使得经济社会付出了巨大成本。本书结论对上述监管改革提供了一些有益的方法。

　　最后，本书的研究有利于改善资本市场和实体经济之间的融资渠道。虽然中国股票市场的快速发展促进了企业上市融资，有效地支持了国企改制和民营企业的发展壮大。但是，近年来随着我国经济增速放缓，民营企业和中小企业的"融资难、融资贵"问题凸显。在资本市场上设立了中小板、创业板、新三板和科创板等多层次资本市场前提下，实体企业的直接融资能力和效果依然不明显。这些问题的根源可能在于发行市场存在的问题并未得到有效解决，上市公司融资过程不清晰。本书分别研究了发行市场异象和实体企业通过资本市场的估值分歧吸引融资的问题，从行为金融学的角度促进了"金融支持实体经济"的研究。

1.2　研究思路与主要结论

1.2.1　研究思路与内容

　　本书以异质信念解释中国股票市场异象为核心问题，将理论分析、建模推导和实证研究相结合，使用理论模型推导、资产组合分析、法玛－麦克白（Fama－MacBeth）回归、因子定价模型、GRS 检验、OLS 回归方法和 DID 方法等，研究异质信念如何解释中国股票市场异象。本书的研究思路如图 1.1 所示，从横向看本书主要研究异质信念和股票异象之间的关系，从纵向看本书的框架从理论模型、实证研究和稳健性检验三个章节展开。

　　针对异质信念与股票异象之间的关系，本书首先构建了一个理论模型，从理论角度提炼了投资者异质信念解释股票异象的理论逻辑；其次从实证角度构建了异质信念的代理指标以及 B－3 因子定价模型，针对 106 个交易市场异象和 8 个发行市场异象进行实证检验；最后针对研究中出现的相关假设及未关注的其他问题市场特征，本书关注了中国股票市场的融资融券制度、监管约束制度和投资者情绪特征，进行稳健性检验，保证了研究结论的可靠性。

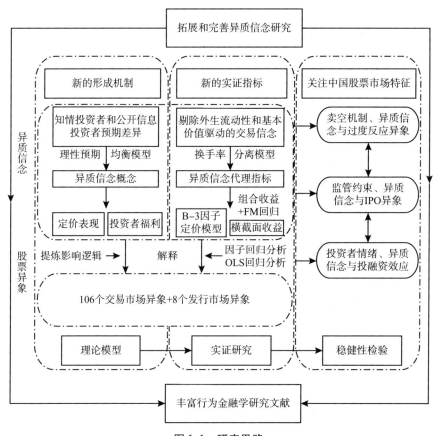

图 1.1　研究思路

本书的主要研究内容如下：

第一，当前中国股票市场存在哪些问题亟待解决？异质信念和股票异象的研究现状是什么？为解决这些问题，本书在第 1 章介绍了资产定价领域的热点和中国股票市场的发展现状，探讨了异质信念解释股票异象的可行性，引出了本书的核心问题。第 2 章回顾了异质信念和股票异象的研究现状，着重对异质信念的定义和定价研究文献、异质信念解释股票异象的文献进行归纳和总结，提出了本书的研究问题。

第二，投资者异质信念与股票异象之间的关系是什么？为解决这个问题，本书在第 3 章从理论模型角度，基于公开信息投资者和私人信息投资者的预期差异构建了一个异质信念定价模型来解释股票市场的定价现象和投资者福利，最后根据上述结论提炼了异质信念解释股票异象的理论机制。

第三，现实的资本市场中，上述理论机制是否与实证结果相符合？第4章使用中国 A 股上市公司数据，在上述理论模型基础上构建了一个新的异质信念代理指标，探讨了该指标的定价能力；在此基础上构建了 B-3 因子模型，与传统的定价因子模型相比较，探讨该模型能否解释中国股票市场的 106 个交易市场异象，包括市场摩擦类异象、动量反转类异象、价值成长类异象和投资类异象、利润类异象和无形资产异象。最后，基于中国新股发行市场现状，重新构建了异质信念解释 IPO 的理论框架和代理指标，并使用事件研究法构建了 8 个 IPO 异象，实证研究投资者异质信念能否解释新股发行市场的 IPO 异象。

第四，上述研究结果是否依旧显著。在第 5 章中进行了稳健性检验，根据前面屡次提到但未解决的一些理论问题，引入了卖空限制、监管约束和非理性投机严重等中国股市特征，验证"卖空机制—异质信念—过度反应异象"机制、"监管约束—异质信念—IPO 异象"机制和"投资者情绪—异质信念—投融资效应"机制是否成立。

在上述研究的基础上，第 6 章归纳了本书的研究结论，并提出了一些可供选择的政策建议，从而将问题落到实处，达到理论和实践相结合，同时指导实践的作用。

1.2.2　主要研究结论

基于上述研究过程，本书得到的主要研究结论如下：

第一，本书根据知情投资者和公开信息投资者的预期差异构建了一个异质信念形成机制并推导发现，异质信念主要由私人信息和公开信息的质量差异决定；异质信念提高了股票价格和流动性，但降低了交易成本、定价效率和资本成本；异质信念与投资者福利负相关，而提高公开信息质量则可以提高整个市场的投资者福利。

第二，本书借鉴换手率分离模型构建了一个新的异质信念代理指标，实证验证异质信念与未来股票收益的关系结论发现，投资者异质信念对未来股票收益具有负的预测能力，而且该异质信念指标在解释极端投资者情绪上的显著优势，也说明了中国股票市场的暴涨暴跌可能是由投资者的非理性投机行为造成的。

第三，本书构建了一个包含市场因子（*MKT*）、规模因子（*SMB*）和信念因子（*FMG*）的 B – 3 因子模型，并复制了市场摩擦类、动量反转类、价值成长类、投资类、盈利类和无形资产类等 106 个交易市场异象，使用因子模型调整的 *alpha* 值和 GRS 检验（Gibbons et al.，1989）发现，与 CAPM、FF – 5 模型、CH – 3 模型进行对比检验后，无论是调整 *alpha* 值的显著性还是 GRS 检验结果，B – 3 因子模型都要优于其他定价模型。

第四，本书对异质信念解释 8 个 IPO 异象的实证检验发现，异质信念可以有效解释发行市场的 IPO 异象，投资者异质信念越高，IPO 首日收益和 IPO 短期连续收益越高，而 IPO 长期收益表现越差，异质信念是 IPO 异象形成的主要因素。

第五，本书基于融资融券制度研究卖空限制对过度反应的影响发现，卖空机制使悲观交易者和负面信息进入股票定价之中，降低了投资者异质信念，提高股票定价效率的同时降低了持续性过度反应程度，但卖空机制的影响具有不对称性，在极端情绪条件下持续性过度反应程度出现了显著上升。

第六，本书实证研究发行市场监管约束对 IPO 异象的影响发现，IPO 市场化改革降低 IPO 异象的影响是通过异质信念这一渠道影响的，市场化改革提高新股的信息扩散，降低了异质信念，引导投资者的交易回归理性，IPO 溢价逐渐下降。

第七，本书研究投资者情绪对产业扩张、资本份额和劳动力份额的影响发现，异质信念也是影响上市公司投融资行为的一个重要指标，上市公司高管通过观察市场投资者的估值心理进而决定本身的融资和投资。资本市场的投资者估值偏差促进行业扩张，一个行业的投资者错误估值越高，其产业扩张越快。

1.3 研究方法

1.3.1 归纳推理和演绎推理相结合的方法

首先，根据当前研究文献中的观点和资本市场的基本事实，对中国股票市场的投资者结构和非理性现象采用归纳推理的方法进行总结，抽象出本书需要研究的问题；其次，采用演绎推理的方法进行补充，用数理建模方法对相应问题进行严密的演绎推理，推导出相应的理论结果。

1.3.2 数理方法和数值分析方法

首先，以一定的价值判断和假设为基础，利用数理方法（理论预期均衡模型，REE）推导出一个异质信念定价模型，解决了异质信念的影响机制；其次，使用 matlab 软件对模型结果进行数值拟合，保证理论模型的合理性。

1.3.3 统计分析和实证研究方法

统计分析包括：使用描述性统计法对变量进行描述；使用投资组合分析法研究异质信念的收益预测能力；使用主成分分析法构建投资者情绪变量；使用罗斯（Ross，1976）的套利定价模型和法玛和法兰奇（Fama & French，1993）因子构建方法构建了 B - 3 因子模型等。实证研究方法是指：使用 Fama - MacBeth 方法研究横截面定价能力；使用 GRS 检验研究因子模型和股票异象的关系；使用 OLS 回归检验异质信念与发行市场异象的关系；使用 DID 和 PSM 检验融资融券制度这一准自然实验的影响；使用 2SLS 检验内生性关系。

1.4 边际贡献

本书使用异质信念解释中国股票市场异象，对于行为金融学理论的完善和发展具有积极意义，本书的创新和边际贡献主要表现在以下几个方面。

（1）从理论上构建了一个异质信念形成机制，并从实证上提供了一个对应的异质信念代理指标。理论模型上，本书基于私人信息投资者和公开信息投资者之间的预期差定义了一个投资者异质信念概念，该指标主要反映了股票市场上噪声信息的交易特征。相对于申克曼和熊（Scheinkman & Xiong，2003）、巴萨克（Basak，2005）、张维和张永杰（2006）、洪和斯坦（Hong & Stein，2007）等学者的研究，本书给出了一个完善的理论推导和实证验证的过程。本书主要关注了异质信念的后验特征，拓宽了异质信念的研究视野，提炼了异质信念解释股票市场异象的影响机理，进一步扩展了异质信念的解释能力。在实证研究中，本书基于上述理论思路和换手率分离模型构建了一个异质信念代理指标，刻画了"散户"噪声信息驱动的交易信念。目前异质信念定价的理论成果丰富而标志性实证成果匮乏的原因，在很大程度上是因为在异质信念代理指标上还存在很大的分歧，本书基于理论模型构建的异质信念代理指标，丰富了异质信念实证研究的文献。

（2）本书构建了一个 B－3 因子模型（市场因子 MKT、规模因子 SMB 和信念因子 FMG），为解释中国股票异象提供了一个新视角。过去针对中国股票异象的研究主要基于传统金融理论或投资者情绪理论，鲜有从异质信念的角度进行研究。本书使用 B－3 因子模型（或异质信念指标）解释中国股票市场上存在的 114 个交易市场和发行市场的股票异象，相对于 CAPM、FF－5 模型和 CH－3 模型，B－3 因子模型在解释股票异象上具有相对优势。本书研究丰富了行为金融领域的定价因子模型，并为解释股票异象提供了一个行为金融学观点。

（3）本书可能的边际贡献还包括以下几个方面：研究了中国 A 股市场中 106 个交易市场异象和 8 个发行市场异象，相对于只针对单个或几个异象进行研究的文献，进一步丰富了针对中国 A 股异象的研究；基于异质信念定价模型探讨了投资者异质信念对市场定价表现和投资者福利的影响，进一步拓展了异质信念的影响范围；引入卖空机制、监管约束和投资者情绪等中国股票市场特征，进一步完善了异质信念解释股票异象的逻辑关系；研究成果对证监会完善监管观测指标、投资者的交易决策和上市公司管理层的投融资决策等具有实践意义。

第 2 章

文 献 综 述

本章通过回顾投资者异质信念和股票异象的主要文献，梳理国内外相关研究的现状，追溯本书研究的理论基础。主要从三个部分展开：第一部分探讨了"异质信念"是如何出现并发展的，包括"理性"到"有限理性"的理论突破以及从"同质性"到"异质性"的出现；回顾了异质信念研究的现状，包括异质信念的定义、形成机制、理论模型、代理指标、定价能力等。第二部分回顾了股票异象以及相关解释理论以及异质信念解释股票异象的研究现状。第三部分针对上述研究进行述评，提出了本书的研究问题。

2.1 异质信念的相关理论与实证研究

2.1.1 "理性—同质性"与"有限理性—异质性"

1. 从理性到有限理性

理性和有限理性是一个哲学概念，所以本节首先从哲学角度回顾了理性与有限理性的关系。崔秋锁（1989）等认为理性是指人脑所具有的一种逻辑思维能力以及按照逻辑思维规律、客观实际、客观规律合理地解决问题的能力。而非理性主要是指"人脑所具有的一种非逻辑、非条理的推动和帮助人们去认识和行动的精神力量和精神能力。作为精神力量的非理性主要包括本能、欲望、需要、意向、动机、潜意识、情绪、情感、意志、信念、信仰等；而作为能力的非理性则主要是指形成目的和动机能力、灵感和直觉能力、意志能力、感觉能力、表象能力、猜测能力、想象能力等"。理性与非理性是矛盾、对立的，这种对立正是客体与主体的对立以及对立在人的主观精神世界中的反映。

"有限理性"在人的信念中介于理性和非理性之间，而且有限理性作为现实世界中人的一种真实反映，更适用于探讨股票市场中投资者行为。对于资产定价的研究，有限理性介于理性（逻辑客观规律）和非理性（人的信念情感等）之间，是探讨人（投资者）与物（股票市场定价）的可靠理论。探索理性和有限理性的哲学含义有助于限定本书理论研究的范围，为本书研究提供思辨的逻辑基础。

从经济学角度看，"理性"是经济学领域的一个核心假设，"理性"概念在经济学的研究中长盛不衰。经济学发展伊始，亚当·斯密（Adam Smith）在《国民财富的性质和原因的研究》一书中提出了"理性人"的假设——"社会经济中每个人都力图用好他的资本，使其产出能实现最大的价值。他既不企图增进公共福利，也不知道他能够增进多少。但是，在他这样做的时候，有一只看不见的手在引导着他去帮助实现另外一种目标，尽管该目标并非他的本意。追逐个人利益的结果，使他经常地增进社会的利益，其效果要比他真的想要增进社会的利益时更好"。这种"理性"假设的含义可以归纳为两种：一是所有经济主体愿意且能够最大化其预期效用；二是所有经济主体具有理性预期，拥有完全相同且正确的信念。以"理性"假设为理论基础，经济学者们使用数学方法构建了一套逻辑优美、结构严谨的经济学理论。"理性"假设从经济学领域延伸到资产定价研究中，诞生了资产定价领域最核心的成果——有效性市场假说（efficient market hypothesis），该假说认为股票市场上的投资者都是理性的，信念是同质的，而且资产价格可以反映所有的市场信息，包括股票价值、历史信息和公开信息。因此市场上的任何投资者在长期都不可能因为拥有更多的信息而获得超额收益。该假说成为资产定价研究的核心理论。

然而，长期以来"理性"假设却不断受到经济学者的质疑和批评，比如"经济主体的行为受到感性因素的影响""经济主体不可能具备完全的知识和推断能力""经济主体具有差异性偏好"等。这些质疑启发了学者们从其他视角探讨经济主体的行为特征，其中最具有代表性的就是"有限理性"理论。西蒙（Simon，2013）在《管理行为》一书中完善了"有限度理性"（bounded rationality）的定义，该定义反驳了传统的理性人假设中与现实不相符的部分。具体而言，一是完全理性假设认为经济主体在一个"已经被明确规定各类选项具有正确选择的环境"下进行所谓的"最优化"的选择,而有限理性则认为经济主体更多时候难以做出最优决策;二是完全理性假设认为这种决策过程的选项对所有经济主体而言都是"给定可知的",而有限理性理论认为经济主体更多时候是在面对不确定性的情况;三是完全理性假设认为经济主体根据效用函数和偏好考虑选择次序,进而追求最大的满足,而有限理性理论认为经济主体在决策过程中受制于信息局限、受限于智力和专业技能、受到自身情绪影响,很难对选项有着充分的、完备的和足够正确的认识,难以得到效用最大化。

在资产定价研究中也出现了相似的争议,有效性市场假说中的"理性人"假设逐渐被行为金融学的"行为人"假设所替代。20 世纪 70 年代,卡内曼和特沃斯基(Kahneman & Tversky,1979)从投资者决策行为的角度探讨了投资者预期特征,发现投资者预期可能受到锚定效应、损失规避、过度自信、处置效应、框架效应等因素的影响,进而制约投资者的决策行为;而且投资者获得的效用可能不仅仅取决于其当前的消费水平,还会受到财富偏好、习惯形成、追赶时髦、嫉妒、损失厌恶等因素的影响。综合而言,股票市场上的投资者并非全部理性的,股票市场也并不是完全有效的。

2. "同质性"与"异质性"

从"同质性"到"异质性"的演变也是资产定价研究的一个重要突破。同质性假设是传统资产定价理论的一个重要基石。传统的资产定价模型在完备市场假定下用一个理性代理人来描述所有投资者的投资行为,并且该代理人对信息的判断以及所处的经济环境完全一致,因此代理人的信念(或消费偏好)都是相同的,传统资产定价理论把这种代理人的信念(偏好或预期)称之为"同质信念"。马科维茨(Markowitz,1952)首次提出股票市场上的"同质信念"是指每个投资者都具有"均方偏好"特征,后续的研究认为,同质信念中所有的投资者在信息成本、信息传播和信息处理上存在三个前提:信息是免费的、信息传播是无摩擦的、投资者对同一信息的处理方式是相同的。

但在现实资本市场中,同质信念的三个前提很难同时满足。由于投资者信息获得与信息处理能力的非对称性,越来越多的学者发现"同质信念"的假设使得传统金融理论很难对羊群效应、动量效应等股票异象做出令人信服的解释,因此在现实股票市场中"同质信念"渐被排斥,这种假设仅仅是一种在理论研究中的理想假设。另外，米格罗姆和斯托克（Milgrom & Stokey，1982）提出了"无交易定理"，认为同质性假设下股票市场是无交易的。如果所有交易者具有相同信念和完全信息，此时如果某个投资者拥有私人信息可以交易获利则选择交易，其他理性的投资者认识到交易对手的私人信息而自己处于劣势拒绝交易。因此，拥有私人信息的交易者可以理性地预测到其他交易对手会拒绝和自己交易，市场将会处于交易量为零的均衡状态中。

面对股票市场中的金融异象和理论研究的"困境"，行为金融的学者们开始考虑在定价模型中引入异质性，米勒（Miller，1977）率先提出了"异质信念"的概念，认为不同的投资者对期望收益具有不同的预期，这种异质信念影响了资产价格的形成。坎贝尔（Campbell，2000）将投资者的异质性分为异质约束、异质收入和异质偏好三部分，"异质性"逐渐成为行为金融学领域探讨投资者行为与资产定价关系的核心概念。异质信念从信念角度刻画了投资者的异质性特征，完善了传统资产定价研究的不足之处，逐渐成为行为金融领域最活跃的一个分支。

2.1.2 异质信念的理论研究

1. 异质信念的定义

米勒（1977）在《风险、不确定性和意见分歧》一文里首次提出了异质信念的概念，并构建了一个包含异质信念和卖空限制的静态模型。研究发现，在卖空限制的作用下，不同投资者对未来的预期差异将影响股票的均衡价格，在卖空限制下投资者的乐观（看多）信念可以通过买入行为进行表达，而悲观（看空）信念受制于卖空限制无法通过交易行为表达，股票价格更多地反映了乐观投资者的信念，导致股票价格被明显高估。

当前学术界对异质信念并没有一个统一的定义。首先表现在，国内外文献中针对异质信念还存在不同称呼，仅梳理英文文献就发现其中存在着 7 种异质信念的名称："Heterogeneous Beliefs"（Hong & Stein，2007）、"Divergence of Opinion"（Miller，1977）、"Differences of Beliefs"（Scheinkman & Xiong，2003；Xiong，2013）、"Disagreement"（Baker et al.，2016）、"Belief Dispersion"（Atmaz & Basak，2018）、"Biased Beliefs"（Alti & Tetlock，2014）、"Differences of Opinion"（Boehme et al.，2006）等；中文文献中也发现存在"异质信念""意见分歧"等名称，但从上述文献的研究内容可以发现，每个名称的基本内涵是相同的。其次，相关学者基于投资者异质信念形成原因提出了不同的异质信念定义，可以归纳为以下四种有代表性的定义：

第一个是米勒（1977）的定义，认为异质信念是乐观（做多）投资者和悲观（沽空）投资者的信念差异，卖空限制使得股票价格更多地反映了乐观投资者的观点。

第二个是申克曼和熊（2003）的定义，认为投资者的再售期权需求和过度自信导致投资者产生了异质信念，由于卖空限制的存在，投资者在进行决策时，除了考虑股票基本价值外，还要考虑在未来是否能以更高价格卖给更乐观的投资者（即再售期权）。因此，异质信念是指具有再售期权需求的乐观投资者与没有再售期权投资者之间的预期差异。

第三个是巴萨克（2005）的定义，认为投资者的异质信念就是不同投资者获取信息的差异。该定义是从先验异质性角度进行定义的，其缺陷在于未探讨不同信息差异导致的后验信念对资产定价的影响。

第四个是张维、张永杰（2006）以及洪和斯坦（2007）的定义，认为异质信念是指不同投资者对相同股票在相同持有期下的收益预期的分歧（或收益分布有不同的判断），也称为意见分歧。投资者异质信念是由于"渐进信息流""有限注意"和"先验异质性"导致的。

综合上述几种概念，米勒（1977）是从乐观和悲观投资者的角度定义异质信念；申克曼和熊（2003）是从投机者和价值投资者的角度定义异质信念，这两种定义的本质是两类投资者的投资预期差异；巴萨克（2005）从信息获取差异的角度进行定义，上述三种定义过多关注了投资者之间的先验异质性。张维、张永杰（2006）以及洪和斯坦（2007）从投资者预期差异的角度进行定义，既包含了先验异质性又包含了投资者之间的投资预期差异，成为当前得到普遍接受的一个定义。但张维和张永杰（2006）以及洪和斯坦（2007）仅仅提出了异质信念的一个普遍性的内涵，在进行理论建模或构建代理指标时，该指标尚缺乏针对性和实用性。

2. 异质信念的形成机制及理论模型

当前对异质信念形成机制的研究也众说纷纭，主要包括以下几个：①洪和斯坦（2007）提出的渐进信息流、有限关注和先验异质性三个异质信念形成机制。②熊（Xiong，2013）将异质信念产生的原因分为异质先验、过度自信和扭曲的信息传递。上述研究虽然基于不同的方法，但却存在共通点——都提出了"先验异质性"和"信息流动"对异质信念的影响，差异在于各有侧重，洪和斯坦（2007）提出了"有限关注"，而熊（2013）提出了"过度自信"。无论是在学术影响力，还是与本书内容的相关性上，洪和斯坦（2007）的形成机制都是本书介绍的重点。

第一，渐进信息流。洪和斯坦（2007）认为证券市场的一个基本特征是信息渐进流动、逐步扩散到市场中的。但在现实中，信息在不同时间的扩散速度、在不同阶段的传播渠道、不同的投资者获取信息的能力等都存在明显差异，导致市场上的投资者难以同时获得及时的、完备的、无差异的真实信息。而先获得信息的投资者会修正自己的预期而进行交易，未获得信息的交易者无法修改自己的交易预期，同时获得准确真实价值信息的投资者的预期符合了股票价格变动趋势，未获得该信息的投资者会做出错误的预期，不同投资者之间的预期差异形成了异质信念。第二，有限关注。由于投资者无法注意到所有的信息，仅仅关注信息的一部分，因此不同的投资者的决策存在差异，形成了异质信念（Peng & Xiong，2006）。第三，先验异质性。投资者由于自身特征（个人经历、知识水平、职业、年龄、性别等）的差异性，使得其面对同一信息时在信息处理、投资预期和交易行为上出现差异，产生了异质信念。

上述几种形成机制从不同角度探讨了投资者拥有异质信念的原因，但是忽略了这样一个的事实：投资者的交易确实会受到先验异质性的影响，但是投资者重复多次的交易行为以及经验学习能力，会修正投资者的交易偏差，长期内先验异质性可能会逐渐失效；现实股票市场上有海量的投资者，如果仅仅考虑不同投资者之间的预期差异似乎并不现实，如果考虑不同种类的投资者可能有助于拓展异质信念的研究。

针对异质信念的不同形成机制形成了数个理论模型，本节在梳理异质信念理论模型时借鉴了金永红和罗丹（2017）的分类方式，当前异质信念的理论模型一般有三种——噪声交易模型、共同信息下形成的异质信念模型和不同先验概率下的异质信念模型。

金永红和罗丹（2017）发现噪声交易模型是探讨异质信念的一个主力模型，也是本书研究异质信念重点借鉴的一个模型。该模型将投资者进行分类，研究不同类型投资者的异质预期差异。例如，将投资者分为理性投资者和非理性投资者，前者以知情投资者或私人信息投资者为主，这类投资者掌握的信息较为完备，投资者行为趋于理性；后者主要是噪声投资者或个人投资者，获取的信息不完善，投资决策受到套利限制的影响。也有学者（Kyle，1985；Kyle & Wang，1997）将投资者分为内部交易者、噪声交易者和流动性提供者（做市商）三类进行研究。另外，在较为著名的ABS 模型中，布洛克和霍梅斯（Brock & Hommes，1997）提出了一个适应信念系统（adaptive belief systems），该模型也提出了两类交易者：基本面交易者和技术分析者，前者的决策基于对股票价值和经济状况的预测，后者基于对过去收益的反应。

另外两个模型是共同信息下形成的异质信念模型和不同先验概率下的异质信念模型。共同信息下形成的异质信念模型认为投资者的信息是相同的，但处理信息能力不一样。哈里斯和雷维夫（Harris & Raviv，1993）利用异质信念解释交易量及其价格变化，认为股票持有者始终为乐观投资者。威廉姆斯（Williams，1977）考虑了不同先验概率下的异质信念；巴萨克（2005）在连续时间框架下构建一个贝叶斯方式更新信念的模型。

上述模型从不同角度解释了投资者异质信念对股票价格的影响。为了进一步研究异质信念，本文在上述模型的基础上将投资者分为两类：公开信息投资者和私人信息投资者，使用两类投资者的预期差异定义投资者异质信念，探讨异质信念对资产定价和投资者福利的影响。

3. 几个异质性概念的区分

"异质偏好""异质预期"与"异质信念"是研究投资者异质性时很容易混淆的三个概念，本节从本质、使用范围等角度进行区别。

首先，异质偏好是指投资者在消费时具有不同的偏好，侧重于投资者的消费决策。最早对异质偏好进行研究的文献是仲马（Dumas，1989），坎贝尔（2000）将投资者异质性分为异质约束、异质收入和异质偏好三个方面，并在投资者决策研究中给出了异质偏好的定义，异质偏好表现为不同的投资者具有不同的效用函数。异质预期是指不同的投资者因信息不完全对称，或由于认知局限导致投资者的投资预期不同。投资者预期的形成是多因素影响的主观心理过程。

异质信念是前两者演变的一个结果，是投资者在投资过程中的信念差异，包括信念的形成和信念的实现，而信念的形成过程包括异质偏好（投资者效用差异和风险规避差异）和异质预期（信息不对称、先验异质性和学习效应），信念的实现是指投资者在投资过程中受到制度约束（Miller，

1977)、市场流动性和自身财富收入（Campbell，2000）等限制，导致投资者的预期并不能如期实现，因此异质信念是综合的体现投资者交易过程的一个概念。

其次，异质偏好主要用于行为经济学研究中，多使用理论模型探讨行为人异质偏好对市场定价、社会福利等因素的影响。比如，陈和科根（Chan & Kogan，2002）使用包含了无数个不同风险厌恶系数投资者的模型讨论了一种涉及消费习惯的异质偏好下的动态资产定价问题。科根和哈帕尔（Kogan & Uppal，2002）考虑了异质偏好下有借贷约束的资产定价问题。异质预期主要探讨不同信息条件下投资者决策问题，研究文献较少，且在文献中多与异质信念概念相混淆。异质信念是本书研究的核心，其研究范围包括理论和实证两部分，在本节会做出详细介绍。

2.1.3 异质信念的定价研究

异质信念的资产定价研究主要从三个方面探讨：首先是异质信念的代理指标研究；其次是异质信念与股票收益的关系；最后介绍了异质信念的研究趋势。

1. 异质信念的代理指标

从相关文献梳理发现当前存在两种测度方法：第一种是直接测度法，是指搜集直接衡量投资者信念的数据构建异质信念指标，主要方法包括问卷调查法、情景实验法、文本挖掘法等。第二种是间接测度法，利用股票市场的交易数据和指标构建异质信念代理指标。已有文献（Diether et al.，2002；Garfinkel & Sokobin，2006，2009；包锋和徐建国，2015）主要使用分析师预测分歧、调整换手率、超额收益波动率和买卖价差等变量构建异质信念代理指标。

针对第一种方法，问卷调查法是指直接向投资者进行问卷调查获取投资者决策的数据，情景实验法是指在实验室中使用投资者进行情景实验获取投资者决策的数据，文本挖掘是指将网络平台上反映投资者信念的数据利用爬虫技术获取的方法。随着信息技术、大数据的快速发展，文本挖掘法成为当前一个热点方法。国外学者主要使用文本技术搜集雅虎、谷歌以及其他股票论坛数据进行研究，而国内学者主要使用百度、东方财富股吧的数据进行研究。虽然上述三种方法各有千秋，但上述方法的成本较高、不能完全覆盖资本市场上的投资者，因此存在一定局限，本书借鉴上述方法构建异质信念指标受到了一些客观因素的限制。

针对第二种方法，已有文献主要使用分析师预测分歧、调整换手率、超额收益波动率和买卖价差等变量构建异质信念代理指标。这里主要介绍分析师预测分歧、收益波动率、买卖价差以及换手率四种指标。

第一，分析师预测分歧。由于异质信念代表了投资者的心理、行为特征，而这种微观信念特征又无法直接检测，所以埃辛卡亚等（Ajinkya et al.，1991）提出分析师对股票的预测差异可以代替异质信念，受到了大量学者的肯定。迪赛等（Diether et al.，2002）使用该指标发现，美国股市中分析师预测的分歧程度与股票交易量是正相关，与未来收益负相关。但是分析师预测分歧一定可以反映投资者的信念特征吗？有研究发现分析师预测是有偏差的（Daniel et al.，2002），而且分析师在长期预测中表现得过度乐观（De Bondt & Thaler，1985），但短期时又表现出过度悲观。另外，分析师预测分歧一定符合中国股票市场特征吗？现实中分析师预测分歧只代表了专业投资者的信念差异（江成山，2009），而中国股市中小投资者较多（约占99%），受限于其个人能力和投资成本很难获得分析师数据，股票市场中能否反映这种分析师预测分歧的信息存在疑问。

第二，超额收益波动率，又称为特质波动。波墨等（Boehme et al.，2006）首次提出了超额收益波动率和换手率能够较好地衡量异质信念。陈国进等（2009）利用中国数据发现，调整后的超额收益波动率可以衡量异质信念。但在中国股票市场上，存在卖空限制和涨跌停10%的限制，超额收益波动率只能体现少数投资者的信念，投资者提交的交易指令可能因为价格过高或者过低而不能执行，特质波动率指标难以反映所有投资者的预期差异。

第三，买卖价差。霍杰明等（Houge et al.，2001）首次使用买卖价差度量投资者异质信念，发现买卖价差越大，IPO长期收益越低。汉达等（Handa et al.，2003）为买卖价差和异质信念的影响关系提供了一个理论模型。但是在中国股票市场上缺乏做市商交易制度，且价格形成主要采用最优报价撮合交易机制，买卖价差并不能完全反映投资者之间的异质信念。

第四，换手率。基于换手率的异质信念代理指标层出不穷，班贝尔（Bamber，1987）、班贝尔等（Bamber et al.，1997；1999）、坎德尔和皮尔森（Kandel & Pearson，1995）发现成交量可以衡量投资者异质信念。

近年来，在异质信念的代理指标的构建中，多使用换手率分离模型将已知影响因素剔除出去，把剩下的不可解释部分作为异质信念指标（江成山，2009）。加芬克尔和索克斌（Garfinkel & Sokobin，2006）、加芬克尔（2009）、朱宏泉等（2016）提出了基于调整的异质信念代理指标，包括市场调整的额外换手率和标准化异常交易量两类。上述指标为中国股票市场衡量异质信念提供了一定的借鉴，特别是陈国进等（2008a，b）和朱宏泉等（2016）、刘燕和朱宏泉等（2018）的工作，为异质信念代理指标的中国化奠定了基础。

综上所述，经典的异质信念代理指标在检验中国股票市场中存在"水土不服"的情况，但也有一定的借鉴意义；另外发现投资者异质信念反映了投资者的微观心理和交易行为，代理指标在衡量上需要更深入的研究。

2. 异质信念与股票的横截面收益

异质信念能否解释股票横截面收益是异质信念研究亟待解决的问题。获得广泛关注的研究文献有，迪赛等（2002）使用美国1983~2000年的股票数据研究发现，分析师对每股盈余预测值的分歧度越大的股票其后期收益越低，该现象在小规模股票和过去一年表现较差的股票中尤其明显。加芬克尔和索克斌（2006）使用标准化后的未预期交易量作为异质信念指标，结果发现盈余公示后的股票收益率与标准化后的未预期交易量呈现严格正相关关系。

针对国内市场的研究中，王凤荣和赵建（2006）利用机构投资者的"看多"和"看空"数据构建了异质信念变量，发现在中国股票市场异质信念与大盘指数存在长期稳定的协整关系。陈国进等（2008，2009）使用中国股票数据发现卖空限制下异质信念导致当期股价高估，而未来收益偏低。包锋和徐建国（2015）实证研究了异质信念和股票收益的关系，结果肯定了卖空约束下异质信念与当期股票收益的正相关；朱宏泉等（2016）构建了一个换手率分离模型计算的异质信念代理指标，结果发现异质信念对当期收益的影响显著为正；熊熊等（2017）利用中国股票市场数据验证卖空机制和异质信念的关系，发现异质信念在卖空机制放开后显著增强，抑制了股价高估；孟庆斌和黄清华（2018）从异质信念的角度实证研究了股票卖空机制对股价高估的影响，研究发现卖空机制降低了股价高估，这种影响是通过反映投资者悲观情绪或负面情绪造成的。

上述实证结果发现，异质信念与当期收益正相关，而与未来一期的股票收益负相关。说明了投资者异质信念对股票收益的影响逻辑是：当期投资者异质信念越高说明乐观投资者的购买预期越高，此时投资者高估股票的未来价格，投资者的过度交易行为推高了当期股票价格和收益，但是在长期内股票价格回归正常，股票价格下跌导致负的未来收益。国内外对异质信念定价的研究成果较为丰富，其影响逻辑也逐渐清晰。

3. 异质信念的研究趋势

本节进一步梳理 2014 年以来涉及异质信念的研究文献，明确了本书研究在异质信念研究中的定位，梳理发现异质信念研究存在两个趋势。

第一个研究趋势是近年来的研究文献正在不断夯实异质信念的理论基础。其中，阿玛斯和巴萨克（Atmaz & Basak，2018）使用了一个信念离散动态资产定价模型，研究股票价格在面对乐观信息和悲观信息时的反应，结果肯定了米勒（1977）的结论，即面临乐观信息时信念离散程度增加平均收益率上升、股票波动性和交易量增加。在国内的研究中，郑敏（2015）发现投资者的财富和信念的变化影响了资产价格的变化；包锋和徐建国（2015）、朱宏泉等（2016）、熊熊等（2017）、孟庆斌和黄清华（2018）等研究均发现卖空约束下异质信念与股票收益的正相关，肯定了卖空机制放开后异质信念抑制了股价高估。另外，马文杰和路磊（2016）使用中国权证市场数据发现，由于权证市场缺乏做空机制以及异质信念导致的投机行为是认沽权证价格高估的主要原因。上述研究从不同的角度、不同资本市场探讨了异质信念的定价能力，进一步夯实了异质信念研究的理论基础，完善了异质信念的研究范围。

第二个研究趋势是探讨异质信念在其他市场上的应用。焦和燕（Jiao & Yan，2015）为可转债的融资决策提供了一个基于投资者异质信念的理论基础，投资者异质信念越大，企业更有可能在公开市场发行可转换债券，而不是股票和普通债券。班克儿等（Baker et al.，2016）探讨了投资者意见分歧对管理者投资决策的影响，发现投资者意见分歧越大均衡价格上升，管理者为了最大化公司价值会提升企业投资进而影响企业的消费和产出。贾罗等（Jarrow et al.，2016）构建了一个理论模型发现具有异质信念的债权人抑制了企业的最有现金持有行为。加朗普等（Garlappi et al.，2017）研究了一个基于管理者异质信念的企业投资问题，结果发现管理者团队的异质信念提高会导致低效率的投资不足。

纵观异质信念的研究趋势，异质信念的研究主要向两个方向拓展：一个方向是不断完善异质信念的基本定义、形成机制、定价模型等理论基础而展开的研究；另一个方向是使用当前已经提出的异质信念理论来解释资本市场、上市公司和其他宏观金融市场所观测到的现象。对比国内外研究发现异质信念存在这样一个趋势，国外的研究已经从异质信念理论基础的研究逐渐转向异质信念的应用，探究异质信念对企业投资行为、融资行为以及现金持有的影响，但国内的研究还主要在探究异质信念的定价影响以及形成机制。

上述研究现状与中国股票市场的发展现状吻合，使用异质信念理论研究中国股票市场问题，可能会出现"水土不服"现象，因此"异质信念研究的本土化"成为当前一个亟待解决的问题，而这个问题正是本书所关注的问题。

2.2 异质信念解释股票异象的相关研究

本节首先介绍了股票异象的含义和常见的解释观点，并回顾了几个传统的因子定价模型如何解释股票异象，最后梳理了异质信念解释股票异象的文献。

2.2.1 股票异象及主要解释观点

（1）股票异象，是指股票市场上难以由 CAPM 或有效市场假说解释的一种超额收益现象（Hou et al.，2019）。在关于股票异象的国内文献中，股票异象又被称为金融异象、股票市场异象、资产定价异象或股票收益异象。库恩（Kuhn，1962）第一次提出了异象（anomalies）的概念，德伯特和塞勒（DeBondt & Thaler，1985）发现传统金融理论并不能解释过度反应异象，自此开始，股票异象的研究逐渐受到金融学者的重视。30多年来，针对美国股票市场的超过 300 余篇资产定价文献一共发现了大约316 个股票异象（Harvey et al.，2016），涉及的资本市场涵盖了股票市场、期权市场、外汇市场、同业拆借市场等。更有甚者，侯等（Hou et al.，2019）在《复制异象》一文中复制了 447 个股票异象，涉及动量类异象、价值成长类异象、投资异象、盈利异象、无形资产异象和市场摩擦异象。该文献也是当前可检索到的研究股票异象数量最多的一篇文献。针对中国股票市场异象的研究，当前可检索到的研究股票异象最多的一篇文献是李斌等（2019）的《机器学习驱动的基本面量化投资研究》一文，该文章使用1997~2018年的A股数据，使用12种机器学习算法构建96个股票异象的收益预测模型及投资组合，结果发现机器学习算法能够有效地识别异象超额收益，能够获得比传统线性算法和所有单因子更好的投资绩效。但是该文并没有使用因子定价模型进行研究。

股票异象数量的不断丰富为本书的股票异象研究提供了丰富的"证据"。本书在研究中重点借鉴了侯等（2019）的异象构建方法，使用中国股票市场的数据，基于股票异象计算方法的唯一性，复制了114个股票异象，包括106个交易市场异象和8个发行市场异象，其构建方式详见附录B。

股票异象大致可以分为三类：第一类是证券市场层面异象，如股票溢价之谜和股价过度波动之谜等；第二类是横截面异象，如规模异象、账市比异象、动量异象和封闭式基金之谜等；第三类是投资者行为层面异象，如投资分散化不足、过度交易和卖出决定之谜等。本书借鉴了上述分类方法，将股票异象按照横截面构建法和事件研究法分为交易市场异象和发行市场异象两类，分别进行研究。

对于股票异象的形成主要有风险错配、投资者偏差、套利限制三种解释。风险错配观点源于有效市场假说，该观点认为，上市公司由于发展历史较短或者总资产规模较小等原因，导致投资者难以获取其足够的信息，使得在股票收益上出现了显著超额收益的异象（Fama & French，1993）。如果投资者获取股票基本面的不对称信息（Merton，1987）或者存在不确定性（Brav & Heaton，2002），那么该股票可能会被错误定价。但是，风险错配理论并不能完全解释这种错误定价现象，该理论假设投资者理性处理信息的能力是完全的，显然与事实不符。

投资者估值偏差观点认为投资者的行为或认知造成了股票价格行为出现偏差，这种认知包括代表性偏差、过度自信、自私偏差、后见之明、恐慌、羊群行为、幸存者偏见、金钱幻觉、厌恶损失、处置效应、反转、控制幻觉、保守主义、自恋行为等，最终导致了股票价格表现为定价过低和定价过高（DeBondt & Thaler，1985；Lee et al.，1991；Lakonishok et al.，1994；Barberis et al.，1998；Daniel et al.，1998），进而出现了股票异象。

另外，有效市场假设认为虽然由于一些投资者的非理性产生了错误定价，但理性的投资者会迅速通过套利行为"抹平"错误定价。基于此，行为金融学提出了套利限制的观点。交易成本、卖空限制、套利压力、套利机会等套利限制的存在，导致股票价格不能很快恢复到基本价值，导致了股票异象长期出现。也有学者从数据挖掘、制度限制等角度解释，但与本书研究主题不相关，在此不作赘述。

（2）从"因子动物园"到"因子大战"。科克兰（Cochrane，2011）提出了"因子动物园（factor zoo）"的概念，张橹（2016）提出了"因子大战"的概念，这两个概念可以很好地概括近年来资产定价领域热点的发展。CAPM（Sharpe，1964；Lintner，1965；Mossin，1966）和三因子模型（Fama & French，1993）提出以来，这些经典定价模型很难完整解释当前股票市场存在的大量股票异象。从侯等（2015）的一文发表以来，涌现出的定价因子模型解释的股票异象数量从数个已拓展到 447 个。

侯等（2015）从公司投资视角出发提出 q4 因子定价模型，在 MKT 和 SMB 的基础上加入了盈利因子和投资因子，进而构建了新的四因子模型，在 35 个显著的横截面异象中 q4 因子定价模型可以解释 30 个，其中 α 的月平均值为 0.20%，而 Carhart 四因子模型和 Fama - French 三因子模型最多可以分别解释 19 个和 27 个，α 的月平均值分别为 0.33% 和 0.55%。侯等（2018）构建了美国股票市场广泛存在的 447 个异象，在排除微小市值公司、考虑了多重检验误差后，基于 q4 因子模型调整的异象绝大部分都不再显著。

侯等（2020）在 q4 因子定价模型的基础上增加了预期投资增长因子，比较了 q5 因子模型和其他定价因子模型的优劣，发现 q5 因子模型更具有优势。

斯丹博和袁（Stambaugh & Yuan，2017）使用 12 个股票异象梳理出两个定价因子，并结合市场和 SMB 构建了新的四因子模型，在异象解释上发现可以解释侯等（2015）提出的 73 个异象中的 51 个，优于其他传统定价模型。

巴里亚斯和沙肯（Barillas & Shanken，2018）提出了一个贝叶斯定价检验（Bayesian asset pricing test）的方法检验不同的定价模型，在上述定价模型的劣势上重新提出了一个新的六因子定价模型，包括市场因子、FF5 的 SMB、q4 的 ROE 和 I/A，以及 HML 和 UMD，发现该模型在解释股票收益和异象上具有明显优势。

丹尼尔等（Daniel et al.，2019）提出了基于行为金融学的两个定价因子，并结合市场因子构建了一个复合三因子模型。这两个行为金融学因子从长、短两个时间尺度上揭示了由于过度自信和有限注意力造成的定价错误，从而解释了学术界之前发现的大量股票异象。短时间尺度的异象大多来自投资者的有限注意力，长时间尺度的异象大多来自投资者的过度自信。使用该模型和主流模型对比发现，可解释侯等（2015）提出的35个异象中的34个。

上述回顾发现，从定价因子模型角度解释股票异象已经成为资产定价研究的前沿热点，本书借鉴上述研究的思想和方法，试图从异质信念角度给出一个新的定价因子模型，用来解释中国股票市场异象。

2.2.2 异质信念与股票异象的相关研究

国内外学者使用异质信念解释股票异象主要有理论模型和实证方法两种。从股票异象的组成看，可以划分为动量异象与反转效应、股权溢价之谜、IPO异象、泡沫异象等。

异质信念与动量异象、反转异象。该观点认为，短期内由于乐观投资者的购买预期较高，同时卖空限制制约了悲观投资者的卖空信念，导致短期内股票价格只能反映乐观投资者的信念，股票价格上涨吸引了噪声投资者或者外推投资者的"追高"，使得短期内出现动量异象，在长期内股票价格充分反映悲观投资者的意见，出现长期反转异象。实证研究中，丹等（Da et al.，2011）使用谷歌趋势（Google Trends）对股票代码的搜索量指数作为投资者关注度的代理指标，研究发现投资者关注的增加能够预测2个星期后股票价格的上升，且价格在1年内有回转，也能够解释IPO市场中的首日溢价和长期弱势的股票异象。维拉多（Verardo，2009）实证发现美国股票市场上投资者异质信念越大，动量投资策略的收益就越高。

异质信念与股权溢价之谜。阿贝尔（Abel，1990）研究了异质信念与股权溢价之谜的关系，研究发现投资者对风险资产和无风险资产的需求取决于投资者对风险资产收益的主观信念。安德森等（Anderson et al.，2005）也将分析师预测分歧引入定价方程来解释股权溢价之谜。

异质信念与IPO异象。传统金融理论认为IPO首日超额收益是投资者信息不知情的风险补偿（Rock，1986；Beatty & Ritter，1986；Benveniste et al.，1989）。在异质信念下，丹等（2011）研究发现投资者关注能够解释IPO发行中的首日溢价和长期弱势的现象；霍杰明等（2001）首次将买卖价差作为投资者异质信念指标，研究异质信念与IPO长期回报的关系，发现买卖价差越大，IPO 股票的长期回报率越低，异质信念导致 IPO 股票的短期高估和长期的弱势。查莫纳和克利希南（Chemmanur & Krishnan，2012）研究了承销商声誉影响下异质信念和 IPO 异象的关系，异质信念越高导致承销商声誉越高，IPO 首日价格越高。俞红海等（2015）发现分析师意见分歧对股票价格具有正影响。

异质信念与资产泡沫异象。泡沫是股票价格远远高于股票基本价值的一种现象，艾伦等（Allen et al.，1994）研究了有限期下的理性泡沫，发现泡沫的产生跟卖空限制、投资者异质信念紧密关联。申克曼和熊（2003）认为过度自信是投资者异质信念产生的原因，进而基于异质信念和卖空限制研究了信念演化、泡沫产生和破灭等问题。陈国进等（2009）发现再售期权和通胀幻觉都是影响中国股市泡沫的重要因素，但是再售期权具有更强解释作用，这一结论与我国股市存在严重异质信念和严格禁止卖空的特征相吻合。

2.3　文献述评

自米勒（1977）提出异质信念和卖空限制双重作用下资产价格泡沫的形成机制之后，异质信念作为一个重要的研究指标，被引入资产定价研究之中。特别是针对中国股票市场异质信念的定价模型、对横截面收益的影响和解释异象等方面的文献越来越多。但是，上述研究中依然存在很多有待改进的地方。

2.3.1　异质信念的概念和形成机制待完善

大量学者基于米勒（1977）的异质信念概念提出了很多定义，但当前学术界对异质信念概念并没有统一。另外，经典文献洪和斯坦（2007）、熊（2013）都提出了异质信念的形成机制，但是上述观点缺乏相应的实证验证。本书认为异质信念的内涵应该反映投资者的信息获取特征、决策特征和定价偏差特征。因此本书针对中国股票市场特征，进一步构建了一个异质信念的定价模型，试图给出一个逻辑完整、思路明确的异质信念形成机制，并从私人信息投资者和公开信息投资者的预期差角度完善了异质信念的定义，该工作在第 3 章完成。

2.3.2 异质信念的实证代理指标待改进

国内外学者虽然提出了越来越多的异质信念定价模型，但是实证研究相对来说非常匮乏，其根本原因是异质信念作为投资者的意识产物，如何从市场可获得数据对其进行度量的问题还没有解决。从研究规律来看，没有实证支持的理论推断很难得到广泛的认同。因此，本书基于理论模型支持和异质信念的研究成果构建了一个新的异质信念代理指标，并在此基础上构建了一个 B－3 因子定价模型，进一步完善了异质信念的代理指标和相关实证研究。该工作在第 4 章完成。

2.3.3 异质信念解释中国股票市场异象的研究有待推进

国内学者使用异质信念实证研究中国股票市场收益的文献汗牛充栋（陈国进等，2008，2009；朱宏泉，2016，2017），但是解释中国股票市场异象的研究很少。因此，本书借鉴了现有的美国股票市场异象构建方法，复制了 114 个股票异象，包括 106 个交易市场异象和 8 个发行市场异象，使用前面构建的异质信念指标以及 B－3 因子定价模型解释上述异象，该工作主要在第 4 章 4.2 节、4.3 节完成，并在第 5 章进行稳健性检验。

第 3 章

异质信念与股票异象的
理论模型研究

本章从理论模型的视角探讨异质信念解释股票异象的影响机制，主要分为两部分：第一部分通过构建一个异质信念定价模型探讨异质信念如何影响股票价格的形成；第二部分探讨异质信念对市场定价表现和投资者福利的影响，并在此基础上提炼出异质信念解释股票异象的逻辑关系。

3.1 一个基于信息披露的异质信念定价模型

探讨异质信念与股票异象的关系，首先必须清楚的是投资者异质信念是什么。本节基于信息披露（公开信息和私人信息）的视角重新定义了异质信念的概念。资本市场是由信息驱动的，信息是资产定价的基础。随着信息时代的来临，市场信息并不是单一的、可理解的、有效的，市场上的投资者面临着一个快速发展的信息时代，特别是随着社交媒体、互联网以及大数据产业的快速发展，信息的多元化、复杂化以及实时演化已经成为当前社会信息传播的主要特色。

当前的股票市场上，无论信息内容的多寡，信息种类可以大致分为两类——私有信息和公开信息。私有信息是指所有投资者不能直接且无成本地得到股票信息，包括内幕信息、知情信息等；公开信息是指所有投资者都可以从股票市场免费获得的股票信息，这个信息是对标的资产的直接描述，包括价格信息、财务信息等。

从投资者角度而言，可以分为私人信息投资者和公开信息投资者。私人信息投资者，或称为知情投资者，是指可以获取股票基本价值信息的投资者，而公开信息投资者是指难以获取或难以完全获取知情信息的投资者。面对复杂的信息环境，具有信息优势的公司管理层、机构交易者，更容易"拨开迷雾见真章"。因此，私有信息更容易被内幕交易者、机构投资者获取，而中小投资者受制于自身的交易能力和资金限制，更容易直接利用公开信息进行投资决策。

信息披露是信息的源头，一切信息的形成源于信息披露。健全合理的信息披露制度不仅可以提高整个市场的定价水平，还可以规范投资者的交易行为，节省交易成本，提高投资者的整体效用。中国股市建立以来，监管机构不断完善股票市场的信息披露制度，但从股市发展实际看，信息披露不完善进一步制约着市场的稳定和价格发现能力，大量真假难辨的内幕消息、公开信息和谣言充斥着市场。

图 3.1 给出了"信息披露—异质信念—资产定价"的影响过程。本节把信息分为公开信息和私人信息两部分探讨异质信念的形成，公开信息是所有投资者都可以从股票市场获得的信息内容，但是先验异质性导致具有不同背景的投资者对公开信息会形成不同的看法。另外，私人信息的优势使得知情投资者掌握了交易时机与未来价格，私人信息交易者与公开信息交易者对价格预期的差异是导致资本定价的主要因素，本节把这种预期差异称之为投资者异质信念，而这种信念差异决定了投资者的交易数量、交易时机和交易成本之间的显著差异，进而影响了均衡价格。

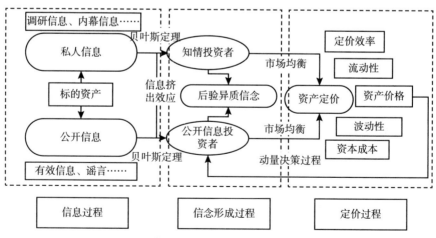

图 3.1 "信息披露—异质信念—资产定价"的影响机制

3.1.1　模型设置与市场均衡

本节借鉴了戈德斯坦和扬（Goldstein & Yang，2017）的设置，假设存在完全竞争市场，存在两种资产（风险资产和无风险资产）、两类投资者（信息交易者和流动性交易者）和两期（0 期和 1 期）。两种资产分别是：风险资产为股票，禁止卖空，即供给约束为 Z，股票在 1 期时的价值为 $\tilde{v}$，且服从正态分布：

$$\tilde{v} \sim N\left(\bar{v}, \frac{1}{\rho_v}\right) \tag{3.1}$$

无风险资产在 1 期的价值为 1 且不存在供给约束。信息交易者的效用函数使用 CARA 表示，风险厌恶系数为 α，且不同交易者在交易时不存在交易摩擦。信息交易者包括私人信息投资者和公开信息投资者两类，市场占比分别为 μ 和 $1-\mu$。私人信息交易者（又称为知情投资者）可以获取市场上的私人信息，在交易之前知情投资者 i 获得私人信息 $\tilde{s}_i$，该私人信息 $\tilde{s}_i$ 包括股票基本价值 $\tilde{v}$：$\tilde{s}_i = \tilde{v} + \tilde{\varepsilon}_i$，$\tilde{\varepsilon}_i \sim N\left(0, \frac{1}{\rho_\varepsilon}\right)$，其中，$\tilde{v}$ 和 $\tilde{\varepsilon}_i$ 相互独立，且 $\rho_\varepsilon > 0$。私人信息是指市场上投资者通过个人渠道或者支付成本获取的有价值的信息。公开信息交易者（又称为非知情投资者）可以获得市场上的公开信息，公开信息包括市场一切公开的信息，使用 $\tilde{y}$ 表示，$\tilde{y} = \tilde{v} + \tilde{\eta}$，$\tilde{\eta} \sim N\left(0, \frac{1}{\rho_\eta}\right)$，同时 $\tilde{v}$ 和 $\tilde{\eta}$ 相互独立，且 $\rho_\eta > 0$。流动性提供者是指为市场交易提供流动性的交易者，其流动性需求为 $\tilde{x}$，$\tilde{x} \sim N\left(0, \frac{1}{\rho_x}\right)$。

理性预期均衡模型认为投资者做交易时可以从市场价格中获得价格信息，进而修正自己的交易决策。假设市场均衡价格 $\tilde{p}$ 与信息之间呈现一种线性关系：市场均衡价格由私人信息 $\tilde{s}_i$（知情投资者之间的信息差异 $\tilde{\varepsilon}_i$ 被市场上连续不断的交易消除）、公开信息 $\tilde{y}$ 和市场流动性水平 $\tilde{x}$ 决定，即 $\tilde{p} = A + B\tilde{v} + C\tilde{y} + D\tilde{x}$，因此从市场均衡价格恒等式中可以得到一个包含股票基本价值 $\tilde{v}$ 的价格信息 $\tilde{s}_p$：

$$\tilde{s}_p = \frac{\tilde{p} - A - C\tilde{y}}{B} = \tilde{v} + \frac{\tilde{x}}{\kappa}, \quad \kappa = \frac{B}{D} \tag{3.2}$$

其中，$\tilde{s}_p$ 符合正态分布，$\tilde{s}_p \sim N\left(\tilde{v}, \frac{1}{\kappa^2 \rho_x}\right)$。两类投资者在获取信息

（市场信息和价格信息）条件下，根据贝叶斯学习方式更新自己的信念，因此得到其投资者需求。私人信息交易者的需求为 $x_I = \dfrac{E(\tilde{v} \mid \tilde{s}_i,\ \tilde{s}_p) - \tilde{p}}{\alpha Var(\tilde{v} \mid \tilde{s}_i,\ \tilde{s}_p)}$，公开信息交易者的需求为 $x_U = \dfrac{E(\tilde{v} \mid \tilde{y},\ \tilde{s}_p) - \tilde{p}}{\alpha Var(\tilde{v} \mid \tilde{y},\ \tilde{s}_p)}$，将上述交易者需求代入市场出清条件式（3.3），可以得到市场均衡价格。

$$\int_0^\mu x_I(\tilde{v} \mid \tilde{s}_i,\ \tilde{s}_p)d_i + (1 - \mu)x_U(\tilde{v} \mid \tilde{y},\ \tilde{s}_p) + \tilde{x} = Z \qquad (3.3)$$

基于理性预期均衡（REE）模型得到一个线性的市场均衡价格方程，该方程包括市场基本价值、公开信息和流动性需求约束，均衡价格方程如式（3.4）所示：

$$\tilde{p} = A + B\tilde{v} + C\tilde{y} + D\tilde{x} \qquad (3.4)$$

$$A = \frac{-\alpha Z}{\rho_v + \mu\rho_\varepsilon + (1-\mu)\rho_\eta + \kappa^2\rho_x};\quad B = \frac{\mu\rho_\varepsilon + \kappa^2\rho_x}{\rho_v + \mu\rho_\varepsilon + (1-\mu)\rho_\eta + \kappa^2\rho_x}$$

$$C = \frac{(1-\mu)\rho_\eta}{\rho_v + \mu\rho_\varepsilon + (1-\mu)\rho_\eta + \kappa^2\rho_x};\quad D = \frac{\alpha + \kappa\rho_x}{\rho_v + \mu\rho_\varepsilon + (1-\mu)\rho_\eta + \kappa^2\rho_x}$$

3.1.2　投资者异质信念

根据传统的异质信念定义，投资者异质信念是指不同投资者对相同股票在相同持有期内的估值差异。但是，根据本节的模型设置，私人信息交易者和公开信息交易者属于异质性投资者，分别基于不同市场信息进行交易，其市场预期差异通过市场交易反映到价格中，进而影响了资产价格。两类异质性投资者的市场预期信念分别是 $Belief_I = E(\tilde{v} \mid \tilde{s}_i)$ 和 $Belief_U = E(\tilde{v} \mid \tilde{y})$，因此定义了理性预期均衡条件下的投资者异质信念的概念，如式（3.5）所示。

$$HB = Belief_I - Belief_U = \frac{\tilde{v}\rho_v(\rho_x - \rho_\eta)}{(\rho_x + \rho_v)(\rho_\eta + \rho_v)} + \left(\frac{\rho_x \tilde{\varepsilon}_i}{\rho_x + \rho_v} - \frac{\rho_v \tilde{\eta}}{\rho_\eta + \rho_v}\right) \qquad (3.5)$$

为了进一步探讨异质信念的影响因素，本节使用信息精度 ρ_ε 和 ρ_η 分别表示私人信息和公开信息的信息质量，当 ρ_ε 和 ρ_η 越大时信息波动越小，信息质量越好，反之信息质量越差。ρ_ε 表示私人信息的质量，私人信息质量越高说明市场上的内幕信息（信息披露成本为零）和来自分析师或研究机构的知情信息（信息披露成本为正）质量越高，这种证券市场的完善程度较差，投资者交易依赖于内幕信息和知情信息，在交易过程中一般将中小投资者排除在外。如式（3.6）所示，投资者异质信念与私人信息质量的关系为正，私人信息越好异质信念越高。

$$\frac{\partial HB}{\partial \rho_\varepsilon} = \frac{\rho_v \, \tilde{s}_i}{(\rho_\varepsilon + \rho_v)^2} > 0 \tag{3.6}$$

ρ_η 表示公开信息的质量，由证券监管部门、会计制度和市场信息化程度决定。在监管机构强制披露或者会计制度改善条件下，ρ_η 表示的公开信息质量越高。中国股票市场存在大量中小投资者，且在交易中过多依赖公开信息进行决策。公开信息质量越高，投资者异质信念越低，反过来异质信念越高，说明交易中的公开信息（噪声信息）越多。在现实市场中，ρ_η 受到当前政策和科技水平的影响。

$$\frac{\partial HB}{\partial \rho_\eta} = -\frac{\rho_v \, \tilde{y}}{(\rho_\eta + \rho_v)^2} < 0 \tag{3.7}$$

图 3.2 给出了私人信息质量和公开信息质量与异质信念的关系，其中参数设置为 $\tilde{s} = \rho_v = \tilde{v} = \tilde{y} = x = Z = 1$，$\rho_\eta < \rho_\varepsilon$。数值模拟结果与上文结果相同，针对本书构建的投资者异质信念指标，私人信息质量与异质信念呈现正相关关系，ρ_ε 越高市场上异质信念越大，而公开信息质量与异质信念负相关，ρ_η 越大异质信念越低。

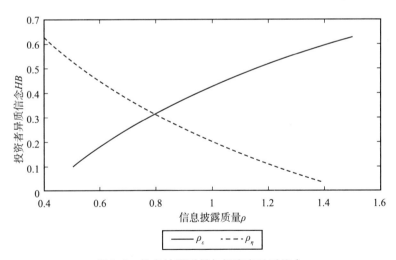

图 3.2　信息披露质量与投资者异质信念

当 $\rho_\varepsilon - \rho_\eta = 0$ 时，市场上不存在异质信念，因此公开信息和私人信息质量相同，不存在所谓的私人信息或者说市场公开信息，该特征符合法玛

（Fama，1970）提出的完全有效市场假说，股票价格反映了市场所有信息，这一结论也证明了投资者异质信念定义的一般性。但是，由无交易定理可知，此时资本市场上投资者之间可能不存在交易，是一个"死寂的"股票交易市场。

当 $\rho_\varepsilon - \rho_\eta > 0$ 时，此时 $HB > 0$，市场上存在投资者异质信念，且 $\rho_\varepsilon - \rho_\eta$ 越大，投资者异质信念程度越大。$\rho_\varepsilon - \rho_\eta$ 越大时，市场化程度越低，公开信息质量很差，大量的噪声信息盛行，中小投资者基于噪声信息进行交易，符合现在中国股票市场现状。图 3.3 给出了信息质量差异与异质信念的关系，数值模拟结果与前文结果相同。如图所示，当 $\rho_\varepsilon - \rho_\eta = 0$ 时 $HB = 0$，且 $\rho_\varepsilon - \rho_\eta$ 越大，投资者异质信念越大。

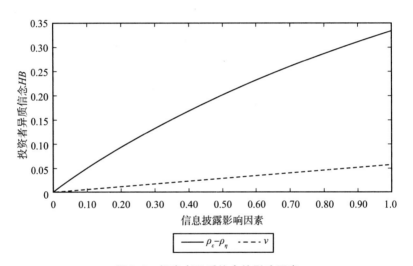

图 3.3　投资者异质信念的影响因素

当 $\rho_\varepsilon - \rho_\eta < 0$ 时，知情信息或内幕信息的信息质量低于公开信息，显然在现实中不存在。

异质信念的另一个影响因素是股票基本价值。股票的基本价值越大，异质信念越大，即信息不对称条件下异质信念与股票基本价值正相关。图 3.3 中的虚线给出的异质信念与股票价值的关系和得出的结论一样，但从曲线走势看，基本价值的影响远远小于信息披露差异的影响，随着取值越大对异质信念的影响的差距越大，因此信息披露质量差异 $\rho_\varepsilon - \rho_\eta$ 是影响异质信念的主要因素。

$$\frac{\partial HB}{\partial \tilde{v}} = \frac{\rho_v (\rho_\varepsilon - \rho_\eta)}{(\rho_\varepsilon + \rho_v)(\rho_\eta + \rho_v)} > 0 \tag{3.8}$$

因此可以得出投资者异质信念的形成过程，信息不对称的股票市场中，信息披露差异使交易者之间存在股票预期差异，导致投资者之间出现异质信念。异质信念由股票基本价值和信息披露质量决定，私人信息质量越高，公开信息质量越低，且两种质量差异越大（或噪声信息越多），异质信念越大。

从第 2 章中梳理得出的异质信念定义看，巴萨克（2005）认为不同投资者获取的信息差异导致了投资者的异质信念；张维和张永杰（2006）以及洪和斯坦（2007）认为异质信念是指不同投资者对相同股票在相同持有期下的收益预期的分歧。申克曼和熊（2003）认为过度自信是投资者异质信念产生的原因，异质信念导致了信念演化、泡沫产生和破灭等现象。本节认为，投资者异质信念是指私人信息和公开信息投资者面对同一资产由于信息获取差异导致对股票预期信念不同，对比张维和张永杰（2006）、洪和斯坦（2007）、申克曼和熊（2003）、巴萨克（2005）提出的异质信念的定义，本节提出的异质信念定义优势包括以下几点：

第一，本节基于信息披露的角度提出了这一概念，拓展了投资者异质信念的适用范围，丰富了异质信念的研究内容；第二，该定义与中国股票市场上信息不对称、中小投资者占主导的现状相吻合，信息披露质量差异 $\rho_\varepsilon - \rho_\eta$ 中，短期内私人信息质量是稳定的，但公开信息质量受到中小投资者的推动会出现波动，进而影响股票市场波动，所以该异质信念指标更多地反映了中国股票市场的噪声信息特征，刻画了中国股票市场上散户的交易行为，也反映了价值驱动的交易信念和非价值因素驱动的交易信念；第三，该定义具有直观性和可操作性，解决了过去异质信念定义中数学逻辑较强或心理学含义复杂等不可操作性的特征，有利于理论建模。

3.2　异质信念、市场特征和股票异象

3.2.1　异质信念与股票市场的定价表现

由于直接使用异质信念解释股票异象有一定困难，本节首先探讨了异

质信念与定价效率的关系，为异质信念解释市场摩擦类和动量反转类异象提供理论基础。借鉴一些学者（Kyle，1985；Easley & O'Hara，2004；Vives，2008）的研究，使用均衡价格、市场流动性、交易成本、定价效率和资本成本等衡量市场定价效率。

1. 均衡价格

市场均衡价格和异质信念的一阶偏导数结果发现，异质信念与风险资产的市场均衡价格正相关。私人信息质量越高，公开信息质量越低，即市场上充满着噪声信息时，异质信念提高，市场均衡价格越大；当投资者的异质信念下降，交易者信念趋于一致时，市场价格下降。市场上充满着噪声信息，特别是私人信息质量高而公开信息质量低，说明市场发展程度较低，与中国股票市场特征相似，噪声信息较多导致信息质量差异，进而使股票价格暴涨暴跌，因此减少信息不对称提高公开信息质量可以保证市场价格稳定。

$$\frac{\partial \tilde{p}}{\partial HB} = B \cdot \frac{(\rho_v + \rho_\varepsilon)(\rho_\varepsilon + \rho_\eta)}{\rho_v (\rho_\varepsilon - \rho_\eta)} > 0 \tag{3.9}$$

2. 流动性

市场流动性是影响市场交易的主要指标，市场流动性越高越容易促进市场买卖和价格发现能力。戈德斯坦和扬（2017）、凯尔（Kyle，1985）认为流动性需求 $\bar{x}$ 系数 D 越小时，流动性交易行为对均衡价格的影响越小，反过来市场流动性水平越大，即 D 与市场流动性水平呈负相关关系。因此使用 $Liquidity = \frac{1}{D}$ 表示。

流动性和异质信念的一阶偏导数结果发现投资者异质信念对市场流动性的影响为正，异质信念越大则市场流动性水平越高。随着私人信息质量上升或者公开信息质量下降，市场流动性上升。另外，异质信念—流动性系数取决于投资者比例 μ 和知情信息 $\tilde{s}_i$，知情交易者比例越高，异质信念引起的市场流动性越大。

$$\frac{\partial Liquidity}{\partial HB} = \frac{\mu}{\alpha + \kappa \rho_x} \cdot \frac{\rho_v \tilde{s}_i}{\left[\tilde{s}_i - HB - \frac{\rho_\eta \tilde{y}}{\rho_\eta + \rho_v} \right]^2} > 0 \tag{3.10}$$

从中国股票市场看，信息不对称程度较高导致信息获取劣势的中小投资者只能依靠公开信息交易，市场上涨时信息质量差异逐渐增大，异质信念提高，导致市场流动性上升；市场下跌时，市场信息减少而公开信息和知情信息差异减少，异质信念趋于一致降低了市场流动性。

3. 交易成本

本节使用买卖价差（bid-ask spread）表示交易成本，流动性交易者在市场上的一单位买价引起的市场价格为 $Ask = E(\tilde{p} \mid \tilde{x} = +1) = A + D$，同时一单位卖价引起的市场价格为 $Bid = E(\tilde{p} \mid \tilde{x} = -1) = A - D$，此时买卖价差衡量的交易成本为 $Tradecost = Ask - Bid = 2D$。交易成本和异质信念的一阶偏导数结果发现异质信念与交易成本的关系与流动性的结果相反，异质信念越大市场交易成本越低，市场上的交易成本下降则流动性上升，当知情信息和公开信息的质量差异较大，投资者异质信念增加，市场交易成本下降。

$$\frac{\partial Tradecost}{\partial HB} < 0 \tag{3.11}$$

4. 定价效率

定价效率又称为市场效率，表示股票的未来价值对市场均衡价格的影响。当市场效率较高时，上市公司的基本价值可以较快且充分地反映市场均衡价格中去，在低市场效率中均衡价格难以直接体现股票基本价值，因此市场效率越高，说明市场交易制度和市场价格发现能力越高。本书使用价格中反映市场基本价值的差异来表示 $Marketeffciency = \dfrac{1}{var(\tilde{v} \mid \tilde{p}, \tilde{y})} - \dfrac{1}{var(\tilde{v} \mid \tilde{y})}$。

资本市场的定价效率和异质信念的一阶偏导数结果发现投资者异质信念对定价效率的影响为负，即异质信念越大，定价效率越低。异质信念—定价效率影响系数取决于知情信息质量、数量和知情信息投资者比例，市场知情信息数量越多、质量越高且基于知情信息交易的投资者比例越高，异质信念导致市场效率越低。

$$\frac{\partial Marketeffciency}{\partial HB} = -\frac{2\mu^2 \rho_\varepsilon}{\alpha^2} \cdot \frac{\rho_v \tilde{s}_i}{\left[\tilde{s}_i - HB - \dfrac{\rho_\eta \tilde{y}}{\rho_\eta + \rho_v} \right]^2} < 0 \tag{3.12}$$

异质信念与股票市场定价效率的关系与我国股市实际相似，我国股票市场的定价效率较差，其中内幕交易盛行，大部分中小投资者交易依靠的公开信息质量较差，知情信息和公开信息的质量差异增加了投资者异质信念，弱化了市场的定价效率。因此要提高中国股市的定价效率，监管机构必须改善市场信息披露情况，完善信息披露制度，提高公开信息的质量，减少公开信息与知情信息质量的差异。

5. 资本成本

一些文献称（Easley & O'Hara，2004；Hughes et al.，2007；Lambert et al.，2007；Goldstein & Yang，2017）使用 $E(\tilde{v} - \tilde{p})$ 表示投资者的资本成本，期初以 $\tilde{p}$ 的价格买入，期末卖出获得 $\tilde{v}$ 的现金流，付出了 $E(\tilde{v} - \tilde{p})$ 的资本成本。资本成本和异质信念的一阶偏导结果发现两者为负，即投资者异质信念越大资本成本越小，这种影响除了主要受到知情投资者比例 μ 和私人信息数量 $\tilde{s}$ 的影响，当投资者占比和私人信息增加时，异质信念—资本成本影响越小。

$$\frac{\partial Capitalcost}{\partial HB} = -\frac{\mu}{[\rho_v + \mu\rho_\varepsilon + (1-\mu)\rho_\eta + \kappa^2\rho_x]^2} \cdot \frac{\rho_v \tilde{s}_i}{\left[\tilde{s}_i - HB - \frac{\rho_\eta \tilde{y}}{\rho_\eta + \rho_v}\right]^2} < 0$$

(3.13)

知情信息和公开信息的质量差异越大，异质信念越大，资本成本越低。知情信息和公开信息的质量对资本成本影响主要体现在信息质量，中国股市中信息质量差异决定了市场交易者的获益能力较差，尤其是依靠公开信息交易的中小投资者。

3.2.2　异质信念与股票市场的投资者福利

1. 投资者福利和信息披露成本

市场存在信息披露成本时，通过不同渠道获取信息的投资者需要支付信息成本，这种成本支付并不会影响市场定价能力，但可以到投资者效用和市场福利。因此按照前文模型设置，使用常数相对风险厌恶（CARA）函数形式表示投资者效用。

$$\max U_i = E(-e^{-\alpha\tilde{w}_i} | \theta_i)$$

(3.14)

$$\widetilde{W}_i = \widetilde{W}_{i0} + x_i \cdot E(\widetilde{v} - \widetilde{p}) - f(c_i) \tag{3.15}$$

该效用方程表示投资者 i 在获得市场信息时的效用，其中 $\widetilde{W}_{i0}$ 表示投资者的初始财富且假设投资者初始财富是外生的，不受股票市场的影响。$f(c_i)$ 表示投资者为获得市场信息所支付的成本函数，x_i 表示投资者 i 的需求，$E(\widetilde{v} - \widetilde{p})$ 表示投资者单位股票的预期收益。进一步得到投资者效用函数：

$$V_i = -\exp\left\{ -\alpha\widetilde{W}_i + \alpha f(c_i) - \frac{[E(\widetilde{v} - \widetilde{p}) \mid \theta_i]^2}{2(Var(\widetilde{v} - \widetilde{p}) \mid \theta_i)} \right\} \tag{3.16}$$

本书借鉴伊斯利等（Easley et al.，2013）的方法，使用确定性等值表示投资者福利。

$$CE_i = -\frac{1}{\alpha}\log(-E[V(\widetilde{s}_i, \widetilde{s}_p, \widetilde{y})]) \tag{3.17}$$

其中，$E[V(\widetilde{s}_i, \widetilde{s}_p, \widetilde{y})] = -\sqrt{\dfrac{Var(\widetilde{v} - \widetilde{p}) \mid \theta_i}{Var(\widetilde{v} - \widetilde{p})}}\exp\left\{ -\dfrac{[E(\widetilde{v} - \widetilde{p})]^2}{2(Var(\widetilde{v} - \widetilde{p}))} \right\}$

信息披露成本包括私人信息的披露成本和公开信息的披露成本：私人信息的披露成本由固定成本和可变成本两部分构成，固定成本表示现实市场上机构投资者组建专业研究部门的成本，可变成本可以看作机构投资者从分析机构购买知情信息的成本。前者为投资时支付研究部门的固定成本，后者与信息质量成正比，即购买的信息质量越高，支付的成本越大。公开信息披露成本是社会公共部门为监管或者研究上市公司信息披露所付出的总成本，包括监管机构、交易部门和社会公共研究机构，其披露成本来源于财政税收支持，因此这种披露成本应该平均分担给每个市场参与者，包括信息投资者和流动性提供者，且如果整个市场的公开信息质量越高，则社会监管支付的制度成本越高，公开信息披露成本越高。

$$C_{\widetilde{s}} = C_F + C_V,$$

其中，

$$C_V = \tau\rho_\varepsilon^2 \tag{3.18}$$

$$C_{\widetilde{y}} = \varphi\rho_\eta^2 \tag{3.19}$$

2. 信息的挤出效应

市场信息对市场的影响是相互关联的（Verrecchia，1982；Diamond，1985），当知情信息对市场的影响上升时，公开信息的影响会逐渐下降。本书把这种知情信息在价格形成过程中挤出公开信息的现象称为信息的挤出效应，本书使用投资者福利进行证明。知情交易者福利 CE_I 为：

$$CE_I = \frac{1}{2\alpha}\log\frac{Var(\tilde{v} - \tilde{p})}{Var(\tilde{v} - \tilde{p}\,|\,\theta_i)} + \frac{[E(\tilde{v} - \tilde{p})]^2}{2\alpha Var(\tilde{v} - \tilde{p})} \tag{3.20}$$

知情交易者福利 CE_I 和内幕信息质量 ρ_ε 的一阶偏导：

$$\frac{\partial CE_I}{\partial \rho_\varepsilon} = \frac{1}{2\alpha}[f_1'(\rho_\eta, \rho_\varepsilon) + f_2'(\rho_\eta, \rho_\varepsilon)] < 0 \tag{3.21}$$

其中，$f_1(\rho_\eta, \rho_\varepsilon) = \log\dfrac{Var(\tilde{v} - \tilde{p})}{Var(\tilde{v} - \tilde{p}\,|\,\theta_i)}$，$f_1(\rho_\eta, \rho_\varepsilon) = \dfrac{[E(\tilde{v} - \tilde{p})]^2}{2\alpha Var(\tilde{v} - \tilde{p})}$，且 $f_1'(\rho_\eta, \rho_\varepsilon) < 0$，$f_2'(\rho_\eta, \rho_\varepsilon) < 0$。同时，内幕信息质量 ρ_ε 对内幕交易者福利 CE_I 的影响系数也受到公开信息质量 ρ_η 的影响，可以发现这种影响系数对公开信息质量的一阶偏导为：

$$\frac{\partial CE_I}{\partial \rho_\varepsilon \partial \rho_\eta} > 0 \tag{3.22}$$

图 3.4 给出了信息披露质量与投资者福利的数值模拟结果，其中参数设置为 $\tilde{s} = \rho_v = \tilde{v} = \tilde{y} = x = Z = 1$，$\rho_\eta < \rho_\varepsilon$，图 3.4（a）和前面结果相同——公开信息质量与投资者福利呈负相关关系；通过发现不同的投资者市场结构（$\mu = 0.6, 0.7, 0.8$）也影响着投资者福利，知情投资者比重越大市场福利越低，知情交易者越多，市场越来越不成熟，这种市场中投资者很难获益。图 3.4（b）给出了公开信息质量与市场福利的关系，两者也呈负相关，但内幕交易者越多时公开信息质量对市场福利的影响越低，如图 3.4 所示，当 $\mu = 0.8$ 时这种影响几乎消失。

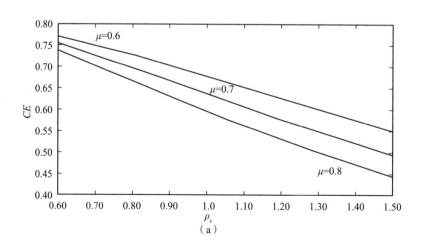

（a）

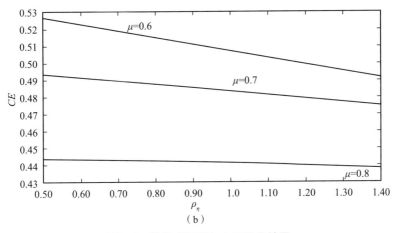

图 3.4　投资者福利与市场信息披露

对投资者福利［其中，$CE_I(\rho_\eta, \rho_\varepsilon) = CE_U(\rho_\eta, \rho_\varepsilon)$］知情信息质量 ρ_ε 越高，投资者福利下降，但公开信息质量对这种负效应具有正影响，随着公开信息质量的上升，内幕信息引起的负投资者福利越来越大。本书把这种效应称为"信息的挤出效应"，即随着公开信息质量的提高，公开信息逐渐挤出了内幕信息在投资者福利中的影响。现实市场的交易中，随着内幕信息质量的提高越来越多的投资者会减少对公开信息的依赖，转而寻找内幕信息或者离开市场，造成公开信息对市场价格和福利的影响在下降。图 3.5 给出了信息挤出效应的模拟结果，参数设置中设 $\mu = 0.6$，信息挤出效应的模拟结果和前面结论相同。

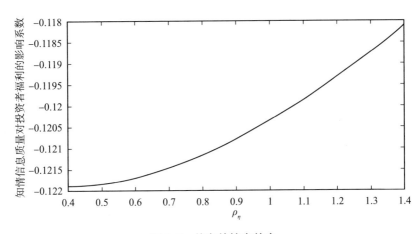

图 3.5　信息的挤出效应

内幕信息和公开信息之间存在"挤出效应"，随着内幕信息（或公开信息）的质量的上升，公开信息（或内幕信息）质量对投资者福利的影响不断下降。

基本价值 $\tilde{v}$、私人信息和公开信息的质量差异 $\rho_\varepsilon - \rho_\eta$ 决定了投资者异质信念的大小，股票基本价值 $\tilde{v}$ 由上市公司的业绩、股利等外生变量决定，但 $\rho_\varepsilon - \rho_\eta$ 则由内幕信息和公开信息披露决定。信息挤出效应可以发现，内幕信息质量和公开信息质量对于市场福利的影响不是单调的，单从信息质量的角度检验信息披露对市场福利的影响较为片面。投资者异质信念由私人信息质量与公开信息质量之差 $\rho_\varepsilon - \rho_\eta$ 决定，可以同时检验内幕信息质量、公开信息质量以及两者之间的挤出效应，因此使用异质信念检验信息披露与投资者福利之间的关系。

3. 内幕交易市场的投资者福利

内幕交易是指可以获得一些交易者通过内幕信息进行交易的行为。内幕交易者的内幕信息获取成本较低，几乎不需要付出任何成本，此时假设内幕信息披露成本为 0，包括上市公司高管、监管人员或可以获取内幕信息的机构投资者等。此时市场交易者福利相同。

$$CE_I = CE_U = \frac{1}{2\alpha}\log\frac{Var(\tilde{v} - \tilde{p})}{Var(\tilde{v} - \tilde{p} \mid \theta_i)} + \frac{[E(\tilde{v} - \tilde{p})]^2}{2\alpha Var(\tilde{v} - \tilde{p})} \qquad (3.23)$$

此时假设知情交易者为内幕交易者。当私人信息质量 ρ_ε 上升时，内幕交易者的福利不断下降，得到内幕交易者福利对异质信念的一阶偏导如下：

$$\frac{\partial CE_I(\rho_\varepsilon, \rho_\eta)}{\partial HB} \qquad (3.24)$$

投资者异质信念对内幕交易者福利具有负效应，投资者异质信念越大，市场交易者福利越小。图 3.6 的数值模拟结果支持了上述结论，投资者的异质信念与市场福利负相关，同时两者的影响效应受到投资者市场结构的影响，知情投资者越多市场福利越低。投资者异质信念取决于内幕信息质量和公开信息质量的差距，随着内幕信息质量的上升以及挤出效应，投资者异质信念会显著上升，股票市场制度完善较差时，内幕交易盛行，进一步提高了私人信息交易者和公开信息交易者之间的异质性预期，这种异质性预期不断增加，内幕交易者并未依靠内幕信息在股票市场获取更多收益，反而不断下降。同时由于劣币驱逐良币现象，制度不完善的市场内幕交易加剧，形成市场"双输"的局面。因此，内幕交易中，随着内幕信息质量的提高，投资者异质信念上升，投资者福利下降。

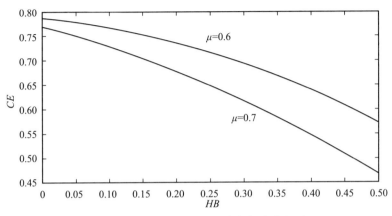

图 3.6　内幕交易下异质信念与投资者福利

4. 存在信息披露成本的市场

投资者在获得信息时需要支付信息获取成本，包括知情交易者获取知情信息并支付成本；非知情交易者获得公开信息且该成本由全体市场共同承担，同时确定性等价表示的投资者福利为：

$$CE_I = \frac{1}{2\alpha}\log\frac{Var(\tilde{v}-\tilde{p})}{Var(\tilde{v}-\tilde{p}\mid\theta_i)} + \frac{[E(\tilde{v}-\tilde{p})]^2}{2\alpha Var(\tilde{v}-\tilde{p})} + C_F + \tau\rho_\varepsilon^2 + \overline{C}_y$$

$$CE_U = \frac{1}{2\alpha}\log\frac{Var(\tilde{v}-\tilde{p})}{Var(\tilde{v}-\tilde{p}\mid\theta_i)} + \frac{[E(\tilde{v}-\tilde{p})]^2}{2\alpha Var(\tilde{v}-\tilde{p})} + \overline{C}_y \qquad (3.25)$$

$C_F + \tau\rho_\varepsilon^2$ 表示知情信息披露成本；知情交易者包括基金、证券自营部门等机构投资者，信息渠道有两种：一是招募投资专家组建专业研究机构；二是向专业机构购买。C_F 表示组建专业研究机构所付出的固定成本，$\tau\rho_\varepsilon^2$ 表示向专业机构购买信息的成本，知情信息质量越高（ρ_ε 越大），支付成本越大。

$\overline{C}_y$ 表示公开信息披露成本。公开信息交易者多为中小投资者，难以从专业研究机构获得知情信息，获得信息的渠道主要有监管机构（证监会和交易所）或者一些非营利性的专业机构（大学或研究院等），信息披露成本由全部参与者负担（纳税或财政拨款等），在短期内公开信息披露质量提升较慢，多由监管机构通过行政命令（会计制度变化、信息披露制度改革等）方式执行，而且公开信息的披露成本要低于知情信息获取成本，用常数 $\overline{C}_y$ 示。

首先，为了控制挤出效应，假设存在外生的公开信息 ρ_η^*，由知情交易者和非知情交易者福利可以发现，前者的市场福利远远大于后者，其成因是由于私人信息交易者为了对冲较高的知情信息成本。

$$\frac{\partial CE_I(\rho_\varepsilon,\ \rho_\eta^*)}{\partial HB} = \underbrace{\frac{\partial CE_U(\rho_\varepsilon,\ \rho_\eta^*)}{\partial HB}}_{\text{直接影响}} + \underbrace{\frac{\partial \tau \rho_\varepsilon^2}{\partial HB}}_{\text{间接影响}} \qquad (3.26)$$

$$\frac{\partial CE_U(\rho_\varepsilon,\ \rho_\eta^*)}{\partial HB} < 0 \qquad (3.27)$$

知情投资者福利对异质信念的一阶偏导数由两部分组成，前者为直接影响，等于非知情交易者福利于异质信念的关系，根据上节结果为负值；后者为间接影响——知情信息质量的影响，$\dfrac{\partial \tau \rho_\varepsilon^2}{\partial HB} > 0$，$\dfrac{\partial CE_U(\rho_\varepsilon,\ \rho_\eta^*)}{\partial \rho_\varepsilon}$ 的正负决于知情信息成本系数 τ。且非知情投资者福利的影响要小于知情投资者，差距为 $2\tau\rho_\varepsilon$。这种特征与现实市场是相似的，在信息不对称的市场中，知情信息被机构投资者垄断时，中小投资者并没有受到市场有效信息的正向影响，其市场收益（投资者福利）要远远小于机构投资者，这种差异是由于市场私人信息成本原因造成的，这种影响对投资者福利是间接的。

图 3.7 的数值模拟结果发现 τ 的大小决定异质信念对投资者福利的影响，τ 较大（0.2）时，异质信念越大知情投资者福利越高；当 τ 较小（0.1 或 0.01）时，异质信念与投资者福利呈负相关关系。异质信念对投资者市场福利的影响取决于 τ 值的大小，同类文献（Goldstein & Yang，2017）中 τ 值取 0.01，因此异质信念对投资者市场福利具有负效益的结论较为稳健。如果私人信息质量提高，$\rho_\varepsilon - \rho_\eta^*$ 不断增大，投资者异质信念增大。由于公开信息成本的外生性，投资者异质信念上升时，知情投资者福利下降，但信息成本的存在私人投资者福利下降的幅度远远小于公开信息投资者。

所以，由于存在私人信息披露成本，知情投资者福利远远高于公开信息交易者；且异质信念对投资者福利的影响取决于私人信息成本系数，如果该系数较低异质信念对投资者福利为负效应。

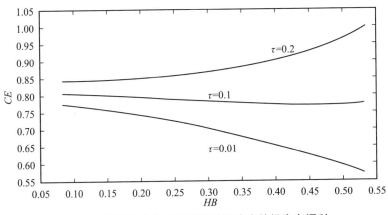

图 3.7　异质信念与存在信息披露成本的投资者福利

5. 公开信息的监管冲击

公开信息的监管冲击是指监管机构通过制度改革提升公开信息质量。公开信息受到监管机构和信息化水平的影响在短期内较为稳定，但信息不对称较为明显的市场中，监管机构为了维护中小投资者的利益，通过改革完善市场制度和法律法规，规范上市企业信息披露规则，提升公开信息质量。公开信息质量 ρ_{η} 提升导致产生的改革成本和信息披露成本需要全部市场参与者承担，且公开信息质量越高投资者承担的成本越高，即存在 $C_{\tilde{y}} = \varphi \rho_{\eta}^2$。投资者福利分别为：

$$CE_I(C_{\tilde{y}},\ C_{\tilde{s}},\ \rho_{\varepsilon},\ \rho_{\eta}) = \frac{1}{2\alpha}\log\frac{Var(\tilde{v}-\tilde{p})}{Var(\tilde{v}-\tilde{p}\mid\theta_i)} + \frac{[E(\tilde{v}-\tilde{p})]^2}{2\alpha Var(\tilde{v}-\tilde{p})} + C_F + \omega\rho_{\varepsilon}^2 + \varphi\rho_{\eta}^2$$

$$CE_U(C_{\tilde{y}},\ C_{\tilde{s}},\ \rho_{\varepsilon},\ \rho_{\eta}) = \frac{1}{2\alpha}\log\frac{Var(\tilde{v}-\tilde{p})}{Var(\tilde{v}-\tilde{p}\mid\theta_i)} + \frac{[E(\tilde{v}-\tilde{p})]^2}{2\alpha Var(\tilde{v}-\tilde{p})} + \varphi\rho_{\eta}^2$$

$$(3.28)$$

由于同时存在私人信息质量、公开信息质量和两者之间的挤出效应，直接使用投资者异质信念研究信息披露与投资者福利的影响。监管机构的监管冲击提升公开信息质量 ρ_{η}，由于公开信息的挤出效应，知情信息会相应的下降，即 $\rho_{\varepsilon}-\rho_{\eta}$ 下降，投资者异质信念下降，得到投资者异质信念对知情投资者福利的一阶偏导：

$$\frac{\partial CE_I(C_{\tilde{y}},\ C_{\tilde{s}},\ \rho_{\varepsilon},\ \rho_{\eta})}{\partial HB} = \underbrace{\frac{1}{2\alpha}[f_1'(\rho_{\eta},\ \rho_{\varepsilon}) + f_2'(\rho_{\eta},\ \rho_{\varepsilon})] + \frac{\partial\varphi\rho_{\eta}^2}{\partial HB}}_{<0} + \underbrace{\frac{\partial\tau\rho_{\varepsilon}^2}{\partial HB}}_{>0}$$

$$(3.29)$$

第一部分是无披露成本的投资者福利影响（负影响），随着公开信息质量上升及其挤出效应，投资者异质信念下降，此时无披露成本的知情投资者福利上升，此部分和前面结果相似，随着公开信息质量上升，越来越多的投资者会选择公开信息参与决策，缓和了投资者之间的异质性预期，提高了知情投资者的福利。

$$\frac{\partial \varphi \rho_{\eta}^{2}}{\partial HB} = 2\varphi \rho_{\eta} \frac{\partial \rho_{\eta}}{\partial HB} < 0 \qquad (3.30)$$

第二部分是存在公开信息披露成本的投资者福利影响（负影响），此时异质信念越低，知情投资者福利越高。由于知情投资者存在公开信息披露成本的对冲需求，此时市场公开信息披露成本越高，进一步其提高了市场福利。

$$\frac{\partial \tau \rho_{\varepsilon}^{2}}{\partial HB} = 2\tau \rho_{\varepsilon} \frac{\partial \rho_{\varepsilon}}{\partial HB} > 0 \qquad (3.31)$$

第三部分是知情信息披露成本的投资者福利的影响（正影响），随着公开信息的提高，市场私人信息质量不会明显上升。公开信息提高了投资者的注意力，降低了私人信息的吸引力，私人信息质量可能下降，对投资者福利的影响不会显著上升。

$$\frac{\partial CE_{U}(C_{\tilde{y}}, C_{\tilde{s}}, \rho_{\varepsilon}, \rho_{\eta})}{\partial HB} = \frac{1}{2\alpha}[f_{1}'(\rho_{\eta}, \rho_{\varepsilon}) + f_{2}'(\rho_{\eta}, \rho_{\varepsilon})] + \frac{\partial \varphi \rho_{\eta}^{2}}{\partial HB}$$

$$(3.32)$$

非知情投资者福利的影响发现，异质信念下降，公开信息投资者福利上升更快，所以公开信息的监管冲击可以提高市场投资者福利，即提高市场的公开信息披露质量可以很好地提升整个市场的收益。

图 3.8 是存在外生监管冲击时异质信念与投资者市场福利的数值模拟结果，结果发现私人信息披露成本系数越高（τ 从 0.01 到 0.5），投资者市场福利越高；异质信念与市场福利呈负相关关系，异质信念越高知情投资者的市场福利越低，但是这种负相关关系受到公开信息披露成本系数 φ 的影响，φ 越大异质信念对市场福利的影响越大。

因此，市场存在监管冲击时，公开信息质量 ρ_{η} 上升投资者异质信念下降更快，异质信念—投资者福利的负效应明显下降，即提高市场的公开信息披露质量可以提升整个市场投资者福利。

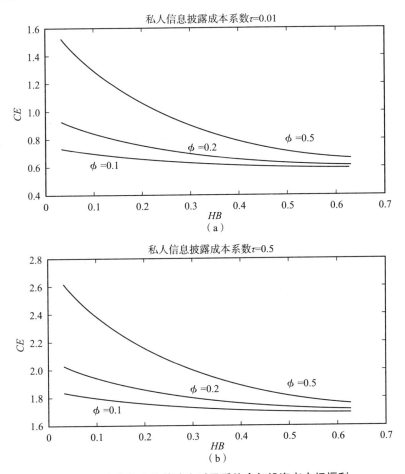

图 3.8　存在外生监管冲击时异质信念与投资者市场福利

3.2.3　异质信念对市场摩擦异象、财务信息异象的解释

受制于理论模型的解释能力，上述理论模型并不能直接全部地解释股票异象。但是，本节从上述研究结论中提炼了异质信念解释股票异象背后的影响机制。第一部分介绍了异质信念解释市场摩擦异象和动量反转异象的逻辑机制，第二部分介绍了异质信念解释财务信息异象的逻辑机制。

1. 异质信念对市场摩擦异象和动量反转的解释

3.2.1 节的理论推导结果发现投资者异质信念对市场整体的定价水平

影响较差；异质信念越高，均衡价格和市场流动性越高，但是降低了交易成本、市场效率、资本成本。从上述结论可以发现，异质信念相对于股票市场而言是一个"坏"因素，充当着一个不利于股票市场定价效率的角色。基于理论模型的解释结论，本部分重点阐述异质信念为什么可以解释市场摩擦异象。

市场摩擦异象是指违反有效市场假说，主要由股票市场定价效率造成的一种超额收益现象。通过图 3.3 可以发现，本书的投资者异质信念主要反映了股票价格中的噪声信息质量和私人信息质量的差异。对于一只股票而言，由于其基本价值在短期内具有相对的稳定性，而且这种在短期内基本价值不会出现巨大的波动。而噪声信息的内容和质量反而受到中小投资者的影响，在一个乐观的噪声信息占主导的市场上，受到更倾向于追高的羊群效应投资者和市场氛围的影响，处于信息劣势的中小投资者更容易夸大乐观的噪声信息，使得乐观噪声信息的内容明显增多，受制于卖空限制，提供悲观信息的私人信息投资者难以进入市场，使得投资者之间的预期分歧越大，异质信念越大。此时股票市场上的定价效率越差、市场摩擦程度越大，造成了股票市场上的市场摩擦异象。反之在一个悲观情绪占主导的市场上，受悲观情绪影响的投资者（不能获得信息的中小投资者）存在超卖行为，同样造成了市场摩擦异象。

3.2.1 节的结论表明，异质信念与股票市场的定价效率负相关，而且异质信念充当着一个不利于股票市场价格发现功能的角色。因此，异质信念越高时股票价格中反映的噪声信息越多，此时股票市场的价格发现能力越差，市场摩擦异象越大。以流动性异象为例，乐观噪声信息的传播使得更多的公开信息投资者、中小投资者等进入股票交易，进而提高了驱动了股票的交易量，进而提高了股票流动性，出现了流动性异象。其他市场摩擦异象与上述研究的结论相同，异质信念越大导致市场噪声信息驱动的股票交易越来越频繁，使得股票市场的流动性、交易成本、定价效率和波动等特征出现变化，导致股票市场出现了超额收益，这种价格现象违背了市场有效性假设，导致股票市场上出现了市场摩擦异象，比如流动性异象、交易成本异象、波动性异象等。

另外，异质信念对动量反转异象的解释和上述研究思路相同，异质信念越大反映了股票价格中所蕴含的噪声信息越多，由于中国股票市场存在明显或隐性的卖空限制，使得乐观的噪声信息进一步推高了股票价格，出现了过度反应异象；在未来，股票回复正常水平，会使得异质信念存在负的溢价，即短期反转异象；股票价格的形成受到卖空限制影响，股票价格在长期内难以恢复到正常水平，出现了长期的动量效应。

2. 异质信念对财务信息异象的解释

财务信息异象主要包括附录 2 中的价值成长类异象、投资类异象、盈利类异象和无形资产异象等，可以归纳为股票价格能否反映上市公司的财务信息而形成的一种超额收益现象。借鉴前面的推导结果，下面阐述异质信念可以解释财务信息异象的机制。

3.2.2 节的推导结果表明，在内幕交易中，随着内幕信息质量的提高，异质信念恶化了投资者福利；存在私人信息披露成本时，知情投资者的福利远远高于公开信息投资者；监管机构强制改善信息披露时，公开信息质量上升导致异质信念—投资者福利的负效应明显下降，即提高股票市场的信息披露质量可以提升整个市场投资者福利。信息披露揭示了股票市场财务信息的传播和影响，这种信息披露和投资者福利的关系揭示了异质信念与财务信息异象的关系。

如果信息披露成本为零、不存在内幕信息、公开信息和私人信息的无差异时，此时股票市场的不存在异质信念，理性状态下投资者可以无摩擦地获得所有财务信息，同时股票价格可以反映所有财务信息，此时的股票市场一个符合有效市场假说的市场，不存在财务信息异象。

但是，现实的资本市场中上市公司的信息披露存在成本，这种成本表现在财务信息的分析成本、购买成本（购买卖方分析师报告）或者违法成本（内幕交易）。这种成本的存在使得一部分投资者（私人信息投资者）获得了财务信息，而另外一部分投资者（公开信息投资者）很难获得财务信息，同样在一个乐观的股票市场上，难以获得财务信息的投资者更容易积极买入，而知情的私人信息交易者受到卖空限制难以表达其交易行为，进而使得股票价格很难完全反映上市公司的财务信息，出现了财务信息与股票收益的不匹配。这种股票收益现象反映在股票市场上是财务信息异象。

3.3　本章小结

本章基于私人信息投资者和公开信息投资者的预期差异，探讨了投资者异质信念影响股票异象的逻辑关系。首先，构建了一个异质信念定价模型，探讨了信息披露质量差异与异质信念之间的关系；其次，在此基础上探讨了这种异质信念对资产定价和投资者福利的影响；最后，从上述研究结论中提炼出了异质信念解释股票异象的影响逻辑。本章的主要结论包括以下几点。

（1）基于理性预期均衡模型，根据知情投资者和公开信息投资者的投资预期差异构建了一个投资者异质信念指标。结果发现，投资者异质信念由股票的基本价值以及私人信息和公开信息的质量差异决定，私人信息和公开信息的质量差异越高时异质信念越大，异质信念反映了股票市场的信息披露差异。

（2）投资者异质信念提高了市场均衡价格和市场流动性，但是降低了交易成本、市场效率、资本成本。股票市场上私人信息和公开信息之间存在"挤出"效应，随着私人信息质量上升时公开信息对市场的影响不断下降，异质信念的引入可以控制这种挤出效应。进一步对交易情景进行分类发现：在内幕交易中，随着内幕信息质量的提高，异质信念恶化了投资者福利；存在私人信息披露成本时，知情投资者的福利远远高于公开信息投资者；监管机构强制改善信息披露时，公开信息质量上升导致异质信念—投资者福利的负效应明显下降，即提高股票市场的信息披露质量可以提升整个市场投资者福利。

（3）本节从上述研究结论提炼出了异质信念解释股票异象的影响机制：异质信念越大导致股票价格的噪声信息越多，恶化了股票市场的定价效率，使得股票市场出现市场摩擦异象；另外，异质信念越大，上市公司信息披露的不完善使得所有投资者很难获取完整的真实的公司财务信息，导致股票价格很难完全反映上市公司的财务信息，出现了财务信息异象。

第4章

异质信念与中国股票
市场异象的实证研究

本章是本书的核心章节，主要包括以下几个部分：第一部分介绍了本书构建的异质信念代理指标，并对异质信念与横截面收益之间的关系进行实证研究；第二部分检验了异质信念因子能否解释 106 个交易市场异象；第三部分检验了异质信念指标能否解释 8 个发行市场异象。

4.1 异质信念与股票收益的实证研究

4.1.1 数据与变量构建

1. 样本选择偏差与中国股票市场改革

中国股票市场的改革历程限制了样本数据的选择，这种影响主要表现在对资本市场频繁多样的监管制度使得股票价格数据在长期内可能出现数据结构的不一致；多层次市场结构可能导致数据格式出现不一致；多种改革事件出现可能导致数据所反映的市场信息不一致。最终在样本数据中出现选择偏差，导致实证结果可能出现伪回归。为避免该问题，本节系统回顾了中国股票市场的改革事件，并以此为依据选择样本数据。

中国股票市场始建于 1990 年，30 多年的资本市场发展中政策频繁推出，制度约束较强。例如，T + 1 交易规则和涨跌停，1995 年起我国股票市场开始实施 T + 1 交易规则，1996 年末实施涨跌停（10%）限制制度；股权分置改革的推行，2005 年 4 月中国证监会启动了股权分置改革的试点，并在 2007 年末完成；多层次资本市场的发展，2009 年 10 月启动了创业板，2019 年推出了科创板；融资融券制度和股指期货，2010 年 3 月末融资融券交易正式推行，同时股指期货正式上市交易。另外，在发行制度上。1999 年 9 月中国证监会成立了发审委，推行核准制；2005 年后，证监会对股票发行价格实行询价制，促使股票发行定价机制逐步走向市场化，但是在 2009 年和 2014 年发行定价改革又出现了逆市场化现象。

综上所述，从交易市场看，1997 年、2010 年是我国股票市场的两个主要时间节点，从发行市场看，2000 年和 2005 年是中国新股发行的重要时间节点。因此，本书选择了 2000 年 1 月到 2018 年 12 月的数据作为研究样本。

2. 样本数据及来源

对于交易市场数据，本书选取了 2000 年 1 月到 2018 年 12 月前上市的所有上市公司的月度交易数据。2000 年之后，中国的资本市场制度下股票价格反映的信息较为稳定，未出现明显变动，这样可以消除样本选择性偏差的影响。另外，剔除了金融类上市公司样本。一般认为，金融类公司的会计处理更具特殊性，因此予以剔除：剔除了 st 企业样本；剔除了样本交易月数少于 60 个月的个股数据；剔除了数据缺失的公司样本和会计信息数值异常的数据；剔除了上市首月的交易数据，减少发行市场异象的影响。最后得到了 2785 家上市公司，374364 个月度交易数据，数据来源为 CSMAR 数据库和锐思数据库。

对于发行市场数据，本书选取了 2000 年 1 月到 2018 年 12 月的 2546 家新股上市公司，覆盖了询价制后的 IPO 发行股票，数据来源为 CSMAR 数据库和 WIND 数据库。

3. 交易市场变量的构建

包括异质信念变量、收益变量和其他控制变量。

异质信念（HB），第 2 章中梳理异质信念代理指标文献发现，异质信念的代理指标可以从直接和间接两个方面构建异质信念指标。其中，间接方法构建的异质信念指标包括分析师预测分歧、调整换手率、超额收益波动率和买卖价差等变量，上述指标都能从一定程度上反映投资者信念的异质性特征。本节受到第 3 章理论模型的思路［参见市场均衡价格，式（3.4）］的启示，借鉴贝塞姆宾德等（Bessembinder et al.，1996）、加芬克尔和索克斌（2006）和朱宏泉等（2016）的研究成果，认为一只股票的交易行为是由三种信息驱动的：外生的流动性需求（$Eliq$）、基本价值信息（D）和异质信念（HB），见式（4.1）。

$$TO_{i,t} = E[trading\,|\,Eliq] + E[trading\,|\,D] + E[trading\,|\,HB] \quad (4.1)$$

其中，$E[trading\,|\,\cdot\,]$ 表示由哪些因素驱动的交易行为，TO 表示市场上投资者对一只股票的交易信念，使用月换手率代替。

首先，衡量由外生流动性需求（$Eliq$）驱动的交易行为 $E[trading\,|\,Eliq]$，本书使用该股票在过去 12 个月超额换手率的平均值表示，见式（4.2）。

$$E[trading\,|\,Eliq] = mean(TO_{i,t-1} - TO_{M,t-1},\ \cdots,\ TO_{i,t-12} - TO_{M,t-1},)$$
$$(4.2)$$

其中，TO 表示一只股票 i 在 t 月的换手率。

其次，衡量由股票价值信息驱动的交易行为 $E[trading\,|\,D]$。选择哪些指标衡量股票价值信息是该指标构建的难点，本书借鉴刘等（2019）的研究成果，该文发现股票规模（$Size$）、盈余价格比 ep 是影响中国股票市场定价的主要因素，故首先选用了这两个指标；另外，为了衡量上市公司的利润特征和股票收益的动量特征，本书增加了净资产收益率（Roa）和动量收益（Mom）衡量股票基本价值。为了得到标准化的基本价值，使用滚动窗口模型（式 4.3）将过去 36 个月的股票收益和基本价值进行回归，得到收益化的月度基本价值信息。

$$R_{i,t,t-35} = \alpha + \beta_1 Size_{i,t-1,t-36} + \beta_2 ep_{i,t-1,t-36} + \beta_3 Roa_{i,t-1,t-36} + \beta_4 Mom_{i,t-1,t-36} + \varepsilon_{i,t}$$
$$(4.3)$$

将换手率与收益化的基本价值信息进行回归，见式（4.4），将得到的回归系数 γ_i 与相应的收益化的月度基本价值信息相乘，加总得到由基本价值信息（D）驱动的交易行为 $E[trading\,|\,D]$。

$$TO_{i,t} = \alpha + \gamma_{1,t}R_{i,t-1}^{Size} + \gamma_{2,i}R_{i,t-1}^{ep} + \gamma_{3,i}R_{i,t-1}^{Roa} + \gamma_{4,i}R_{i,t-1}^{Mom} + \varepsilon_{i,t} \quad (4.4)$$

最后，将得到的 $E[trading\,|\,Eliq]$ 和 $E[trading\,|\,D]$ 代入式（4.1）中，最后得到异质信念驱动的交易行为 $E[trading\,|\,HB]$，作为异质信念的代理指标。

另外，为了与传统衡量信念的指标相比，本书还构建了其他反映投资者异质信念的指标。

特质波动率（$Idvol$），每个月内，将股票日收益对市场等权重投资组合日收益进行回归，月内所得残差的标准差为该月特质波动率。该指标也用来衡量异质信念。

持续性过度反应（Co），根据刘维奇和李林波（2018）和边赫等（Byun

et al. ，2016）构建的持续性过度反应指标进行构建，如式（4.5）和式
（4.6）所示。

$$IC_{i,t} = \begin{cases} \Delta vol_{i,t}; & if \quad P_t - P_{t-1} > 0; \\ 0; & if \quad P_t - P_{t-1} = 0; \\ -\Delta vol_{i,t}; & if \quad P_t - P_{t-1} < 0; \end{cases} \qquad (4.5)$$

$$Co_{i,t}^J = \frac{sum(\omega_J IC_{i,t-J}, \cdots, \omega_1 IC_{i,t-1},)}{mean(\Delta vol_{i,t}, \cdots, \Delta vol_{i,t-J})} \qquad (4.6)$$

投资者情绪（Sent），借鉴姚海霞和王性玉（2016）的方法选取了 5
个指标：①封闭式基金折价，李等（Lee et al. ，1991）发现封闭式基金折
价可以衡量噪声投资者的投资预期。②换手率，市场换手率越高，说明投
资者的盈利预期和交易行为越活跃（Baker & Wuglar，2006）。③Beta 系
数，如果 Beta 系数大于 1 说明该股票的风险收益率大于市场平均风险收益
率，反之说明该股票的风险收益率较低。④市盈率，可以反映市场投资者
对未来价格走势的预期特征。⑤超额回报率，贝克等（2003）发现股票的
超额收益越高，正反馈的噪声投资者对未来的预期越高。在构建过程中，
剔除了产业政策、宏观经济周期和产业发展程度等宏观因素的影响。

使用上述个股的情绪因子进行市值加权，得到 5 个市场化情绪因子
指标再进行主成分分析，把得到的第一主成分作为一个综合的投资者情
绪指标。

$$Sent = 0.46 \times turn - 0.32 \times cefd - 0.45 \times kh + 0.47 pe + 0.25 \times mcar$$

$$(4.7)$$

月度收益，使用每个月的最后一个交易日的收盘价与上一个月的最后
一个交易日的收盘价之差，并与上一个月的最后一个交易日的收盘价的比
值得到。持有期收益 HPR_n 的计算方法如下式所示，n 表示持有月份。

$$HPR_n + 1 = \frac{1}{n} \prod_{t=i}^{n} (1 + R_i) \qquad (4.8)$$

贝塔（Beta），按照 CAPM 使用当月个股日超额收益和市场超额收益
回归得到，使用一年期存款利率作为无风险利率。

规模（Size），使用当月标准化的股票流通市值表示。

盈余价格比（E/P），使用市盈率的倒数表示。

动量（Mom），使用过去 12 个月的累计收益表示。

流动性（Illiq），借鉴米赫德（Amihud，2002）的方法，先计算个股的
日不流动性，再计算一个月内日数值的算术平均得到股票不流动性指标。

资产收益率（Roa），使用净利润和总资产的比值表示。

每股盈余（Eps），使用税后利润与股本总数的比值表示。

表 4.1 给出了上述变量的描述性统计结果，其中，异质信念的均值为 -0.125，中位数为 -0.179。另外，其他变量的统计结果与当前 A 股市场的典型特征相吻合，保证了样本数据的一般性。

表 4.1　　　　　　　　交易市场变量的描述性统计

	Mean	Std.	Min	Median	Max
HB	-0.125	0.681	-5.097	-0.179	11.344
Idvol	0.134	0.058	0.029	0.126	2.282
Co	3.411	10.468	-36.000	3.134	36.000
Beta	0.839	0.455	-4.566	0.935	10.764
Size	0.051	1.136	-0.225	-0.104	71.932
E/P	0.018	0.059	-4.762	0.019	0.787
Mom	0.014	0.046	-0.162	0.007	1.096
Illiq	0.001	0.014	0.000	0.000	3.038
Roa	0.020	0.069	-8.753	0.015	0.713
Eps	0.163	0.341	-5.880	0.090	21.560

4. 发行市场变量的构建

基于换手率的异质信念（HB_{turn}），参照前面交易市场的异质信念指标和朱宏泉等（2016）的成果，本书使用新股上市 240 个交易日数据构建了发行市场的异质信念指标。首先，由于上市公司在短期内难以完全反映其基本价值，因此使用 Fama - French 五因子模型替代，使用 Fama - French 五因子模型分离出新股上市 240 个交易日的价值信息和非价值信息驱动的收益。

$$(R_{i,t} - R_{f,t}) = \alpha_i + \beta_i(R_{M,t} - R_{f,t}) + s_i SMB_t + h_i HML_t + r_i RMW_t + c_i CMA_t + e_{i,t}$$

$$(4.9)$$

其中，$R_{i,t}$ 为上市个股 i 在第 t 日的收益，$R_{M,t}$ 和 $R_{f,t}$ 为第 t 日的市场收益和无风险收益，SMB_t、HML_t、RMW_t 和 CMA_t 分别表示中国股票市场的规模因子、价值因子、投资因子和盈利因子。对每只个股上市的 240 个交易日进行回归得到估计系数，按照朱宏泉等（2016）认为市场价值信息相关的收益为 $R_{i,t}^M = \beta_i(R_{M,t} - R_{f,t})$，公司特质信息相关的收益为 $R_{i,t}^F = s_i SMB_t + h_i HML_t + r_i RMW_t + c_i CMA$。

　　然后，使用换手率分离出基于非理性偏差的投资者异质信念指标，使用上市 240 个交易日的数据估计式（4.10），得到参数计算每日的预期交易信念。

$$TO_{i,t} = \kappa_i + \gamma_1^+ \left| R_{i,t}^M \right|^+ + \gamma_1^- \left| R_{i,t}^M \right|^- + \gamma_2^+ \left| R_{i,t}^F \right|^+ + \gamma_1^- \left| R_{i,t}^F \right|^- + \mu_{i,t}$$

$$(4.10)$$

　　其中，$TO_{i,t}$ 为个股 i 在第 t 日的换手率，在新股上市初期，投资者对正收益（上涨）和负收益（破发）冲击的信念可能存在差异，故在方程中分别对待。当 $R_{i,t}^M$ 为正时，$\left| R_{i,t}^M \right|^+ = R_{i,t}^M$，同时 $\left| R_{i,t}^M \right|^- = 0$；当 $R_{i,t}^M$ 为负时，$\left| R_{i,t}^M \right|^- = R_{i,t}^M$，且 $\left| R_{i,t}^M \right|^+ = 0$。式（4.10）中，$\kappa_i$ 表示由流动性需求驱动的交易；$TO_{i,t}^I = \gamma_1^+ \left| R_{i,t}^M \right|^+ + \gamma_1^- \left| R_{i,t}^M \right|^- + \gamma_2^+ \left| R_{i,t}^F \right|^+ + \gamma_1^- \left| R_{i,t}^F \right|^-$ 表示由市场信息和公司特质信息驱动的交易；$HB_{i,t} = TO_{i,t} - TO_{i,t}^I - \kappa_i$ 表示由投资者异质信念的交易。由于 2014 年后监管机构控制了 IPO 首日价格涨跌幅，为了刻画新股在上市短期内的投资者异质信念特征，本书使用上市 20 个交易日内的异质信念均值表示：

$$HB_{BIAS} = \sum_{t=1}^{20} HB_{i,t}/20 \qquad (4.11)$$

　　另外，为了相比研究，本节还构建了其他异质信念指标。

　　基于分析师预测分歧的异质信念（HB_{bias}），借鉴迪赛等（2002）和俞红海等（2015）的研究方法，采用分析师预测的新股发行价格标准差与均值的比值表示发行市场上基于信息不对称的异质信念。

　　IPO 收益，使用 IPO 首日收益、IPO 首日超额收益、IPO 连续收益、IPO 长期表现（120 个交易日和 240 个交易日）、一级市场抑价、二级市场溢价、IPO20 日收益等表示发行市场的收益指标。其中，IPO 连续收益构建的原因和过程如下：2013 年末，证监会及沪深交易所为约束投资者的"炒新"行为，规定 2014 年开始新股首日涨跌幅为 44%。受该政策影响，大量新股在上市首日达到最高涨幅（44%），并且从第二个交易日开始后的若干交易日内达到涨停限制（10%），出现了连续涨停的特殊现象，因此本文构建了 IPO 连续收益指标衡量上述现象。使用该新股从第二交易日开始连续达到涨停限制（10%）且连续两个交易日的收益为不为负值的累计收益定义为 IPO 连续收益。

风险资本（*Vc*），使用新股发行时是否有风险资本退出表示，有为 1，否则为 0；

发行成本（*IPOcost*），使用上市公司的发行费用与发行规模的比值表示；

分析师数量（*Na*），使用参与新股定价预测的分析师数量表示；

承销商声誉（*Uw*），使用承销收入最大的前 5 位券商表示，使用上述券商为 1，否则为 0；

公司规模（*Size*），使用上市公司的注册资本的对数化表示；

销售股比例（*Overhang*），使用新股上市首日可流通股的比例表示；

中签率（*Lottery*），使用每只股票的中签率表示。

表 4.2 展示了发行市场主要变量的描述性统计结果。结果显示 IPO 首日收益的均值达到 57%，最大值达到 627%，说明我国股票市场的 IPO 首日溢价现象较为严重，说明 IPO 的短期收益也不可忽视；异质信念代理指标的均值和中位数全部为正，说明中国发行市场上投资者的异质信念偏大，而且新股发行市场上的信息不对称程度和估值偏差也较大。

表 4.2　　　　　　　　　　　　　**发行市场变量的描述性统计**

	Mean	SD	Min	Median	Max
R_{IPO}	0.57	0.78	−0.26	0.37	6.27
R_{SN}	2.93	2.81	0.42	2.03	28.70
CAR_{120}	0.07	0.51	−1.43	−0.06	2.57
CAR_{240}	0.04	0.57	−1.30	−0.06	2.78
R_U	0.57	0.72	−0.24	0.37	5.05
R_O	0.03	0.12	−0.25	0.01	1.85
HB_{turn}	0.18	0.12	0.00	0.16	1.75
HB_{bias}	0	0.41	−4.88	−0.18	6.50

4.1.2　异质信念与股票收益

本节通过构建投资组合收益和 Fama – MacBeth 横截面回归方法研究本书构建的交易市场上异质信念代理指标与横截面收益之间的关系，验证异质信念的定价能力，以期与其他异质信念研究文献相对比，保证本书所构建异质信念代理指标的一般性。

1. 投资组合分析

本节使用投资组合方法检验异质信念与横截面收益的关系。表4.3的 Panel A 在等权和流通市值加权条件下得到了三个信念指标的投资组合收益。

表 4.3   投资组合收益

Panel A：单变量分组

	HB		Idvol		Co	
	R^{EW}	R^{VW}	R^{EW}	R^{VW}	R^{EW}	R^{VW}
Low	0.018	0.009	0.018	0.014	0.016	0.010
2	0.018	0.013	0.016	0.011	0.016	0.012
3	0.018	0.014	0.015	0.012	0.015	0.011
4	0.014	0.012	0.014	0.008	0.013	0.012
High	0.005	0.003	0.009	0.006	0.012	0.008
High − Low (*t − stat*)	− 0.013*** (− 4.73)	− 0.006* (− 1.92)	− 0.008*** (− 3.72)	− 0.008** (− 2.46)	− 0.004* (− 1.83)	− 0.002 (− 0.57)
$Alpha^{FF5}$ (*t − stat*)	− 0.011*** (− 3.67)	− 0.005*** (− 4.59)	− 0.006** (− 2.49)	− 0.007*** (− 2.78)	− 0.003 (− 1.11)	− 0.004* (− 1.88)
$Alpha^{CH3}$ (*t − stat*)	− 0.005 (− 1.50)	− 0.006*** (− 4.59)	− 0.006* (− 1.82)	− 0.007*** (− 2.78)	0.000 (− 0.16)	− 0.004* (− 1.88)

Panel B：双变量分组

	Size			E/P		
	S	M	B	G	M	V
Low	0.029	0.015	0.008	0.017	0.015	0.022
2	0.027	0.018	0.012	0.019	0.016	0.020
3	0.024	0.017	0.013	0.016	0.017	0.020
4	0.020	0.012	0.011	0.010	0.014	0.018
High	0.007	0.003	0.005	0.000	0.004	0.011
High − Low (*t − stat*)	− 0.022*** (− 8.10)	− 0.013*** (− 4.66)	− 0.003 (− 0.96)	− 0.017*** (− 5.35)	− 0.012*** (− 3.87)	− 0.011*** (− 4.34)

注：括号中为 *t* 统计量，***、**、*分别表示1%、5%、10%的显著性水平，下同。

在 t 月初，将所有样本按照 $t-1$ 月的异质信念指标进行排序，并按五分位数将股票分为五组，得到每组在市值加权和等权条件下月末收益平均值，并将最高信念组（*High*）和最低信念组（*Low*）的收益之差，作为该月的组合收益率，括号中为 t 统计量。另外，本节也计算了 FF-5 因子模型（Fama & French，2015）和 CH-3 因子模型（Liu et al.，2019）调整后的组合收益 *alpha* 值。

从等权收益分组发现，异质信念（*HB*）的低组合收益出现在最高组（*High*），0.5%，而高的投资组合收益出现在前三组，1.8%，*HB* 组合收益（*High-Low*）为 -1.3%，且在 1% 水平上显著。经过 FF5 因子调整后的月超额收益率为 -1.1%，年化超额收益率为 -13.2%（= -1.1% ×12）；而流通市值加权收益分组发现，*HB* 的组合收益（*High-Low*）为 -0.6%，经过 FF-5 因子模型和 CH-3 因子模型调整后的 *alpha* 分别为 -0.5% 和 -0.6%，均具有显著的超额收益率。

另外，为了对比异质信念和其他信念指标的差异，本节引入了特质波动率（*Idvol*）和持续性过度反应（*Co*）。投资组合收益结果发现，无论是等权收益还是市值加权收益组合中，*idvol* 的组合收益率全部是 0.8%，且全部在 1% 水平上显著，说明中国股票市场市场上存在显著的特质波动率异象，而且经过 FF-5 因子模型和 CH-3 因子模型调整后的月超额收益率依然显著。但是，*co* 的投资组合收益率以及 FF5 因子模型和 CH3 因子模型调整后的月超额收益率并不明显。

刘等（2019）发现股票规模（*Size*）和市场价值（*E/P*）是影响中国股票市场定价的重要因素，所以表 4.3 的 Panel B 使用 *Size* 和 *E/P* 进行双变量分组，首先在 t 月初，按照 $t-1$ 月的 *Size*（或 *E/P*）分为三组（*S*，*M*，*B* 或 *G*，*M*，*V*），在每一个规模分组中再按照异质信念指标分为五组，得到每组等权月末收益的平均值和组合收益率（*High-Low*）。

结果发现，异质信念（*HB*）构造的投资组合收益只在小规模（*S*）和中规模（*M*）的组合中股票收益较大且在 1% 水平上显著，大规模（*B*）组合收益率仅为 -0.3% 且不显著（t 统计量仅为 -0.96）。说明异质信念仅存在于中小规模的股票中，而规模大的股票由于盘子较大或机构投资者占主导，交易中很难体现投资者的异质信念。

另外，收益价格比（*E/P*）的双变量分组发现异质信念与价值因素具有一定的相关性。增长（*G*）组合中异质信念组合收益为 -1.7%，中等组（*M*）和价值（*V*）组合中的组合收益分别为 -1.2% 和 -1.1%，且都在

1% 水平上显著，这种依次递减的收益率说明增长股比价值股的异质信念更加显著。这可能是由于增长股大部分属于高科技企业，短期业绩较好，未来预期高，中小投资者更愿意"炒作"，导致更大的非理性投机行为。

2. Fama – MacBeth 横截面回归分析

投资组合方法难以控制可能影响收益的其他变量，本节用 Fama – MacBeth 方法进一步研究，回归结果如表 4.4 所示。表 4.4 前四列分别在异质信念指标基础上依次加入控制变量。第四列的实证结果表明，加入全部控制变量后异质信念（HB）的系数为 – 0.010 且在 1% 水平上显著（t 统计量为 – 7.17），投资者的异质信念与未来一期股票收益负相关，说明投资者的异质信念增加一单位，那么未来股票收益将减少 1 个基点，异质信念对未来收益具有负向预测作用。表 4.4 的后两列给出了低市场情绪（Sent≤30%）和高情绪（Sent≥70%）条件下的回归结果，结果发现在特殊情绪条件下异质信念对未来股票收益依然具有显著（t 统计量分为 – 3.92 和 – 3.50）影响，但是在低情绪条件下异质信念的系数为 – 0.012，但在高市场情绪条件下系数为 – 0.008，说明低市场情绪导致的投资者异质信念的影响更大，而高市场情绪下投资者异质信念的影响较小，这种差异说明异质信念对研究特殊市场情景下资产定价具有积极作用。

表 4.4　　　　　　　　Fama – MacBeth 横截面回归结果

	（1）	（2）	（3）	（4）	低情绪 Sent≤30%	高情绪 Sent≥70%
HB	– 0.010 *** （ – 6.04）	– 0.010 *** （ – 6.62）	– 0.010 *** （ – 6.94）	– 0.010 *** （ – 7.17）	– 0.012 *** （ – 3.92）	– 0.008 *** （ – 3.50）
Beta		– 0.001 ** （ – 2.45）	– 0.000 ** （ – 2.19）	– 0.001 ** （ – 2.42）	0.004 （0.95）	– 0.002 （ – 1.02）
Size		– 0.009 *** （ – 2.63）	– 0.003 ** （ – 2.28）	– 0.015 ** （ – 2.48）	0.009 （0.32）	– 0.036 ** （ – 2.06）
E/P		0.026 （1.13）	0.025 （1.15）	– 0.012 （ – 0.45）	– 0.096 （ – 1.30）	0.050 （1.32）
Mom			– 0.055 （ – 1.50）	– 0.090 *** （ – 2.72）	– 0.070 （ – 0.82）	– 0.092 * （ – 1.77）

续表

	（1）	（2）	（3）	（4）	低情绪 Sent ≤ 30%	高情绪 Sent ≥ 70%
Illiq			1.634 *** （3.78）	1.569 *** （3.85）	−0.304 （−0.94）	0.336 （0.88）
Roa				0.293 *** （6.20）	0.585 *** （3.73）	0.178 *** （5.98）
Eps				−0.005 （−1.49）	0.006 （0.55）	−0.011 ** （−2.34）
_Cons	0.011 * （1.83）	0.010 * （1.81）	0.012 ** （2.11）	0.007 （1.21）	0.018 （1.49）	0.001 （0.12）
Obs.	309594	309594	309594	309594	52995	150395
Adj_R^2	0.0088	0.0186	0.0321	0.0929	0.1444	0.1140

　　从控制变量看，前四列中贝塔（Beta）、规模（Size）、动量（Mom）、流动性（Illiq）和资产收益率（Roa）的回归系数全部显著，说明上述指标是影响股票收益的重要因素。但收益价格比（E/P）和每股盈余（Eps）并不显著，说明样本股票中价值效应较差。

4.1.3　极端情形下异质信念的解释能力

　　本节引入了特殊样本时期——崩盘样本时期和暴涨样本时期，使用连续市场月收益高于20%的样本区间表示暴涨样本时期，使用连续市场月收益低于20%的样本区间表示崩盘样本时期。表4.5给出了异质信念和特质波动率下投资组合收益结果，其中，第一列是样本区间，第二列是样本区间内市场累计收益率。

　　Panel A 给出了崩盘样本下的投资组合结果，结果发现异质信念调整的组合收益分别为0.031、0.050、0.021和0.027，异质信念调整的组合收益全部由负的市场收益转为正收益，且2015.06～2015.08时期的组合收益并不显著。对比特质波动率的结果，大部分收益依旧为负且显著，说明异质信念在很大程度上解释了崩盘样本下的股票收益。Panel B 给出了暴涨样本下的投资组合结果，结果发现异质信念调整的组合收益大部分由正收益转为负，且大部分并不显著，而特质波动率指标调整的组合收益并没有显著变化且全部显著，验证了异质信念对暴涨样本解释优势。

表 4.5 崩盘、暴涨时期的投资组合收益

R（%）	异质信念			特质波动率		
	Low	High	$H-L$ ($t-stat$)	Low	High	$H-L$ ($t-stat$)
Panel A：崩盘样本期						
2001. 07 ~ 2002. 01 −40. 1	−0. 104	−0. 074	0. 031 *** （4. 74）	−0. 042	−0. 008	0. 034 （1. 68）
2007. 11 ~ 2008. 10 −102	−0. 085	−0. 035	0. 050 *** （5. 87）	−0. 058	−0. 082	−0. 024 *** （−2. 99）
2015. 06 ~ 2015. 08 −36. 9	−0. 100	−0. 079	0. 021 （1. 32）	−0. 091	−0. 122	−0. 031 *** （−3. 18）
2016. 01 ~ 2016. 02 −27. 1	−0. 112	−0. 085	0. 027 ** （2. 15）	−0. 097	−0. 122	−0. 025 *** （−3. 77）
Panel B：暴涨样本期						
2006. 04 ~ 2006. 05 33. 9	0. 049	0. 071	0. 023 ** （2. 47）	−0. 076	−0. 026	0. 050 *** （3. 29）
2006. 11 ~ 2007. 08 136. 9	0. 098	0. 074	−0. 024 * （−1. 80）	0. 057	0. 145	0. 088 *** （3. 93）
2008. 11 ~ 2009. 07 91. 8	0. 073	0. 083	0. 010 （0. 76）	0. 042	0. 140	0. 098 *** （6. 38）
2014. 11 ~ 2015. 05 72. 1	0. 078	0. 069	−0. 009 （−0. 69）	0. 034	0. 139	0. 105 *** （5. 86）

　　本节的结论进一步揭示了异质信念指标在解释极端投资者情绪的优势，暴涨暴跌等极端情绪时期，传统资产定价理论"失灵"，而此时异质信念却出现了明显的解释优势。另外，上述结果也说明中国股票市场的暴涨暴跌可能是由于投资者的异质信念造成的，该指标是影响股票收益及其他现象的一个重要定价因素。

4.2 异质信念与交易市场股票异象：因子回归分析

　　股票异象是指在股票交易市场上股票的超额收益特征无法用有效市场

假说理论或者 CAPM 模型来解释的一种超额收益现象。国内学者对于中国股票市场横截面异象的研究较为单一，仅仅关注动量效应、反转效应、特质波动率异象、Max 效应中的其中一个或几个异象，未见有相关文献对此问题进行系统性研究。为了保证股票异象的丰富性和完整性，本书借鉴侯等（2018）的 447 个异象的构建方法，复制了 6 类 106 个股票异象（由于在数据处理中有 4 个异象出现了报错，因此本节仅列出了 102 个股票异象的统计结果），其中附录 2 给出了 106 个股票异象指标和异象收益的计算方法。

4.2.1 B－3 因子定价模型

4.1 节的结果表明，本书构建的异质信念指标与未来股票收益负相关，所以可以有效预测股票的横截面收益，特别是使用崩盘和暴涨时期样本进行检验发现，相对于其他衡量投资者信念的代理指标，异质信念指标对特殊时期的股票价格反应具有明显优势。本节认为产生这种优势的原因在于，异质信念指标可以提供投资者层面的信念特征，这种信念反映了股票市场中一定的增量信息，而在过去研究中过多地关注市场层面的风险（比如 CAPM 和 FF－3 模型）和企业层面的风险（q 因子模型和 FF－5 模型为主）。而且基于第 3 章理论模型的推导结果，投资者的信念代表了投资者对资产的预期，不同投资者对相同资产的预期存在分歧，投资者的异质信念驱动了股票市场的交易，异质分歧作用下的投资者交易行为决定了证券市场中股票价格。

因此，信念是金融市场的一个重要组成部分，但在过去的研究中被忽略了。在定价模型中引入投资者信念能够更深入地研究资产定价的机制。为了进一步研究异质信念与股票异象的影响，本节增加了投资者层面的信念特征，借鉴多因子模型的构建方法，构建了一个 B－3 因子定价模型。

为了对比异质信念的解释能力，本节首先构建了一个规模中性的异质信念因子。其中该异质信念因子的构建过程如下，首先，将所有样本股票在每个月按规模进行排序，并使用股票规模中值大小作为断点将上述股票分成两组。其次，根据异质信念指标对所有股票进行排序，并使用第 30 和第 70 个百分位数作为断点分为三组。最后，分别计算两个规模组中最低信念（最低 30%）和最高信念（最高 30%）的差形成两个投资组合收益，并将两个投资组合收益进行平均作为 *FMG* 因子。每个月的 *FMG* 值就是两个低信念（恐惧，fear）投资组合的收益减去两个高信念（贪婪，greed）投资组合的收益平均值：

$$FMG = \frac{(F-G)_B + (F-G)_S}{2} \tag{4.12}$$

针对 B-3 因子模型，参照刘等（2019）的方法，在 t 月初，首先剔除了最小 30% 股票；然后用中位数把剩下股票分成大规模组（B）和小规模组（S），并将异质信念指标的大小再分为贪婪组（G，最高 30%）、中性组（M，中间 40%）和恐慌组（F，最低 30%）。再将上述两类组别进行交互得到六个组：S/G、S/M、S/F、B/G、B/M、B/F。并借鉴刘等（2019）的构建方法得到规模因子和信念因子：

$$B-3SMB = \frac{1}{3}(S/G + S/M + S/F) - \frac{1}{3}(B/G + B/M + B/F) \tag{4.13}$$

$$B-3FMG = \frac{1}{2}(S/F + B/F) - \frac{1}{2}(S/G + B/G) \tag{4.14}$$

为了对比本书构建的异质信念定价因子模型与其他模型的解释能力，本节参照当前其他定价方法，进一步构建了其他因子定价模型，包括 CAPM、FF-5 模型和 CH-3 模型。

CAPM 因子模型中，市场因子 MKT 使用全部 A 股流通市值加权收益减去无风险利率表示。其中，无风险利率使用一年期存款利率表示。

FF-5 因子模型中，参照法玛和弗伦奇（Fama & French, 2015）的构建方法，使用全部 A 股流通市值加权收益减去无风险利率作为 MKT 因子；SMB 构建上，在 t 年 6 月使用流通市值进行排序，计算 t 年 7 月到 $t+1$ 年 6 月小盘股和大盘股组合的流通市值加权收益之差；HML 的构建上，在 t 年 6 月使用 $t-1$ 年 12 月的账面市值比排序，计算 t 年 7 月到 $t+1$ 年 6 月高账面市值比组合和低账面市值比组合的流通市值加权收益之差；RMW 构建上，在 t 年 6 月使用 $t-1$ 年 12 月的盈利能力排序，计算 t 年 7 月到 $t+1$ 年 6 月高盈利股票组合和低盈利组合的流通市值加权收益之差；CMA 的构建上，在 t 年 6 月使用投资水平（$t-1$ 年的新增总资产除以 $t-2$ 年的总资产）排序，计算 t 年 7 月到 $t+1$ 年 6 月低投资比例股票组合和高投资比例股票组合的流通市值加权收益之差。

CH-3 因子模型中，参照刘等（2019）的构建方法，首先剔除了最小 30% 的股票，保证控制了"壳污染"的影响；然后使用中位数把每个月剩下 70% 的股票分成两类，大规模组（B）和小规模组（S）；另外，把同样的数据分成三组按照月市盈率倒数分为高价值组（最高 30%，V）、中价值组（中间40%，M）、低价值组（最低30%，G）；然后对上述两类组合进行交互得到六个 *Size - EP* 组合：S/V，S/M，S/G，B/V，B/M，B/G。按照 B-3 因子模型的方法得到 *SMB* 因子和 *VMG* 因子，另外，使用 CAPM 中的 *MKT* 因子表示该模型的 *MKT* 因子。

　　表4.6 给出了信念因子模型的描述性统计和风险载荷。Panel A 给出了三个定价因子的描述性统计，Panel B 中给出了基于异质信念投资组合的信念风险载荷，将同一月的股票样本，先按照 *Size* 分为五个规模组，每一规模组再按照异质信念的分为 5 组，一共得到 25 个异质信念投资组合。异质信念因子与 25 个组合收益的回归结果发现，前两个 α 明显小于 0 且在 1% 水平上显著，而 B-3 因子模型的 α 显著大于 0。

表4.6　　　　　　　　信念因子定价模型描述性统计与风险载荷

Panel A：信念因子的描述性统计

	Mean	Std.	Min	Median	Max
FMG	-0.041	0.077	-0.177	-0.057	0.337
B-3SMB	-0.023	0.007	-0.046	-0.022	-0.001
B-3FMG	0.066	0.012	0.038	0.065	0.108

Panel B：基于异质信念投资组合的信念风险载荷

	α	β_{GMF}	R^2		
FMG	-0.226 *** (-10.57)	-0.847 *** (-5.35)	0.1764		
	α	β_{MKT}	β_{GMF}	R^2	
MKT + FMG	-0.226 *** (-10.54)	0.429 *** (24.63)	-0.831 *** (-5.24)	0.1767	
	α	β_{MKT}	β_{SMB}	β_{GMF}	R^2
B-3	0.304 *** (8.04)	0.892 *** (19.09)	-1.453 *** (-23.31)	-0.795 *** (-6.13)	0.0129

　　本节的重点是使用 B-3 因子模型解释本文复制的 106 个交易市场异象。每一个异象收益构建中，在每个月初按照上一个月（市场摩擦类异象和动量反转类异象）或四个月前（涉及财务指标的异象）的异象指标进行排序，将所有股票分为 10 个组合。把最低十分位的投资组合称之为空

头，最高的十分位称之为多头，进一步计算这些组合的月末平均收益，最后计算相应的多—空组合收益作为异象收益。每个投资组合的持有时间为 1 个月，每个月末按照上一个月的异象指标大小更新投资组合，进而得到月度异象收益 $R_{i,t}$。在异象收益解释上，参考斯丹博和袁（2016）的回归方法，如式（4.15）所示，月度异象收益 $R_{i,t}$ 作为因变量，$F_{j,t}$ 是给定的定价模型中的 K 个因子，涉及的因子定价模型包括 CAPM 因子模型、FF – 5 因子模型、CH – 3 因子模型和 B – 3 因子模型，并在下一节中，分别研究六类股票异象。

$$R_{i,t} = \alpha_i + \sum_{j=1}^{K} \beta_{i,j} F_{j,t} + \mu_{i,t} \tag{4.15}$$

4.2.2　异质信念与市场摩擦类异象

表 4.7 给出了因子定价模型与市场摩擦类异象的实证结果，Panel A 中，25 个市场摩擦类异象的 $H - L$ 收益结果发现，t 统计量绝对值大于 1.96 的异象有 17 个，占比为 68%，说明中国股票市场上市场摩擦异象较为明显，这些市场摩擦因素可能是驱动股票市场上投资者交易、信息传播和价格形成的重要因素。本节使用定价模型调整的 $alpha$ 值显著性和 $alpha$ 绝对值大小两个方面对比下列因子模型的定价能力。其中，本书使用 t 统计量绝对值是否小于 1.96 表示因子模型调整的 $alpha$ 值显著性是否依旧存在。

表 4.7　　　　市场摩擦类异象（25 个）的模型解释对比

Panel A：因子模型调整后的 $alpha$ 值

	Size	iaSize	vold	volm	skewd	skewm	coskew	turnd	turnm
$H - L$	– 0.022	0.019	– 0.014	– 0.004	– 0.018	– 0.001	0.015	– 0.007	– 0.006
t 统计量	– 4.28	1.83	– 2.52	– 4.15	– 1.82	– 4.59	0.27	– 2.15	– 3.83
α_{CAPM}	– 0.005	0.002	– 0.007	– 0.014	– 0.002	– 0.008	0.000	– 0.016	– 0.013
t 统计量	– 2.83	1.26	– 3.87	– 4.27	– 1.96	– 4.07	0.02	– 4.64	– 4.69
α_{FF5}	– 0.008	0.000	– 0.005	– 0.010	– 0.003	– 0.008	– 0.001	– 0.015	– 0.012
t 统计量	– 4.71	0.28	– 2.87	– 3.30	– 3.27	– 4.48	– 1.17	– 4.54	– 4.24
α_{CH3}	– 0.013	– 0.003	– 0.004	– 0.009	– 0.003	– 0.007	– 0.002	– 0.012	– 0.008
t 统计量	– 1.64	– 1.74	– 2.44	– 2.92	– 3.71	– 3.70	– 1.19	– 3.64	– 3.16

Panel A：因子模型调整后的 *alpha* 值

	Size	*iaSize*	*vold*	*volm*	*skewd*	*skewm*	*coskew*	*turnd*	*turnm*
α_{B3}	-0.005	-0.045	0.008	0.003	-0.015	-0.010	-0.013	0.008	0.013
t 统计量	-1.83	-1.84	0.63	0.13	-2.03	-0.81	-1.27	0.32	0.57

	Abr turn	*Std turn*	*volume*	*trend volume*	*std volume*	*price*	*beta*	*dim beta*	*idvold*
$H-L$	0.113	-0.012	-0.012	-0.017	-0.010	0.058	0.008	0.012	-0.018
t 统计量	21.85	-1.04	-3.31	-5.34	-2.28	9.60	3.03	1.21	-2.82
α_{CAPM}	0.102	-0.004	-0.008	-0.016	-0.005	0.052	0.002	0.003	-0.003
t 统计量	23.75	-1.64	-2.55	-3.90	-1.74	9.57	0.44	1.59	-2.52
α_{FF5}	0.103	-0.004	-0.009	-0.017	-0.005	0.048	0.006	0.000	-0.004
t 统计量	22.82	-1.88	-3.50	-4.40	-2.38	12.23	1.24	0.04	-3.79
α_{CH3}	0.104	-0.002	-0.014	-0.016	-0.010	0.054	0.008	0.001	-0.003
t 统计量	25.73	-0.65	-4.54	-4.15	-3.34	9.86	2.55	0.37	-2.44
α_{B3}	0.088	0.020	-0.053	-0.032	-0.031	0.010	0.009	0.025	-0.013
t 统计量	2.89	1.26	-2.13	-1.15	-1.37	0.27	0.25	1.71	-1.45

	idvolm	*idsked*	*idskem*	*illiq*	*liulm*	*max*	*pd*
$H-L$	-0.013	0.013	-0.024	-0.007	-0.012	0.015	0.013
t 统计量	-4.22	1.13	-2.59	-1.28	-2.02	8.55	0.11
α_{CAPM}	-0.012	0.000	-0.006	-0.009	-0.006	0.009	0.000
t 统计量	-3.96	0.30	-3.66	-2.08	-5.17	6.51	0.23
α_{FF5}	-0.009	0.000	-0.006	-0.007	-0.005	0.009	0.001
t 统计量	-3.29	0.38	-4.22	-1.66	-4.50	7.30	0.84
α_{CH3}	-0.010	0.001	-0.006	0.000	-0.004	0.011	0.000
t 统计量	-3.34	1.27	-3.65	0.08	-3.79	8.88	0.55
α_{B3}	-0.021	-0.003	-0.016	0.059	-0.001	0.044	0.003
t 统计量	-1.02	-0.46	-1.47	1.52	-0.16	3.28	0.60

Panel B：GRS 检验结果

	$CAPM$	$FF-5$	$CH-3$	$B3$
$\mid \alpha \mid$ 均值	0.012	0.012	0.012	0.025
$\mid t \mid$ 均值	3.89	4.13	4.13	1.26
$F_{GRS,25}$	63.247	56.366	59.485	1.935
$p_{GRS,25}$	0.000	0.000	0.000	0.007
$F_{GRS,17}$	85.314	76.147	82.819	1.741
$p_{GRS,17}$	0.000	0.000	0.000	0.038

对于 CAPM，在 17 个 *alpha* 值显著股票异象中，CAPM 调整后 *alpha* 值除 *beta* 异象外依然全部显著，*beta* 异象指标源于 CAPM，因此该模型可能具有显著解释能力，从 *alpha* 绝对值的大小来看，在 25 个异象收益中 19 个 CAPM 调整后 *alpha* 绝对值出现了明显的降低；对于 FF-5 模型，17 个 *alpha* 显著异象有 16 个异象 *alpha* 值依旧显著，虽然总体 25 个异象收益中有 18 个 *alpha* 绝对值出现了降低，但依旧具有显著性（*t* 统计量绝对值大于 1.96）。上述结果似乎并未发现 CAPM 和 FF-5 模型对市场摩擦类异象有明显的解释能力。

从 CH-3 模型调整 *alpha* 值的显著性看，25 个异象中仅有规模异象的 *t* 统计量绝对值小于 1.96，而其他依然显著；但从 *alpha* 绝对值看，超过 20 个异象的 *alpha* 绝对值相对于异象收益出现了下降，说明 CH-3 模型有利于解释市场摩擦类异象。从 B-3 模型结果看，17 个 *alpha* 显著异象有 13 个异象的 *t* 统计量绝对值降到 1.96 以下。从 *alpha* 绝对值看，25 个异象中仅有 12 个异象的 *alpha* 绝对值出现了下降，远远小于 CH-3 模型。总体而言，B-3 因子模型在解释市场摩擦类异象上具有相对优势，但 B-3 因子模型并不能完全解释市场摩擦类异象。

表 4.7 的 Panel B 给出了 GRS 检验结果，从 *alpha* 的绝对值均值和 *t* 的绝对值均值都与 Panel A 的结果相同，CAPM 模型、FF-5 模型、CH-3 模型的 $\mid \alpha \mid$ 均为 0.012，但 B-3 模型为 0.025，远远大于前三个模型。从 $\mid t \mid$ 看，B-3 模型为 1.26 而其他模型下要远远大于 1.96。F_{GRS} 和 p_{GRS} 分别使用全部异象和异象收益显著的 17 个异象进行检验，结果显示，B-3 因子模型的 F_{GRS} 统计量要远远小于其他模型，p_{GRS} 值也大于其他模型，也说明

了 B – 3 因子模型的解释能力具有相对优势。

4.2.3 异质信念与动量反转类异象

表 4.8 的 Panel A 从 13 个动量反转类异象中 11 个异象收益显著（t 统计量绝对值大于 1.96），说明中国股票市场上存在动量反转效应。但是，前七个股票异象的异象收益（$High - Low$）结果发现，无论是 6 个月动量、12 个月动量、提前 12 个月动量（前 18 个月到前 6 个月的买入持有收益）还是残差动量，异象收益皆为负且 t 统计量全部显著，而短期反转（上一月收益）和长期反转（前 36 个月到前 18 个月买入持有收益）异象的收益分别为 –0.019 和 –0.011，t 统计量分别为 –5.49 和 –3.50；说明中国股票市场存在明显反转效应，本节实证结果并不支持中国股市存在动量效应。

表 4.8   **动量反转类异象（13 个）的模型解释对比**

Panel A：因子模型调整后的 *alpha* 值

	srev	mom6	mom12	mom – 6	mom – 12	lrev	Res mom12
$H - L$	– 0.019	– 0.014	– 0.012	– 0.001	– 0.006	– 0.011	– 0.012
t 统计量	– 5.49	– 3.44	– 2.81	– 0.45	– 2.65	– 3.50	– 2.78
α_{CAPM}	– 0.016	– 0.010	– 0.008	0.000	– 0.005	– 0.009	– 0.007
t 统计量	– 4.65	– 2.51	– 1.85	0.15	– 2.32	– 2.85	– 1.81
α_{FF5}	– 0.018	– 0.017	– 0.014	– 0.002	– 0.006	– 0.009	– 0.013
t 统计量	– 5.67	– 5.88	– 6.12	– 1.08	– 2.85	– 3.79	– 6.14
α_{CH3}	– 0.015	– 0.009	– 0.007	0.001	– 0.006	– 0.009	– 0.006
t 统计量	– 4.34	– 2.17	– 1.53	0.22	– 2.53	– 2.83	– 1.48
α_{B3}	– 0.041	– 0.047	– 0.026	0.004	– 0.001	– 0.027	– 0.026
t 统计量	– 1.68	– 1.59	– 0.88	0.16	– 0.03	– 1.27	– 0.89
	EPS	ES	aeavol	EC	RES	TS	
$H - L$	– 0.003	0.007	– 0.010	0.004	0.008	0.006	
t 统计量	– 0.71	4.71	– 4.60	4.75	3.53	4.65	
α_{CAPM}	0.006	0.009	– 0.007	0.005	0.010	0.007	
t 统计量	0.51	5.94	– 4.55	5.06	4.35	5.36	

续表

Panel A：因子模型调整后的 *alpha* 值

	EPS	ES	aeavol	EC	RES	TS	
α_{FF5}	0.000	0.007	−0.006	0.004	0.008	0.006	
t 统计量	0.19	4.71	−3.33	4.49	3.94	4.99	
α_{CH3}	−0.004	0.006	−0.006	0.005	0.008	0.006	
t 统计量	−1.39	4.07	−3.54	4.85	3.31	4.75	
α_{B3}	−0.036	−0.007	−0.001	0.001	−0.012	0.001	
t 统计量	−1.38	−0.68	−0.07	0.17	−0.76	0.14	

Panel B：GRS 检验结果

	CAPM	FF−5	CH−3	B3
$\lvert\alpha\rvert$ 均值	0.008	0.008	0.007	0.016
$\lvert t\rvert$ 均值	3.31	3.89	2.72	0.72
$F_{GRS,13}$	11.102	10.027	7.919	0.551
$p_{GRS,13}$	0.000	0.000	0.000	0.909
$F_{GRS,11}$	14.707	12.341	10.401	0.568
$p_{GRS,11}$	0.000	0.000	0.000	0.854

本节继续从因子模型调整的 *alpha* 值显著性和 *alpha* 绝对值大小两个方面进行检验。对于 CAPM，11 个显著的动量反转类异象中只有两个异象的 t 统计量绝对值降到 1.96 以下，分别是 12 个月动量效应和 12 个月残差动量效应，在 13 个异象中 8 个 CAPM 调整的 *alpha* 绝对值下降；对于 FF−5 模型，11 个股票异象依然全部显著，但有 7 个异象调整的 *alpha* 绝对值出现下降，说明虽然 CAPM 和 FF−5 模型对中国股票市场的动量反转类异象有影响，但并不明显；CH−3 因子模型和 CAPM 相似，两个异象的 t 绝对值低于 1.96，而 9 个调整的 *alpha* 绝对值出现下降；对于 B−3 因子模型，11 个显著异象的 t 值全部低于 1.96，但从调整的 *alpha* 绝对值上看，仅有 4 个 *alpha* 绝对值下降。

表 4.8 的 Panel B 给出了 GRS 检验结果，前三个因子定价模型的 $\lvert\alpha\rvert$ 均值为 0.008 和 0.007，但 B−3 模型为 0.016。从 $\lvert t\rvert$ 看，B−3 模型为 0.72，而其他模型下要远远大于 1.96。F_{GRS} 和 p_{GRS} 分结果显示，无论是全部异象和收益显著的 11 个异象，B−3 因子模型的 F_{GRS} 统计量要远远小于

其他模型，p_{GRS}值并没有拒绝 "B－3 因子模型的解释能力要远远优于其他定价模型"的原假设。

4.2.4　异质信念与价值成长类异象

表 4.9 的 Panel A 从 20 个价值成长类异象的组合收益结果发现，有 8 个异象收益的 t 统计量绝对值大于 1.96，占比为 40%，说明中国股票市场上的价值成长类异象表现较差。对于 CAPM，8 个显著异象的 t 统计量绝对值依然全部大于 1.96，20 个异象中 6 个 CAPM 调整的 $alpha$ 绝对值下降；对于 FF－5 模型，8 个异象依然全部显著，但在调整的 $alpha$ 绝对值上有 7 个异象出现下降，上述结果说明 CAPM 和 FF－5 模型对中国股票市场的动量反转类异象的解释能力不明显。

表 4.9　　　　　价值成长类异象（20 个）的模型解释对比

Panel A：因子模型调整后的 $alpha$ 值

	BM	EP	CM	SM	LM	AM	LEV	DP	OCP	SCASH
$H-L$	0.006	0.006	0.000	0.005	0.003	0.007	－0.002	－0.009	0.014	－0.006
t 统计量	2.02	1.68	0.30	1.97	0.97	2.00	－0.56	－0.86	2.10	－1.69
α_{CAPM}	0.009	0.014	0.003	0.009	0.006	0.010	0.003	0.000	0.006	0.004
t 统计量	3.25	5.73	2.12	4.55	1.97	2.85	1.36	－0.12	3.63	2.27
α_{FF5}	0.006	0.008	0.001	0.007	0.005	0.008	0.002	－0.001	0.003	0.002
t 统计量	3.69	3.64	1.05	4.72	2.72	4.05	0.96	－0.57	2.04	1.27
α_{CH3}	0.001	0.002	0.001	0.002	0.001	0.002	－0.004	－0.004	0.000	－0.005
t 统计量	0.27	0.82	0.70	0.93	0.19	0.61	－1.61	－1.74	0.25	－2.78
α_{B3}	－0.002	－0.014	－0.020	－0.015	－0.010	0.000	－0.031	－0.019	－0.021	－0.041
t 统计量	－0.09	－0.56	－1.95	－0.86	－0.44	0.02	－1.64	－1.08	－1.48	－1.64
	OLEV	SG	FM	BMP	AGE	AEF	NC	NCG	FEPS	FEPSG
$H-L$	0.001	0.006	－0.004	0.000	－0.001	0.002	0.006	0.002	0.006	－0.010
t 统计量	0.56	2.78	－2.78	0.04	－0.97	0.68	3.39	1.24	5.86	－1.39
α_{CAPM}	0.003	0.008	－0.006	0.000	－0.002	0.002	0.005	0.002	0.007	－0.007
t 统计量	1.34	4.08	－2.81	0.32	－1.13	1.03	3.22	1.15	5.35	－1.59

Panel A：因子模型调整后的 *alpha* 值

	OLEV	*SG*	*FM*	*BMP*	*AGE*	*AEF*	*NC*	*NCG*	*FEPS*	*FEPSG*
α_{FF5}	0.001	0.006	-0.004	0.000	-0.001	0.003	0.005	0.002	0.006	-0.009
t 统计量	0.53	3.78	-2.36	-0.04	-0.63	1.53	2.87	1.29	5.05	-2.04
α_{CH3}	0.000	0.005	-0.004	0.001	0.000	0.002	0.003	0.003	0.007	-0.007
t 统计量	0.14	2.50	-1.94	0.54	-0.17	0.90	1.64	1.68	5.02	-1.63
α_{B3}	-0.019	-0.005	0.004	0.000	0.009	-0.008	-0.036	-0.020	0.004	-0.024
t 统计量	-1.32	-0.38	0.28	0.01	0.87	-0.72	-2.40	-1.87	0.48	-0.83

Panel B：GRS 检验结果

	CAPM	*FF-5*	*CH-3*	*B3*
$\lvert \alpha \rvert$ 均值	0.005	0.004	0.003	0.015
$\lvert t \rvert$ 均值	2.49	2.24	1.30	0.95
$F_{GRS,20}$	5.767	4.344	4.124	1.542
$p_{GRS,20}$	0.000	0.000	0.000	0.070
$F_{GRS,8}$	8.194	6.237	5.456	1.517
$p_{GRS,8}$	0.000	0.000	0.000	0.120

　　对于 CH-3 模型，8 个显著的价值成长类异象有 6 个异象收益的 *t* 统计量绝对值低于 1.96，而 20 个异象中有 13 个调整的 *alpha* 绝对值出现下降；对于 B-3 模型，8 个显著异象中 7 个异象的 *t* 统计量绝对值降低到 1.96 以下，但从调整的 *alpha* 绝对值上看，仅有 3 个异象的 *alpha* 绝对值出现下降。上述结果发现 CH-3 对上述异象的解释有明显的优势，这可能是由于在 CH-3 模型中加入了价值因子，提高了对价值成长类异象的解释能力。但是，从 *t* 统计量绝对值下降至 1.96 以下的结果看，本书构建的 B-3 因子模型具有优势，而调整后 *alpha* 的绝对值却并不支持这一结论。

　　表 4.9 的 Panel B 给出了 GRS 检验的结果，CAPM 模型、FF-5 模型、CH-3 模型的 *alpha* 绝对值均值介于 0.003 ~ 0.005，但 B-3 模型为 0.015，依然远远大于前三个模型，这与 Panel A 的结论相同。但是，从 *t* 统计量绝对值的均值看，B-3 模型为 0.95，CH-3 模型为 1.30，而其他因子模型下要远远大于 1.96。F_{GRS} 和 p_{GRS} 分结果显示，无论是全部异象和

异象收益显著的 8 个异象，B – 3 模型的 F_{GRS} 统计量要远远小于其他模型，p_{GRS} 值也难以拒绝 "B – 3 因子模型的解释能力要远远优于其他定价模型" 的原假设。

4.2.5 异质信念与投资类异象

表 4.10 的 Panel A 从 17 个投资类异象的组合收益（$H – L$）结果发现，仅有 5 个异象收益的 t 统计量绝对值大于 1.96，包括投资增长（$INVG$）、总负债增长率（LG）、资产周转率（ATO）、资产周转率变动（ATC）和 1 年期股票发行（$ISSUE1$）异象，而其他 12 个股票异象并不显著，说明中国股票市场上的投资类异象表现较差，也证明了上市公司的投资信息很难进入股票价格中，这符合第 3 章得到的研究结论。

对于 CAPM，5 个显著的价值成长类异象中仅有一个异象（$ISSUE1$）的 t 统计量绝对值小于 1.96，而 17 个异象中仅有 5 个 CAPM 调整的 $alpha$ 绝对值下降；对于 FF – 5 模型，5 个异象依然全部显著，调整的 $alpha$ 绝对值上 17 个异象中有 5 个出现下降。上述结果和前文其他类型异象的实证结果相同，CAPM 和 FF5 模型对中国股票市场的投资类异象的影响较差，在其他研究中需要正视这种不利影响。对于 CH – 3 模型，8 个显著异象有 3 个 $alpha$ 值的 t 统计量绝对值低于 1.96，而总体 17 个异象中有 4 个调整的 $alpha$ 绝对值出现下降；对于 B – 3 模型，5 个显著股票异象的 t 统计量绝对值全部降低到 1.96 以下，但从调整的 $alpha$ 绝对值上看，仅有 3 个股票异象的 $alpha$ 绝对值出现下降。

表 4.10　　　　投资类异象（17 个）的因子定价模型解释对比

Panel A：因子模型调整后的 $alpha$ 值

	INV	$INVG$	$INVC$	$INTG$	$INTC$	CeC	AG	LG	BG
$H – L$	0.000	0.003	– 0.002	– 0.001	– 0.001	0.000	– 0.002	0.001	– 0.002
t 统计量	0.18	2.71	– 1.08	– 0.48	– 0.75	0.26	– 0.64	2.87	– 0.73
α_{CAPM}	0.000	0.004	– 0.001	0.001	0.000	0.001	0.003	0.004	0.002
t 统计量	– 0.04	3.21	– 0.51	0.72	0.01	0.77	1.23	2.30	0.99
α_{FF5}	0.000	0.004	– 0.002	0.001	– 0.001	0.000	0.000	0.003	– 0.001
t 统计量	0.02	3.39	– 1.17	0.51	– 0.50	– 0.21	0.15	2.21	– 0.65

Panel A：因子模型调整后的 *alpha* 值

	INV	INVG	INVC	INTG	INTC	CeC	AG	LG	BG
α_{CH3}	0.001	0.004	−0.002	0.000	−0.001	−0.001	−0.001	0.003	−0.003
t 统计量	0.57	3.28	−0.97	0.07	−1.03	−0.33	−0.55	1.66	−1.12
α_{B3}	0.005	−0.012	0.000	0.000	0.007	−0.005	−0.019	−0.011	−0.006
t 统计量	0.75	−1.52	−0.05	0.00	0.76	−0.44	−1.11	−0.97	−0.31

	NOA	ATO	ATC	FIC	ISSUE1	ISSUE3	ACC	ACCP
$H-L$	−0.009	0.002	0.002	0.000	−0.003	−0.001	0.0006	0.002
t 统计量	−1.43	3.32	3.32	0.02	−2.12	−0.59	0.07	0.61
α_{CAPM}	−0.001	0.006	0.006	0.003	−0.002	0.001	0.000	0.003
t 统计量	−0.68	3.77	3.77	1.71	−1.60	0.29	0.10	1.16
α_{FF5}	−0.002	0.003	0.003	0.001	−0.003	0.000	0.001	0.003
t 统计量	−0.89	2.45	2.45	0.66	−2.17	−0.19	0.42	0.95
α_{CH3}	−0.001	0.002	0.002	−0.001	−0.004	−0.002	0.002	0.004
t 统计量	−0.39	1.63	1.63	−0.63	−2.68	−0.99	0.73	1.49
α_{B3}	0.014	−0.003	−0.003	−0.012	0.001	−0.016	−0.023	−0.010
t 统计量	0.96	−0.23	−0.23	−0.79	0.14	−1.26	−1.42	−0.60

Panel B：GRS 检验结果

	CAPM	FF−5	CH−3	B3
$\mid \alpha \mid$ 均值	0.002	0.002	0.002	0.008
$\mid t \mid$ 均值	1.34	1.12	1.16	0.63
$F_{GRS,17}$	2.800	4.090	2.788	1.249
$p_{GRS,17}$	0.000	0.001	0.000	0.238
$F_{GRS,5}$	—	4.963	2.455	1.249
$p_{GRS,5}$	0.000	0.001	0.047	0.238

　　表 4.10 的 Panel B 给出了 GRS 检验的结果，和 Panel A 相同的结果，调整的 *alpha* 绝对值的均值中 CAPM、FF−5 模型、CH−3 模型为 0.002，但 B−3 模型为 0.008。另外，从 t 绝对值均值看，B−3 模型为 0.63，小于其他定价模型。F_{GRS} 和 p_{GRS} 分结果显示，无论是全部异象和异象收益

显著的 5 个异象，B - 3 模型的 F_{GRS} 统计量要远远小于其他模型（需要注意，CAPM 的 F_{GRS} 统计量的 matlab 程序结果报错，未给出），p_{GRS} 值也证明了 B - 3 模型的解释能力优于其他定价模型。

4.2.6　异质信念与盈利类异象

表 4.11 的 Panel A 从 14 个盈利类异象的组合收益结果发现，有 7 个异象收益的 t 统计量绝对值大于 1.96，占比为 50%，说明中国股票市场上存在盈利类异象，但是盈利类异象的表现较差，该结果和投资类异象的统计结果相同，上市公司的盈利信息也很难进入股票价格之中。上述结果说明，投资类和盈利类的财务信息很难进入资产定价中，这与中国股票市场的发展程度有一定关系。

表 4.11　　　　盈利类异象（14 个）的因子定价模型解释对比

Panel A：因子模型调整后的 $alpha$ 值

	ROE	ROEC	ROA	PR1	PRC	CT	PR2	TPR
$H - L$	- 0.003	0.000	0.005	0.009	- 0.001	0.004	0.015	0.015
t 统计量	- 0.91	0.03	1.36	2.56	- 0.75	2.01	4.33	3.62
α_{CAPM}	0.005	- 0.001	0.013	0.009	- 0.001	0.006	0.013	0.011
t 统计量	1.79	- 0.76	4.34	3.86	- 0.40	3.38	4.28	3.58
α_{FF5}	- 0.001	0.000	0.007	0.004	- 0.002	0.005	0.007	0.007
t 统计量	- 0.65	- 0.08	3.37	2.12	- 1.05	2.88	3.34	3.62
α_{CH3}	- 0.005	0.000	0.004	0.002	- 0.003	0.004	0.004	0.008
t 统计量	- 1.68	- 0.18	1.38	0.65	- 1.62	2.19	1.33	2.45
α_{B3}	- 0.029	0.003	- 0.017	- 0.017	- 0.004	- 0.007	- 0.018	- 0.014
t 统计量	- 1.19	0.32	- 0.63	- 0.77	- 0.36	- 0.57	- 0.65	- 0.60
	OPB	OPA	OPG	BL	SG	SGP		
$H - L$	0.015	0.011	0.015	0.000	0.006	- 0.002		
t 统计量	2.45	4.11	1.30	- 0.13	2.75	- 0.73		
α_{CAPM}	0.013	0.011	0.003	0.002	0.008	0.002		
t 统计量	5.17	4.11	1.72	0.79	4.06	0.99		

续表

Panel A：因子模型调整后的 alpha 值

	OPB	OPA	OPG	BL	SG	SGP	
α_{FF5}	0.007	0.005	0.000	0.002	0.006	−0.001	
t 统计量	4.09	2.91	0.09	1.26	3.74	−0.65	
α_{CH3}	0.004	0.003	−0.002	0.001	0.005	−0.003	
t 统计量	1.55	1.11	−0.93	0.39	2.44	−1.12	
α_{B3}	−0.018	−0.020	−0.007	−0.017	−0.005	−0.006	
t 统计量	−0.72	−0.84	−0.50	−1.09	−0.34	−0.31	

Panel B：GRS 检验结果

	CAPM	FF−5	CH−3	B3
$\lvert \alpha \rvert$ 均值	0.007	0.004	0.003	0.013
$\lvert t \rvert$ 均值	2.80	2.13	1.36	0.64
$F_{GRS,14}$	6.332	5.524	5.735	0.504
$p_{GRS,14}$	0.000	0.000	0.000	0.929
$F_{GRS,7}$	4.087	3.492	2.398	0.234
$p_{GRS,7}$	0.000	0.001	0.017	0.984

　　Panel A 中，对于 CAPM，7 个显著的盈利类异象的 t 统计量绝对值依然大于 1.96，14 个股票异象中仅有 4 个 CAPM 调整的 alpha 绝对值下降；对于 FF−5 模型，7 个盈利类异象依然全部显著，调整的 alpha 绝对值中 14 个异象中有 8 个异象出现下降；对于 CH−3 模型，7 个显著的盈利类异象有 4 个异象收益的 t 统计量绝对值低于 1.96，而 14 个股票异象中有 8 个调整的 alpha 绝对值出现下降；对于 B−3 模型，7 个显著异象的 t 统计量绝对值全部降低到 1.96 以下，从调整的 alpha 绝对值上看，14 个异象中仅有 3 个股票异象的 alpha 绝对值出现下降。从股票异象的显著性上，B−3 模型解释的异象数量最多，但调整的 alpha 绝对值上看该模型无优势。

　　表 4.11 的 Panel B 给出了 GRS 检验的结果，alpha 绝对值均值中 CAPM、FF−5 模型、CH−3 模型分别为 0.007、0.004、0.003，但 B−3 模型为 0.013，远远大于前三个模型。从 t 绝对值均值看，B−3 模型为 0.64，CH3 模型为 1.36，而其他模型要大于 1.96。F_{GRS} 和 p_{GRS} 分结果显示，无论是全部异象和异象收益显著的 7 个异象，B−3 模型的 F_{GRS} 统计

量要远远小于其他模型，p_{GRS} 值也证明了 B - 3 模型的解释能力优于其他定价模型。

4.2.7　异质信念与无形资产类异象

表 4.12 的 Panel A 从 13 个无形资产类异象的组合收益结果发现，有 8 个异象收益的 t 统计量绝对值大于 1.96，但是国内外研究中无形资产异象较多，本书仅复制了 13 个，该统计结果无法证明中国股票市场受到无形资产类信息的影响，无形资产类信息定价需要进一步研究。

表 4.12　　　无形资产类异象（13 个）的因子定价模型解释对比

Panel A：因子模型调整后的 alpha 值

异象简称	CA	SMI	SMA	MMS	SMS	HIRE	DIC
H - L	0.005	0.006	0.007	- 0.007	0.008	0.014	0.011
t 统计量	0.60	5.12	4.53	- 4.27	5.13	2.21	1.69
α_{CAPM}	0.004	0.006	0.007	- 0.008	0.009	0.000	0.007
t 统计量	2.74	4.90	4.05	- 4.57	5.51	0.06	2.27
α_{FF5}	0.002	0.007	0.007	- 0.006	0.008	0.000	0.008
t 统计量	1.62	4.91	4.46	- 3.49	4.85	- 0.11	2.41
α_{CH3}	0.002	0.007	0.008	- 0.006	0.008	0.002	0.006
t 统计量	1.09	5.29	4.42	- 3.64	5.12	0.98	1.81
α_{B3}	- 0.025	- 0.007	- 0.008	- 0.005	0.002	0.009	0.009
t 统计量	- 2.13	- 0.86	- 0.75	- 0.43	0.20	0.56	0.41
异象简称	DICC	R&DS	CP	SCR	TAX	DCA	
H - L	0.012	- 0.016	0.012	0.014	0.014	0.017	
t 统计量	1.78	- 1.44	1.83	2.29	2.25	2.55	
α_{CAPM}	0.003	- 0.003	0.002	0.001	0.002	0.006	
t 统计量	0.91	- 1.75	0.64	0.43	1.78	3.15	
α_{FF5}	0.003	0.001	0.002	0.000	0.001	0.004	
t 统计量	1.05	0.69	0.56	0.18	0.84	2.49	

续表

Panel A：因子模型调整后的 *alpha* 值

异象简称	*DICC*	*R&DS*	*CP*	*SCR*	*TAX*	*DCA*	
α_{CH3}	0.000	0.005	0.000	- 0.002	0.000	- 0.004	
t 统计量	0.07	3.31	0.04	- 0.82	0.32	- 2.50	
α_{B3}	- 0.018	0.023	- 0.024	- 0.023	- 0.003	- 0.056	
t 统计量	- 0.96	1.34	- 1.33	- 1.75	- 0.45	- 2.12	

Panel B：GRS 检验结果

	CAPM	*FF - 5*	*CH - 3*	*B3*
$\lvert \alpha \rvert$ 均值	0.004	0.004	0.004	0.016
$\lvert t \rvert$ 均值	2.52	2.13	2.26	1.02
$F_{GRS,13}$	9.522	7.401	6.937	1.413
$p_{GRS,13}$	0.000	0.000	0.000	0.155
$F_{GRS,8}$	14.839	10.919	10.507	1.468
$p_{GRS,8}$	0.000	0.000	0.000	0.180

　　Panel A 中，对于 CAPM，8 个显著的无形资产类异象中有 5 个的 *t* 统计量绝对值依然大于 1.96，13 个异象中 9 个 CAPM 调整的 *alpha* 绝对值下降；对于 FF - 5 因子模型，和 CAPM 相同，有 5 个异象依然全部显著，调整的 *alpha* 绝对值上有 10 个异象出现下降；说明 CAPM 和 FF - 5 模型难以解释无形资产类异象。对于 CH - 3 因子模型，8 个显著的无形资产类异象中有 3 个异象收益的 *t* 统计量绝对值低于 1.96，而 13 个股票异象中有 10 个模型调整的 *alpha* 绝对值出现了下降；对于 B - 3 因子模型，8 个显著的异象中 7 个异象的 *t* 统计量绝对值降低到 1.96 以下，但从调整的 *alpha* 绝对值上看，13 个异象中仅有 5 个异象的 *alpha* 绝对值出现下降。该结果与前文的实证结果相似，B - 3 因子模型具有相对优势。

　　表 4.12 的 Panel B 给出了 GRS 检验的结果，*alpha* 绝对值均值中 CAPM、FF - 5 模型、CH - 3 模型为 0.004，但 B - 3 模型为 0.016。从 *t* 绝对值均值看，B - 3 模型为 1.02，而其他模型下要远远大于 1.96。F_{GRS} 和 p_{GRS} 分结果显示，无论是全部异象和异象收益显著的 8 个异象，B - 3 模型的 F_{GRS} 统计量要远远小于其他模型，p_{GRS} 值也证明了 B - 3 模型的解释能力优于其他定价模型。

　　本节给出了 CAPM、FF5 模型、CH - 3 模型和 B - 3 模型解释 6 类 102 个股票异象的统计结果和 GRS 检验结果。结果发现，本书构建的 B - 3 因子模型相对于其他主流定价模型具有相对解释优势，无论是调整的 alpha 值显著性还是 GRS 检验均验证了这一结论。但从调整的 alpha 值的绝对值大小上看，B-3 因子模型调整后 alpha 值的绝对值普遍较大，但是调整后 alpha 值大部分由正值下降为负值。

另外，从异象分类结果看，投资类、盈利类、无形资产类和价值增长类异象的收益显著性远远小于市场摩擦类和动量反转类异象，结合 B-3 因子模型具有相对的解释优势，说明相对于上市公司的投资信息、盈利信息、无形资产信息等很难进入股票价格中。该结果与第 3 章提炼的影响逻辑相符，中国股票市场异象的形成可能源于投资者的非理性投机特征，与中国股票市场的散户为主的投资者结构、中小投资者信息不对称程度较大、投机行为严重等因素息息相关。

4.3　异质信念与发行市场股票异象：OLS 回归分析

发行市场的 IPO 异象是本书关注的另一个焦点。主要基于两个原因：首先，本书在样本数据处理中剔除了上市首月数据，为了研究的完整性，本节继续研究 IPO 异象（该收益主要包含在新股上市首月收益中）。其次，与西方国家的发行制度不同，中国发行市场的监管制度和交易设置的特殊性，使得中国股票市场的 IPO 异象也存在几个显著的特点：第一个特点是发行市场的严格监管，证监会连续出台了 15 次针对新股发行的监管法规，导致上市数量偏少，而且共有 9 次暂停 IPO，一共超过 63 个月的时间没有发行新股，这种特征难以构建时间序列的异象收益，也导致使用因子模型研究存在一定困难。第二个特点是 IPO 异象收益远远高于西方资本市场，IPO 首日平均收益达到 57%，高 IPO 收益吸引大量中小投资者追捧，"炒新"现象又引起股票市场剧烈波动，这种背后的投资者行为特征有待研究。

本节探讨发行市场的异质信念对 IPO 异象的影响，附录 1 借鉴第 3 章的理论模型构建了一个基于中国发行市场特征的 IPO 定价模型，提出了异质信念影响 IPO 异象的理论机制，然后本节使用事件研究法构建 IPO 异象收益，使用 OLS 多元回归结果检验这种影响机制是否成立。

4.3.1　中国股市的发行市场异象

中国股票市场建立 30 年以来，IPO 首日收益较高、长期表现弱势现象十分突出，IPO 首日平均收益达到 57%。高 IPO 收益吸引大量中小投资者追捧，"炒新"现象又引起股票市场剧烈波动，导致监管机构屡次限制上市企业的融资需求，调整 IPO 数量，甚至暂停新股发行。2014 年，证监会为约束"炒新"行为，规定新股首日涨跌幅为 44%。因此大量新股在上市首日达到 44%，并且从第二个交易日开始后的若干交易日内达到涨停限制 10%，出现了连续涨停的特殊现象，这种现象亟待研究。

　　表 4.13 给出了中国发行市场的 IPO 收益特征。受发行市场监管的影响，表 4.13 从两个角度进行分析：一是时间视角，证监会规定 2014 年开始新股首日涨跌幅为 44%，因此表 4.14 将 IPO 异象分为 2014 年之前和之后两部分，并在 2014 年之后构建了 IPO 连续收益指标，如果一只新股从第二交易日开始连续达到涨停限制（10%）且连续两个交易日收益为不为负值的连续收益为 IPO 连续收益；二是多层次资本市场的视角，将样本划分为主板、中小板、创业板，探讨不同板块中的 IPO 异象。

表 4.13　　　　　　　　　　发行市场过度反应异象统计

Panel A：IPO 首日收益（2000~2012 年）

	全样本	2005.01~2008.10	2009.07~2012.11	2014.01~2015.07
全样本	0.573	1.385	0.362	0.437
主板	0.483	0.971	0.316	0.434
中小板	0.742	1.472	0.388	0.441
创业板	0.370	—	0.345	0.438

Panel B：IPO 短期连续收益（2014 年~）

	首日收益	IPO 短期连续收益	涨停限制日天数
全样本	0.44	2.933	11.99
主板	0.43	1.980	10.92
中小板	0.44	1.954	11
创业板	0.44	3.257	13.52

Panel C：IPO 长期表现

CAR120	0.074	−0.223	−0.066	0.868
CAR240	0.041	−0.281	−0.097	0.782

　　Panel A 发现从 2000 年到 2012 年，我国股市 IPO 首日平均收益为

57.3%；从 IPO 改革的时间节点看，2000 ~ 2008 年中国股市的 IPO 首日收益最高（138.5%），2009 ~ 2012 年 IPO 首日收益（36.2%）显著下降，2014 年之后由于监管机构的政策控制，IPO 首日收益限制在44% 左右；从三大板块的表现看，中小板市场的 IPO 首日收益（74.2%）远远高于其他板块，创业板市场创建时间晚，且创立之初恰逢 IPO 市场低迷，因此继续在 Panel B 中进行继续研究。

　　Panel B 主要统计了 2014 年之后中国发行市场的 IPO 异象，其中本节构建的 IPO 连续收益指标是该新股从第二交易日开始连续达到涨停限制（10%）且连续两个交易日涨幅为不为负值的持续交易日内计算每只股票的累计收益，该收益反映了实际的 IPO 首日收益。Panel B 给出了不同板块的累计收益、交易日数量和连续涨停日数量。结果发现，IPO 连续收益达到 293.3%，涨停交易日数量为 11.997 个，说明 2013 年末证监会约束市场投资者"炒新"行为的政策目标并未达到，反而激化了新股连续涨停的特殊现象，使得新股的炒作达到了 12 个交易日。Panel C 给出了不同改革时间段的新股长期表现，结果发现无论是 120 个交易日还是 240 个交易日表现都大部分为负，说明 IPO 长期弱势现象很明显。

　　上述统计结果给出了中国 A 股发行市场的 IPO 异象收益特征。综合而言，中国股票市场存在显著的 IPO 首日溢价、连续收益特征和长期弱势现象。这种异象在不同板块和不同时间段都显著存在。

4.3.2　异质信念与发行市场短期异象

　　发行市场短期异象主要包含 IPO 首日异象和 IPO 连续收益异象。表 4.14 给出了异质信念和发行市场短期异象的实证结果。前四列给出了 2014 年前的实证结果，因变量是 IPO 首日收益。结果发现，基于换手率的异质信念指标（HB_{turn}）和基于分析师预测分歧的异质信念指标（HB_{bias}）回归系数全部为正且全部在 1% 水平上显著，说明异质信念越大，IPO 首日收益越高，肯定了附录 1 提出的假设——投资者异质信念与 IPO 首日收益正相关。

　　表 4.14 的后两列给出了异质信念对 IPO 连续收益的回归结果，因变量为 IPO 连续收益。由于，2014 年后 IPO 首日涨幅限制在 44%，连续数个交易日内交易量受限制而大幅度下降，实证回归和现实统计中皆发现新股换手率指标难以反映投资者的异质信念，因此舍弃了基于换手率的异质信念指标。结果发现基于分析师预测分歧的异质信念指标的系数为正且在

5% 水平上显著，与前面的结果相同，说明投资者异质信念越大，IPO 连续收益越高。

表 4.14   投资者异质信念与 IPO 首日收益、连续收益

	IPO 首日收益 (2005.01~2012.11)			IPO 连续收益 (2014.01~　)		
HB_{turn}	2.350 *** (9.77)	2.106 *** (9.27)		2.016 *** (9.02)	4.541 *** (4.87)	2.191 ** (2.37)
HB_{bias}	1.071 *** (9.09)		0.788 *** (6.77)	0.725 *** (6.43)		
Vc		−0.021 (−0.50)	−0.031 (−0.75)	−0.017 (−0.44)		−0.078 (−0.25)
IPO_{cost}		0.008 (0.86)	0.000 (0.02)	0.005 (0.60)		0.201 *** (4.91)
Na		0.036 *** (6.28)	0.039 *** (6.66)	0.032 *** (5.66)		−0.107 (−1.60)
$Size$		−0.219 *** (−3.92)	−0.233 *** (−4.10)	−0.180 *** (−3.26)		1.110 ** (2.09)
Age		−0.011 *** (−2.70)	−0.011 *** (−2.74)	−0.010 *** (−2.57)		−0.062 ** (−2.08)
Uw		−0.093 ** (−2.05)	−0.112 ** (−2.42)	−0.093 ** (−2.10)		−.876 ** (−2.35)
$Lottery$		−0.027 *** (−3.48)	−0.022 *** (−2.69)	−0.018 ** (−2.36)		−1.11 *** (−2.90)
$Overhang$		−0.467 (−1.19)	−0.733 * (−1.83)	−0.623 (−1.61)		−4.20 (−0.88)
$\_Cons$	−0.443 *** (−5.34)	2.65 *** (4.45)	2.86 *** (4.70)	2.03 *** (3.42)	1.72 *** (5.99)	−3.40 (−0.83)
$Adj.\ R^2$	0.148	0.262	0.236	0.287	0.072	0.234

另外，承销成本、公司年龄、承销商声誉和中签率等控制变量的回归系数较为显著，说明这些因素也是 IPO 异象形成的原因，特别是此时分析师数量指标不显著，说明吸引更多的分析师进入并不能反映更多的新股信息，此时新股价格是由投资者的非理性预期决定的。

　　上述实证结果发现，如果股票市场的分析师和交易者的意见分歧越大，新股在上市首日或短期内会出现明显的溢价现象。如何解释这种溢价现象？通过第 3 章异质信念解释股票溢价的逻辑机制发现，鉴于新股的"黑箱"特征，新股的信息少、财务指标粉饰可能性比较大、乐观信息占主导等特征导致了新股在首日和短期内的交易主体主要是"散户"，这种交易特征导致短期内新股价格中包含了大量的噪声信息，推高了新股首日或短期内的连续收益。

　　而 IPO 连续收益出现高溢价的背后逻辑是什么？监管部门通过管制的方式限制了首日价格涨幅，但市场上的投资者预期与噪声信息并没有出现显著改善，在涨幅限制下投资者的错误估值难以在首日价格中得到有效反应，异质信念向后传导，同时由于涨跌停幅（10%）限制，新股难以在短时间内释放这种异质性估值预期，导致新股在短期内多个交易日内连续涨停，加剧了 IPO 异象。所以当前新股发行的改革措施是低效的，监管部门并没有解决"炒新"和高 IPO 溢价的背后逻辑机制，最后使得"抑制炒新"的措施反而成为"过度炒新"。

4.3.3　异质信念与发行市场折溢价异象

　　宋等（Song et al.，2014）认为可以从一级市场抑价（或折价）和二级市场溢价的角度考虑中国股市的 IPO 异象，因此使用一级市场抑价和二级市场溢价表示发行市场折溢价异象，其中，一级市场抑价使用新股首日开盘价与发行价格的差除以发行价格表示，二级市场溢价使用首日收盘价与首日开盘价的差除以首日开盘价表示。表 4.15 给出异质信念对一级市场抑价和二级市场溢价的影响结果。

表 4.15　　　　　　　　　投资者异质信念与 IPO 抑价、溢价收益

	一级市场抑价			二级市场溢价		
HB_{turn}	1.912 *** (9.17)		1.859 *** (8.96)	0.034 (0.84)		0.012 (0.30)
HB_{bias}		0.485 *** (4.49)	0.427 *** (4.08)		0.185 *** (9.14)	0.184 *** (9.10)
Vc	−0.009 (−0.26)	−0.020 (−0.53)	−0.008 (−0.21)	−0.007 (−0.98)	−0.006 (−0.93)	−0.006 (−0.91)

	一级市场抑价			二级市场溢价		
Cost	− 0.001 (− 0.06)	− 0.007 (− 0.78)	− 0.002 (− 0.23)	0.002 (1.04)	0.001 (0.67)	0.001 (0.68)
Nanalyst	0.031 *** (5.92)	0.035 *** (6.49)	0.029 *** (5.48)	0.003 *** (2.64)	0.002 * (1.78)	0.002 * (1.73)
Size	− 0.241 *** (− 4.70)	− 0.267 *** (− 5.07)	− 0.218 *** (− 4.26)	− 0.011 (− 1.08)	− 0.001 (− 0.15)	− 0.001 (− 0.12)
Age	− 0.011 *** (− 2.78)	− 0.011 *** (− 2.85)	− 0.010 *** (− 2.68)	− 0.001 (− 1.42)	− 0.001 (− 1.23)	− 0.001 (− 1.22)
Uw	− 0.077 * (− 1.85)	− 0.094 ** (− 2.20)	− 0.077 * (− 1.86)	− 0.007 (− 0.89)	− 0.007 (− 0.94)	− 0.007 (− 0.92)
Lottery	− 0.027 *** (− 3.87)	− 0.025 *** (− 3.43)	− 0.022 *** (− 3.12)	0.001 (0.65)	0.003 ** (2.24)	0.003 ** (2.25)
Overhang	− 0.398 (− 1.10)	− 0.591 (− 1.59)	− 0.489 (− 1.37)	− 0.151 ** (− 2.11)	− 0.192 *** (− 2.77)	− 0.191 *** (− 2.75)
_Cons	2.82 *** (5.15)	3.21 *** (5.70)	2.45 *** (4.45)	0.231 ** (2.11)	0.077 (0.73)	0.072 (0.67)
Adj. R^2	0.257	0.215	0.267	0.023	0.090	0.090
Obs.	1125	1125	1125	1125	1125	1125

　　结果发现基于换手率的异质信念指标对一级市场抑价的系数全部为正且在1%水平上显著，但对二级市场溢价的影响并不显著，说明发行市场交易者造成的投资者估值分歧并未在二级市场上产生影响，只影响一级市场；无论一级市场抑价还是二级市场溢价基于分析师预测分歧的异质信念指标系数全部为正且显著，分析师估值分歧引起的异质信念同时影响两个市场的定价。因此投资者异质信念同时影响了一级市场抑价（或折价）和二级市场溢价，进一步完善了异质信念影响IPO异象的机制。

4.3.4　异质信念与发行市场长期异象

　　由于中国新股发行市场的长期弱势较为明显，因此本书进一步研究了异质信念对 IPO 长期表现的影响。因变量使用新股 120 个交易日和 240 个交易日的累计收益指标表示。

表 4.16 的前四列给出了 2005 ~ 2012 年数据的实证结果，后两列给出了 2014 年后的实证结果。前四列的基于换手率的异质信念指标系数和基于分析师预测分歧的异质信念指标系数为负且全部显著，说明投资者异质信念越大，IPO 长期首日表现越差。这与前文的影响逻辑相同，长期内基本价值信息逐渐进入股票价格中，噪声信息逐渐推出，异质信念趋同导致长期表现较差。

表 4.16 投资者异质信念与 IPO 长期表现

	首日涨幅限制前 (2005.01 ~ 2012.11)				首日涨幅限制后 (2014.01 ~)	
	CAR_{120}		CAR_{240}		CAR_{120}	CAR_{240}
HB_{turn}	-0.252*** (-2.64)		-0.325*** (-2.71)		1.072*** (4.81)	1.244*** (6.27)
HB_{bias}		-0.126*** (-2.69)		-0.103* (-1.75)		
IPO_{cost}	-0.005 (-1.37)	-0.003 (-0.99)	-0.001 (-0.32)	-0.000 (-0.02)	0.050*** (6.16)	0.055*** (6.27)
$N_{analyst}$	0.001 (0.34)	0.001 (0.34)	0.006** (2.03)	0.005* (1.88)	-0.045*** (-4.03)	-0.049*** (-4.09)
$Size$	-0.064*** (-3.14)	-0.064*** (-3.11)	-0.090*** (-3.47)	-0.086*** (-3.33)	0.052 (0.62)	-0.006 (-0.07)
Age	0.003* (1.75)	0.003* (1.74)	0.002 (0.89)	0.002 (0.92)	0.003 (0.57)	0.002 (0.33)
Uw	0.051*** (2.72)	0.052*** (2.80)	0.023 (1.01)	0.002 (1.11)	-0.122* (-1.67)	-0.206*** (-2.63)
$\_Cons$	0.452** (2.45)	0.474** (2.55)	0.589** (2.53)	0.564** (2.40)	-0.234 (-0.32)	0.213 (0.27)
$Adj. R^2$	0.017	0.017	0.014	0.010	0.373	0.409

后两列的基于换手率的异质信念指标的结果发现，异质信念越大，IPO 长期表现反而越好。可能是由于计算 CAR_{120} 和 CAR_{240} 时，已经包含 IPO 连续收益，且 2014～2015 年股市持续上涨，无形中提高了长期收益表现，该指标难以准确反映 2014 年后 IPO 长期表现。

4.3.5　基于投资者情绪的进一步检验

表 4.17 给出了不同情绪条件下异质信念对 IPO 异象的影响，结果发现，低情绪和高情绪下异质信念的系数全部为正且显著；市场情绪的系数全部为正且在 1% 的水平上显著，且低情绪下系数远远小于高情绪，肯定了市场情绪对 IPO 首日收益的影响，说明投资者情绪越高的市场上，投资者异质信念对发行市场收益的影响越大。

表 4.17　　　　　　　　　　稳健性检验结果

	市场情绪、异质信念与 IPO 异象					
	(1)	(2)	低情绪		高情绪	
Sent	0.453 *** (17.78)	0.307 *** (26.8)	0.283 *** (6.29)	0.114 *** (4.19)	0.337 *** (6.61)	0.454 *** (20.26)
HB_{turn}		0.896 *** (4.69)	2.16 *** (9.67)		3.71 *** (6.12)	
HB_{bias}		1.025 *** (11.24)		0.867 *** (12.64)		2.55 *** (9.69)
控制变量	Yes	Yes	Yes	Yes	Yes	Yes
_Cons	−5.46 *** (−7.49)	−1.02 *** (−2.80)	−5.72 *** (−9.47)	−2.25 *** (−4.85)	−6.53 *** (−5.67)	−1.14 * (−1.83)
Adj. R^2	0.381	0.513	0.487	0.310	0.374	0.481

这一节研究了异质信念能否解释发行市场异象，实证结果发现使用分析师预测分歧和交易者换手率构建的异质信念指标越高，IPO 首日收益和 IPO 短期连续收益越高，而 IPO 长期收益表现越差；新股发行定价的市场化改革减少了投资者异质信念对 IPO 异象的影响，而投资者市场情绪加剧了这种影响。

异质信念能解释发行市场异象的理论逻辑是什么？进一步研究发现，"打新"现象和低中签率说明中国新股发行市场依旧是以"散户"为主的投资者结构，"散户"又面临着新股的信息少、乐观信息占主导的特征，使得噪声信息成为新股短期交易的主要信息，这种噪声信息推高了新股首日或短期内的连续收益，提高了新股折价和溢价特征，长期内噪声信息逐渐减少，新股长期表现弱势。

4.4　本章小结

本章从实证角度研究了异质信念对中国股票市场异象的解释能力。在4.1 节，基于前面理论模型的启示，使用换手率分离模型构建了一个异质信念代理指标，并使用资产组合策略和 Fama - MacBeth 回归方法检验异质信念和横截面收益的关系。研究发现，异质信念越高的股票，其购买预期越高，未来收益越低。研究还发现，相对于其他信念指标，异质信念指标对解释崩盘、暴涨等极端情形时的股票收益具有显著优势，肯定了异质信念在资产定价研究中的作用。

然后，4.2 节构建了一个 B - 3 因子模型，发现该定价模型对交易市场上 6 类 106 个股票异象的解释能力相对于其他主流定价模型（CAPM、FF - 5 模型和 CH - 3 模型）具有相对优势，无论是调整的 $alpha$ 值的显著性还是 GRS 检验结果均验证了这一结论。但是，从调整的 $alpha$ 值的绝对值大小上看，B - 3 因子模型调整后 $alpha$ 值的绝对值普遍较大。另外，投资类、盈利类、无形资产类和价值增长类异象的收益显著性远远小于市场摩擦类和动量反转类异象，结合 B - 3 因子模型的相对解释优势，说明上市公司的投资信息、盈利信息、无形资产信息等财务信息很难进入股票价格中，肯定了第 3 章提炼的理论逻辑。

4.3 节检验了异质信念对发行市场异象的解释能力。实证结果表明，投资者异质信念越高，IPO 首日收益和 IPO 短期连续收益越高，IPO 折价和溢价水平越高，而 IPO 长期收益表现越差；发行定价的市场化改革减少了异质信念对 IPO 异象的影响，而投资者情绪加剧了这种影响。4.3 节的研究结果肯定了说明中国股票市场以"散户"为主的投资者结构，又面临新股的信息少、乐观信息占主导的特征，噪声信息成为新股交易的主要信息，造成了新股发行市场的 IPO 异象。

　　本章是本书的核心章节，最主要的边际贡献是实证验证并梳理了异质信念解释股票异象的逻辑关系。无论是在中国股市的交易市场上，还是在发行市场上，现行的以"散户"为主的投资者结构和信息不对称特征导致投资者异质信念越高时，中小投资者在交易使用噪声信息越多，并进入股票价格中，卖空限制下导致悲观投资者的基本价值意见并不能充分的表达，降低了股票定价效率，抑制了财务信息进入股票价格中，出现了市场摩擦、动量反转、投资、盈利等股票异象。另外，由于卖空机制不健全导致市场存在套利限制，股票异象长期存在。

第5章

基于中国股票市场特征的稳健性检验

前面从理论模型和实证研究的角度对于异质信念解释股票异象的能力进行了研究，但是上述研究均使用了常用的直接的研究方法，而一些理论假设、中国股票市场特征等并未体现。基于此，本章进一步展开研究，保证上述理论结果的稳健性。

中国股票市场的第一个特征是卖空机制不健全，而本书在前面的理论研究和实证分析中多次提出卖空限制假设、异质信念和股票价格的关系：存在卖空限制时，资产价格不能有效地吸收负面信息，异质信念只反映了乐观投资者的信念，引起了股票价格波动。卖空机制的引入有助于修正错误定价，吸引了上市公司的负面信息进入市场，投资者异质信念趋于一致。因此，本章在 5.1 节使用 2010 年 10 月的推行的融资融券制度表示卖空机制，探讨"卖空机制—异质信念—过度反应异象"这一机制。

中国股票市场的第二个特征是监管约束严格，而前面的理论模型和实证研究并没有重点关注这一特征。当前中国股票市场的监管主要以"事前控制"和"事中干预"为主，比如 T + 0 交易制度、涨跌停（10%）制度、融资融券交易的进入门槛、昙花一现的"熔断机制"等，但这种以制度方式限制投资者行为并没有使市场暴涨暴跌下降。因此，为了衡量这种监管约束的影响，本章在 5.2 节使用发行市场监管制度这一具有显著代表性的监管约束特征，探讨监管约束行为下异质信念对 IPO 异象的影响，即"监管约束—异质信念—IPO 异象"机制。

中国股票市场的第三个特征是市场情绪明显，也是在实证中重点关注的一个特征。中国 A 股市场上个人投资者的日交易额交易量占比达到 85.6%，而机构投资者的交易量仅占 12.21%，这种投资者结构现象是前面构建异质信念理论模型和实证指标的现实基础。本节进一步使用投资者情绪衡量这种投资者的交易结构。投资者情绪可以表示投资者的系统性估值偏差

（异质信念），不同投资者情绪波动下，上市公司如何从股票市场进行融资和投资，即"投资者情绪—异质信念—投融资效应"机制，将异质信念与实体企业的投融资联系起来。

综上所述，本章分别从三节检验上述三种异质信念影响机制，每节中首先从理论上探讨了上述影响机制的逻辑关系，进而提出了该节的研究问题，然后再使用实证数据进行验证。

5.1 卖空机制、异质信念与过度反应异象

5.1.1 卖空机制、异质信念和过度反应的逻辑关系

卖空限制一直是异质信念理论的重要组成部分，米勒（1977）认为异质信念越高时，乐观投资者高估了股票的未来收益，卖空限制下悲观投资者的意见得不到充分的表达，所以股票交易量显著提高，股票市场出现了正的当期收益。也有学者（李志生等，2015；褚剑和方军雄，2016）从中国融资融券制度的视角发现卖空限制影响了负面信息的传播，存在卖空约束时悲观投资者退出市场，这时资产价格不能有效地吸收负面信息，导致价格在正面信息推动下快速上涨。因此卖空机制的引入有助于降低投资者之间的异质信念，修正错误定价，减弱股票市场的过度反应（Miller，1977；Diether et al.，2009）。因此，初步假设卖空机制的引入可以降低投资者的异质信念。

为了进一步厘清卖空机制和异质信念的关系，本节引入了持续性过度反应异象，探讨卖空机制下异质信念解释股票异象的影响机理。针对过度反应异象，德伯特和塞勒（1985）首先提出了过度反应的概念，并发现美国市场存在明显的过度反应现象，已有学者研究了中国股票市场存在的一些异象如收益反转现象（鲁臻和邹恒甫，2007；潘莉和徐建国，2011；林煜恩等，2017）和收益动量现象（朱战宇等，2004）。投资者存在不确定性条件下的心理认知偏差导致其对眼前的价格变动信息存在过高预期，并轻视历史信息和基本面信息，进而引起股价在短期内持续上涨或下跌，但在长期内获得所有信息，股价回归到理性的合理价值区间（陈国进和范长平，2006），因此导致了股票市场的过度反应。但是，

这种可以衡量信息进入的卖空机制、投资者异质信念和持续性过度反应之间存在什么关系?

　　根据异质信念的影响机制,当市场存在卖空约束时,悲观投资者退出市场,资产价格不能有效地吸收负面信息,进而引起价格波动。如图5.1 所示,卖空机制的引入有助于修正错误定价,卖空机制吸引了上市公司的负面信息进入市场,负面信息的扩散令各类投资者获取的股价信息趋于一致,降低了股票价格的过度反应程度,使股票价格最终回归到理性水平。因此,卖空机制的出现吸引负面信息进入,降低了投资者之间的信息不对称程度,有助于减弱投资者之间的信念分歧,抑制股票价格的过度反应。

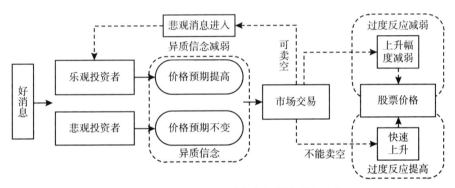

图 5.1　卖空机制、异质信念与股价过度反应

　　从外生市场冲击看,极端情绪条件下投资者受到市场情绪的左右,在"亢奋"条件下会忽略悲观信息,只注重乐观消息,因此坏消息和好消息的进一步传播并不会降低市场过度反应,反而会提高过度反应程度。因此,卖空机制导致的信息传播对过度反应的影响可能是不对称的,在极端市场情绪条件下卖空机制反而会提高持续性过度反应程度,本节引入了极端市场情绪条件进行研究。

5.1.2　基于融资融券制度的实证结果与分析

　　2010 年 3 月,中国股票市场推出了融资融券制度,为本节的研究提供了一个很好的准自然实验环境。由于中国股票市场长期缺乏卖空机制,负面信息很难传递到股票价格中,股票市场的暴涨暴跌现象严重。鉴于此,中国证监会于 2006 年 7 月发布了《证券公司融资融券业务试点管理办法》和《证券公司融资融券业务试点内部控制指引》，并在 2010 年正式开展融资融券业务。为了保证融资融券业务平稳顺利开展，在初始阶段选取了 90 只标的股，严格限制投资者进行融资融券交易的准入资格，并于随后逐渐放开，其中 2011 年 12 月，融资融券标的股扩展到 278 只股票；2013 年 1月，融资融券标的股扩展到 500 只股票；2013 年 9 月，标的股票扩展到 700 只；2014 年 9 月扩展到 900 只，这种渐进的融券标的扩容改革也为本节研究提供了天然的试验组和对照组，因此，利用双重差分法有助于研究卖空机制、异质信念和持续性过度反应的关系。

1. DID 统计结果

本节使用双重差分法检验"卖空机制和异质信念""卖空机制、异质信念和持续性过度反应"这两方面的关系。表 5.1 使用 2010 年推出的融资融券制度和双重差分法检验卖空机制和异质信念的关系。Panel A根据融券交易制度选取的标的股和非标的股样本分别作为天然的试验组和控制组。

表 5.1　　　　　　融资融券制度与异质信念的 DID 结果

Panel A：基于准自然实验的 DID 检验结果

	2010 年 9 月之前			2010 年 9 月之后			
	控制组	试验组	*Diff*	控制组	试验组	*Diff*	*DID*
HB	2.356	2.286	-0.070 *** (-13.9)	2.491	2.487	-0.004 (0.53)	0.066 *** (7.17)
Φ_{turn}	1.521	1.491	-0.030 *** (-22.79)	1.562	1.579	0.017 *** (7.39)	0.013 *** (5.06)
R^2_{turn}	0.788	0.709	-0.079 *** (-60.86)	0.800	0.702	-0.098 *** (42.70)	-0.019 *** (7.30)
Φ_{Ret}	0.263	0.261	-0.001 (-0.63)	0.156	0.177	0.021 *** (4.83)	0.022 *** (4.58)
R^2_{Ret}	0.057	0.056	-0.002 *** (-3.11)	0.028	0.036	0.007 *** (9.84)	0.009 *** (9.59)

续表

Panel B：基于 PSM 的 DID 检验结果

	2010 年 9 月之前			2010 年 9 月之后			*DID*
HB	1.112	1.159	0.048 (0.49)	1.150	1.221	0.071 *** (9.74)	0.024 *** (2.75)
Φ_{turn}	0.825	0.843	0.018 *** (12.30)	0.824	0.886	0.062 *** (26.86)	0.045 *** (16.36)
R^2_{turn}	0.730	0.709	-0.020 *** (-14.96)	0.749	0.702	-0.047 *** (-21.29)	-0.027 *** (-10.24)
Φ_{Ret}	0.250	0.261	0.011 *** (22.19)	0.140	0.177	0.038 *** (10.25)	0.027 *** (3.16)
R^2_{Ret}	0.044	0.056	0.011 *** (21.43)	0.021	0.036	0.015 *** (5.46)	0.003 *** (6.70)

结果发现，推出融资融券制度前，试验组样本比控制组样本的异质信念低，为 -0.070 且在 1% 水平上显著，而推行融资融券之后，两者的异质信念水平差异减小（*diff* 值为 -0.004）但不显著。*DID* 结果为 0.066 且在 1% 水平上显著，说明引入了卖空机制导致投资者异质信念上升，这与卖空机制引入降低异质信念的假设不符。可能是卖空机制的引入提高了股票信息含量，该指标可能具有信息增量作用。

为了进一步验证异质信念指标的信息增量作用，本节使用异质信念驱动股票交易量和收益的指标进行检验，使用 36 个月的滚动窗口模型回归当月换手率和异质信念的回归方程，Φ_{Ret}、R^2_{Ret}、Φ_{turn} 和 R^2_{turn} 表示回归系数和拟合优度，该值越高说明异质信念导致的交易量和股票收益越高，异质信念所蕴含的信息越多。除 R^2_{turn} 外，*DID* 结果全部为正且在 1% 水平下显著。为了控制试验组和对照组的平行趋势特征，Panel B 引入倾向得分匹配法，发现结果和 Panel A 相同。

上述结果说明放开卖空限制后投资者异质信念导致的交易量和股票收益越高，放开卖空限制导致投资者异质信念向市场释放了一些特质信息，影响了市场交易和股票价格，侧面证明了异质信念指标是一个信息增量指标，进一步为证明前文研究假设，引入过度反应异象进行继续研究。班克儿和乌格拉（Baker & Wulger，2006）、李志生等（2015）、褚剑和方军雄

（2016）发现卖空限制影响了负面信息的传播，卖空约束导致悲观投资者退出市场，价格难以有效吸收负面信息，导致估价快速上涨。因此，卖空机制的引入对过度反应异象具有影响，且这种影响是主要是通过投资者异质信念产生作用的。进一步地，将根据我国融券交易制度选取的标的股和非标的股样本分别作为天然的试验组和对照组，使用双重差分法来检验卖空机制的引入是否降低了我国股票市场的持续性过度反应特征，表 5.2 给出了统计结果。

表 5.2　　　　　　　持续性过度反应的 DID 结果

	2010 年 9 月之前			2010 年 9 月之后			$Diff-in-Diff$
	处理组	控制组	$Diff$	处理组	控制组	$Diff$	
$CO6$	4.195	3.921	0.274*** (5.16)	2.808	3.745	-0.937*** (18.59)	-1.211*** (16.54)
$CO12$	17.838	16.775	1.063*** (7.12)	12.316	14.873	-2.558*** (18.54)	-3.621*** (17.82)

结果显示，卖空机制引入后股票市场持续性过度反应现象显著下降。从第一次差分的结果发现卖空机制引入前，处理组的持续性过度反应特征要显著高于控制组，但推出融资融券制度以后处理组和控制组的差分分别为 -0.937 和 -2.558，且全部在 1% 水平上显著，说明卖空机制的引入降低了融券标的股的持续性过度反应；从双重差分的结果（$Diff-in-Diff$）看，两个过度反应指标的双差分结果均显著为负，说明融券制度降低了股票市场的持续性过度反应程度，卖空机制使负面信息进入股票定价中，投资者过度自信和过度反应显著降低，也验证了前文的理论分析结果。

2. 卖空机制与持续性过度反应的回归研究

在上述统计结果的基础上，本节使用双重差分法检验卖空制度对持续性过度反应的影响。为进一步控制检验中出现平行假设偏误，使用倾向得分匹配（PSM）法进行最近相邻匹配。

$$CO_{i,t+1} = \alpha_1 + \beta_1 Treat_i + \beta_2 Post_t \times Treat_i + \beta_3 ContralVarible_{i,t} + v_i + e_t + \varepsilon_{i,t}$$

$$(5.1)$$

CO 为持续性过度反应指标（具体构建方法见第 4 章 4.1 节的"数据与

变量构建"，其中该指标使用 6 个月和 12 个月的窗口期构建了两个指标——$CO6$ 和 $CO12$）；解释变量 $Treat$，表示当该公司股票被纳入融资融券标的股，该公司纳入则样本取值为 1，否则为 0，该指标回归系数反映了被纳入融资融券名单的公司在纳入之前与其他未被纳入融资融券名单的过度反应趋势的差异；$Post \times Treat$，公司进入融资融券名单之后且实施融资融券交易后取值为 1，否则为 0，该指标回归系数反映了被纳入融资融券名单的公司在纳入前后过度反应趋势的变化相比其他公司过度反应趋势变化的差异，如果该系数显著为负，则意味着融券制度缓解了股票持续性过度反应，反之表明融券制度提高了股票持续性过度反应。因此，本书重点关注回归系数 β_1 和 β_2 的正负和显著性，其中，控制变量选取了 Beta 值、公司规模、账市比、收益反转指标和每股盈余（指标构建见 4.1.1 小节的"数据与变量构建"）。根据前面统计结果，融券制度实行以后持续性过度反应程度应该下降，β_1、β_2 系数应为负。

　　表 5.3 给出了双重差分法的实证结果，控制了样本的行业效应和年度效应，前两列使用融资融券制度的自然分组，后两列使用倾向匹配得分法进行匹配分组。自然分组的实证结果发现，$Treat$ 的回归系数全部为负（ -0.382）且在 1% 水平上显著，说明相对于未被纳入融资融券标的股票，如果股票进入融资融券标的，该股票的持续性过度反应程度将会显著下降；同时，$Post \times Treat$ 的回归系数也全部为负且在 1% 水平下显著，说明对于融资融券标的股票在纳入前与纳入后其过度反应趋势具有显著差异，允许融券后过度反应趋势显著下降，说明卖空机制引入后负面信息对股票定价进行调整，降低了持续性过度反应，验证了前面的理论分析结果。对比 $CO6$ 和 $CO12$ 的回归系数发现，前者系数的绝对值要显著小于后者，说明过度反应的形成期越长，负面信息的流入程度越高，股价持续性过度反应的程度越低。

表 5.3　　　　　　卖空机制与持续性过度反应（DID 结果）

	自然分组（DID）		倾向得分匹配法（PSM-DID）	
	$CO6$	$CO12$	$CO6$	$CO12$
$Treat$	-0.382 *** (-10.43)	-1.306 *** (-12.48)	-3.835 *** (-74.199)	-14.377 *** (-97.44)
$Post \times Treat$	-0.910 *** (-14.74)	-4.906 *** (-27.83)	-0.478 *** (-9.89)	-2.434 *** (-17.62)

	自然分组（DID）		倾向得分匹配法（PSM - DID）	
	CO6	*CO12*	*CO6*	*CO12*
Beta	- 0. 226 *** (- 5. 35)	0. 916 *** (7. 56)	- 1. 624 *** (- 30. 12)	- 7. 461 *** (- 48. 47)
Size	0. 636 *** (31. 42)	3. 586 *** (61. 97)	- 0. 202 *** (- 3. 93)	1. 256 *** (8. 55)
Bm	- 1. 016 *** (- 62. 53)	- 4. 780 *** (- 102. 96)	0. 604 *** (27. 54)	3. 338 *** (53. 31)
Rev	4. 530 *** (280. 78)	9. 723 *** (211. 08)	- 1. 115 *** (- 56. 12)	- 5. 242 *** (- 92. 46)
Eps	- 0. 121 *** (- 7. 01)	- 0. 804 *** (- 16. 32)	4. 518 *** (22. 49)	9. 705 *** (169. 23)
_Cons	4. 151 *** (104. 31)	15. 940 *** (140. 27)	- 0. 206 *** (- 10. 50)	- 1. 163 *** (- 20. 80)
行业效应	Yes	Yes	Yes	Yes
时间效应	Yes	Yes	Yes	Yes
$Adj - R^2$	0. 2143	0. 1691	0. 2177	0. 1785

　　前两列使用入选融资融券标的股作为处理组，但我国证监会严格控制入选融资融券标的股，融券标的股可能和其他股票存在一定的差异，这些差异可能导致处理组在事件发生前的过度反应特征就比控制组低，进而影响结果稳健性。本节进一步采用倾向得分匹配法，从未进入标的股的股票中选取与标的股的基本特征最相近但不是融资融券标的的股票作为控制组，其中匹配方法选取了总市值、换手率、总资产和流动性等变量作为 *Logit* 回归协变量，按照 1∶1 原则进行倾向得分匹配，把得到的新的处理组和控制组进行实证检验，表 5. 3 的后两列给出了实证结果。

　　表 5. 3 后两列的实证结果和前面结果相同，*Treat* 系数全部为负且在 1% 水平上显著，同样说明股票进行卖空后，持续性过度反应程度会显著下降；*Post* × *Treat* 系数也全部为负且在 1% 水平下显著，说明对于融资融券标的股在卖空后其持续性过度反应趋势将会下降。使用匹配法后回归系数的 *t* 统计量和回归系数都显著提升。从控制变量的回归系数看，贝塔值、公司规模、账市比、反转效应和每股收益都对持续性过度反应具有显著影响。这一结果支持了一些国内学者的研究结论，即卖空机制提高了股票

价格的信息效率，提升了上市公司信息透明度和市场信息效率并降低了投资者之间的信息不对称程度，与米勒（1977）关于卖空限制的理论研究不谋而合。总之，对我国股票市场来说，结束股票市场的"单边市"，放开卖空限制，可以降低投资者之间的异质信念，减少市场的持续性过度反应。

3. 极端情绪条件下卖空机制与持续性过度反应

中国股市屡次出现的股价整体剧烈波动现象给本节观点带来了挑战，在极端情绪条件下卖空机制是否依旧能够降低股票市场的持续性过度反应？针对该问题，本节使用投资者情绪指标分离出极端情绪样本（构建方法具体见 4.1.3 节的暴涨—崩盘样本期分类）。当市场出现极端情绪（即暴涨暴跌现象）时，投资者的非理性程度显著上升（Baker & Wugler，2006），此时股票价格的预期偏差越来越大，进而可能提高投资者过度反应程度，出现影响持续性过度反应的特殊现象。

识别极端情绪特征是近年来热点，褚剑和方军雄（2016）和郭阳生等（2018）使用市场调整后周收益率的负偏度和股价上升和下降阶段波动性的差异衡量股价崩盘风险，林煜恩等（2017）使用未来 3 年所有日报酬率的负偏态系数衡量股票暴跌风险。虽然上述方法反映解释股票价格暴跌崩盘等特征，但投资者过度自信不仅对暴跌具有反应，同时对暴涨也反应强烈。本节使用连续市场月收益高于 20% 的样本表示暴涨样本时期，使用连续市场月收益低于 20% 的样本区间表示崩盘样本时期。市场极端情绪条件下，投资者处于交易"亢奋"状态（当市场为暴涨时）或"低迷"状态（当市场为崩盘时），这种投资者非理性行对股票价格预期出现持续性偏差，进而提高了股票价格的持续性过度反应程度。因此，根据市场极端情绪指标把数据样本分为两类——极端情绪样本和非极端情绪样本。

表 5.4 的 Panel A 给出了不同情绪特征下卖空机制与持续性过度反应的回归结果。前两列是全样本回归结果，后四列分别表示极端情绪样本和非极端情绪样本。全样本和剔除极端情绪样本中，$Post \times Treat$ 的回归系数全部为负且在 1% 水平上显著，卖空机制的引入使持续性过度反应程度显著下降。但在极端情绪样本中，$Post \times Treat$ 的回归系数为正且在 1% 置信水平上显著，说明在极端情绪条件下卖空机制导致的负面信息流动并没有使股价过度反应下降，反而提升了股价的过度反应程度。极端情绪条件下股票交易主体是非理性投资者，卖空机制对持续性过度反应的影响具有不对称性。卖空机制降低持续性过度反应的能力受到了极端情绪的影响，暴

涨暴跌的市场现象导致投资者越来越容易"情绪化"，暴涨时投资者过度相信好消息而忽视坏消息，推进了股价过度反应；暴跌时过度看重市场走势和坏消息，助推了股票价格趋势。

表5.4　　　　　　　　　　极端情绪特征与投资者过度反应

Panel A：极端情绪特征下卖空限制与持续性过度反应

	全样本		极端情绪样本		剔除极端情绪的样本	
	CO6	CO12	CO6	CO12	CO6	CO12
Treat	−0.382*** (−10.43)	−1.306*** (−12.48)	−0.836*** (−10.60)	−4.014*** (−17.71)	−0.128*** (−3.08)	−0.316*** (−2.67)
Post × Treat	−0.910*** (−14.74)	−4.906*** (−27.83)	2.223*** (14.15)	8.551*** (18.95)	−1.413*** (−20.98)	−6.922*** (−36.23)
控制变量	Yes	Yes	Yes	Yes	Yes	Yes
_cons	4.151*** (104.31)	15.940*** (140.27)	4.157 (38.34)	18.287 (58.74)	4.144*** (96.94)	15.544*** (128.22)
行业效应	Yes	Yes	Yes	Yes	Yes	Yes
时间效应	Yes	Yes	Yes	Yes	Yes	Yes
Adj. R^2	0.2143	0.1691	0.3054	0.3031	0.1976	0.1478

Panel B：卖空限制与投资者情绪调整的持续性过度反应

	全样本		极端情绪样本		剔除极端情绪的样本	
	$CO6_{sent}$	$CO12_{sent}$	$CO6_{sent}$	$CO12_{sent}$	$CO6_{sent}$	$CO12_{sent}$
Treat	−10.053*** (−11.76)	−37.595*** (−17.96)	−2.526*** (−36.38)	−9.857*** (−48.84)	−15.608*** (−13.51)	−50.019*** (−17.67)
Post × Treat	−16.396*** (−12.50)	−51.856*** (−16.15)	−5.390*** (−38.98)	−19.945*** (−49.64)	−20.881*** (−12.72)	−61.054*** (−15.17)
控制变量	Yes	Yes	Yes	Yes	Yes	Yes
_cons	−2.711*** (−2.90)	17.624*** (7.71)	2.852*** (29.90)	10.232*** (36.91)	−3.726*** (−3.20)	19.054*** (6.68)
行业效应	Yes	Yes	Yes	Yes	Yes	Yes
时间效应	Yes	Yes	Yes	Yes	Yes	Yes
Adj. R^2	0.0021	0.0024	0.1235	0.2114	0.0027	0.003

　　表 5.4 的实证结果发现极端市场情绪提升了持续性过度反应,一个担忧是持续性过度反应和市场情绪是相互关联的:高市场情绪高过度反应,低市场情绪低过度反应,这种关联是否影响前文的实证结果?为此,本节构建一个情绪调整的持续性过度反应指标 $CO_{sent} = CO/SENT$ 控制投资者情绪和持续性过度反应中之间的相互影响,该指标越大意味着市场情绪越低时股价过度反应越大,反之亦然。使用情绪调整后的持续性过度反应(CO_{sent})指标作为因变量,进行重新回归,表 5.4 的 Panel B 给出了回归结果。

　　从 Panel B 的回归结果看,$Post \times Treat$ 的回归系数全部为负在 1% 水平上显著,说明加入融资融券标的且进行融券交易后情绪调整的持续性过度反应程度明显下降。与表 5.4 中 Panel A 的回归结果对比发现存在两方面的显著差异,首先,$Treat$ 和 $Post \times Treat$ 的系数绝对值显著提高,这与因变量变化相关,情绪调整后的持续性过度反应指标数值显著上升。其次,与表 5.4 中 Panel A 极端情绪条件下的回归结果相反,Panel B 中极端情绪条件下的 $Post \times Treat$ 回归系数全部为负,说明在控制情绪条件后,极端情绪对股价过度反应的影响消失了,此时卖空限制导致负面信息的进入主导着股价持续性过度反应。

　　上述结果发现,极端情绪和卖空限制是影响持续性过度反应的两个主要因素。卖空机制降低股票市场的持续性过度反应程度,但在极端情绪条件下,卖空机制的进入反而提高了持续性过度反应程度,说明暴涨暴跌的市场现象导致投资者越来越容易“情绪化”,暴涨时过度相信好消息而忽视坏消息,暴跌时过度看重市场走势和坏消息而不相信好消息,助推了股票价格趋势。

5.1.3　基于其他卖空机制的拓展性分析

1. 基于股指期货、转融通业务的进一步检验

　　借鉴其他学者的研究方法,本节从沪深 300 股指期货和转融通业务等其他卖空机制角度进行检验。首先,把 HS300 作为控制变量,如果该股票作为沪深 300 成分股则取 1,否则取 0。如表 5.5 所示,发现 $Post \times Treat$ 的回归系数依然全部为负在 1% 水平上显著,说明沪深 300 股指期货的推出对融券业务降低股价过度反应并没有影响。另外,$HS300$ 的回归系数是

负的且显著，说明股指期货这种卖空制度的推出也能增加负面信息，降低持续性过度反应程度。其次，转融通业务（*Refinancing*）促使市场融资融券交易量大幅增长，因此以 2012 年 8 月 30 日为界，转融通业务以后赋值为 1，反之为 0。发现结果并没有显著的变化，*Post* × *Treat* 的回归系数依然全部为负在 1% 水平上显著。另外，与预测的结果相反，*Refinancing* 变量的回归系数为正且显著，2012 年后尤其是 2014 年到 2016 年我国股票市场暴涨暴跌，极端市场情绪提高了持续性过度反应，上述结果也证明了卖空机制对持续性过度反应具有不对称性。

表 5.5　　　　　　　考虑股指期货和转融通业务的稳健性分析

	沪深 300 股指期货		转融通业务	
	CO6	*CO12*	*CO6*	*CO12*
Treat	-0.270^{***} (-6.96)	-1.069^{***} (-9.69)	0.083^{**} (2.15)	-0.064 (-0.58)
Post × *Treat*	-0.792^{***} (-12.73)	-3.909^{***} (-22.08)	-1.892^{***} (-28.41)	-7.771^{***} (-41.04)
*HS*300	-0.923^{***} (-16.21)	-4.422^{***} (-27.30)		
Refinancing			2.095^{***} (45.68)	7.372^{***} (56.57)
控制变量	Yes	Yes	Yes	Yes
_*Cons*	4.412^{***} (104.92)	17.886^{***} (149.48)	3.676^{***} (83.69)	15.180^{***} (121.59)
行业效应	Yes	Yes	Yes	Yes
时间效应	Yes	Yes	Yes	Yes
Adj. R^2	0.2143	0.1691	0.1976	0.1478

2. 对融资融券"孪生"特征的进一步检验

从融资融券的制度设计看，融资是杠杆交易，提高市场流动性的同时，放大了融资投资者的收益或损失，而融券交易是卖空交易，通过负面信息传播降低了投资者过度反应。为了解决融资和融券"孪生现象"造成的这种解释"矛盾",本书加入了融资交易量(*Margin*)和融券交易量(*Short*)两个指标,融资和融券变量分别使用当月融资余额和融券余额的对数化表示,重新执行回归的结果如表 5.6 所示。

表 5.6　　　　　　　　　考虑融资和融券交易的稳健性分析

	全样本		极端情绪的样本		剔除极端情绪的样本	
	CO6	*CO12*	*CO6*	*CO12*	*CO6*	*CO12*
Treat	-0.458 *** (-12.36)	-1.969 *** (-18.67)	-0.494 *** (-8.31)	-2.296 *** (-13.36)	-0.262 *** (-5.49)	-1.262 *** (-9.39)
Post × Treat	-0.784 *** (-12.60)	-3.872 *** (-21.85)	0.146 (1.40)	-0.218 (-0.72)	-1.373 *** (-17.65)	-6.123 *** (-27.90)
Margin	0.517 *** (8.24)	3.153 *** (17.65)	0.779 *** (7.22)	3.381 *** (10.84)	0.754 *** (9.31)	3.738 *** (16.34)
Short	-0.680 *** (-8.90)	-4.286 *** (-19.72)	-1.088 *** (-8.16)	-4.783 *** (-12.41)	-0.931 *** (-9.49)	-4.897 *** (-17.69)
控制变量	Yes	Yes	Yes	Yes	Yes	Yes
_Cons	4.323 *** (103.65)	17.458 *** (147.01)	4.294 *** (53.01)	17.339 *** (74.04)	4.218 *** (85.63)	17.124 *** (123.23)
行业效应	Yes	Yes	Yes	Yes	Yes	Yes
时间效应	Yes	Yes	Yes	Yes	Yes	Yes
Adj. R^2	0.2149	0.1743	0.2660	0.2282	0.1913	0.1488

结果发现,同时控制了融资和融券交易以后,全样本和剔除极端情绪样本中,*Post × Treat* 的回归系数依然全部为负在 1% 水平上显著,说明加入融资融券标的且进行融券交易后股价过度反应明显下降,但极端情绪样本中的回归结果不显著,说明以融资交易为特征的杠杆交易影响到了市场情绪。从融资交易额和融券交易额两个指标的系数发现,*Margin* 的系数全部为正且在 1% 水平上显著,说明融资交易额越高股价过度反应越大,这与融资杠杆交易性质相符合,融资交易水平越高股价的过度反应越大。与融资交易的结果相反,*Short* 的系数全部为负且显著,说明融券交易以提升市场负面信息程度,进而降低股价过度反应。

这一节中,使用融资融券制度这一外生事件检验了"卖空机制—异质信念—过度反应异象"的机制。双重差分法统计结果发现，卖空机制的引入可以提高投资者的异质信念，说明本书构建的异质信念指标可能具有信息增量作用。另外，卖空机制出现提升了负面信息的进入并降低了投资者之间的信息不对称程度，有助于降低投资者的信念偏差，抑制股票价格过度反应。但在极端情绪条件下会忽略市场悲观信息，只注重乐观消息，反而会提高过度反应程度。

上述结果对于研究异质信念理论以及补充前面研究质疑具有重要意义。首先，从异质信念的研究历程看，本节的结果进一步完善了米勒（1977）以及其他学者关于异质信念影响股票价格的机制；其次，本节的结果也证明了本书在第 3 章和第 4 章中不断使用卖空机制分析异质信念定价及解释股票异象的机制是合理的。投资者异质信念可以解释股票收益和异象，与卖空限制（或者套利限制）这一股票市场制度紧密相连，由于卖空机制的存在使得股票的完备信息难以完全进入股票价格之中，使得投资者之间的异质信念发挥作用，也使得异质信念指标可以解释股票市场上的超额收益和股票异象。

5.2 监管约束、异质信念和 IPO 异象

中国股票市场的监管约束特征是中国资本市场发展的一个最主要的特征，管制风险也是近年来研究的一个热点。这种监管约束既包括制度性的监管、也包括非制度性的干预。比如，1995 年起我国股票市场开始实施 T + 1 交易规则、1996 年末实施涨跌停幅（10%）限制制度、2005 ~ 2007 年推行股权分置制度、多层次资本市场制度（2009 年 10 月正式启动创业板，2018 年 11 月开始推出科创板）、融资融券制度（2010 年 3 月末融资融券交易正式推行）等。

上述股票交易市场的制度改革并没有规律可循，为了衡量政府的监管约束，本节转而选择了发行市场的监管制度，1999 年 9 月中国证监会成立了发审委，推行核准制；2005 年后，证监会对股票发行价格实行询价制，促使股票发行定价机制逐步走向市场化。本书使用手工挖掘的方法构建了发行市场的监管约束变量，使用该监管约束变量检验异质信念与 IPO 异象之间的影响关系。

5.2.1 发行市场的监管特征及对 IPO 异象的影响

1. 中国新股发行制度简介

中国股票发行市场的制度特征如表5.7所示。本节从审核制度和定价制度等方面阐述中国新股发行制度变革历程，并介绍了新股发行制度的改革措施和市场表现。1991年到2005年审核制度完成了从审批制、额度管理、指标管理到通道制和保荐制的过渡；发行价格从固定价格到限定发行市盈率上限，逐步提高了发行人的自主定价能力，发行价格更加符合市场需求。但是也要看到发行制度出现了从市场化到逆市场化的"倒退"。

表 5.7　　　　　　　　　　新股发行制度与市场表现

日期	新股发行制度		IPO 市场表现		
	审核制度	定价制度	IPO首日收益（%）	上市公司数量（家）	破发比例（%）
1993年8月之前	审批制	固定价格	486.5	134	22.4
1993.08~1996.12	额度管理	固定价格	136.83	457	3.8
1996.12~1999.07	指标管理	相对固定市盈率	141.5	394	1.5
1999.07~2001.03	指标管理	累计投标定价	136.65	217	0
2001.03~2005.05	通道制	限定市盈率上限	97.31	278	1.1
2005.05~2009.06	保荐制	市盈率隐形控制	138.95	283	0.4
2009.06~2012.04		自行决定市盈率	24.82	795	22.3
2012.04~2012.11		不高于行业市盈率25%	29.19	91	28.5
2014.01~至今		不高于行业市盈率	44.32	705	0

从行政色彩浓厚的管制到具有市场化成分的自主决策（田利辉等，2013），渐进的制度改革促使股票交易回归理性，IPO首日收益从1993年的486.5%下降到2005年的97.31%，新股破发比例（IPO首日收益小于等于0时）从22.4%下降到1.1%。值得注意的是，监管机构对于企业上市依然具有较强的控制能力，市场资源配置的功能大打折扣。2005~2015年坚持保荐制和询价制，在实施过程中对一些关键环节进行改进，但定价制

度呈现市场化与逆市场化的反复，对发行市盈率隐形指导（30 倍）到放开再到控制，导致 IPO 首日平均收益呈现"U 形"特征——IPO 首日收益从 138.95% 降低到 24.82%，2014 年之后上到 44%，相反新股破发比例呈现"倒 U 形"特征（0.4%—28.5%—0）。这种改革并不利于股票市场的资源配置。

2. 监管约束、异质信念与 IPO 异象的逻辑关系

当前，针对 IPO 首日高溢价、长期弱势的研究逐渐形成了承销商声誉、信息不对称和投资者情绪等几个解释观点。但从政府监管视角研究中国 IPO 定价的文献较少，而且对新股发行监管约束影响 IPO 首日溢价的解释存在不同观点。

从文献看，仅有的几篇文献肯定了新股定价制度市场化可以提高 IPO 定价效率（刘煜辉和熊鹏，2005；李志文和修世宇，2006；Tian，2011；田利辉等，2013）。比如，"股权分置"和"政府发行管制"的制度安排导致极高的 IPO 抑价，而新股发行制度的渐进式改革能够显著减少 IPO 溢价。宋顺林和唐斯园（2019）认为定价管制会增强新股的价值不确定性，进而促进投资者对新股的炒作行为。宋顺林和唐斯园（2019）关于"价值不确定性"概念的提出为本节的异质信念影响机制研究提供了一个理论支持。另外，"供求关系"理论和"监管抑价"观点也是解释新股发行监管约束影响 IPO 首日溢价的重要理论。

"供求关系"理论认为，新股发行审核制度影响了供求关系，严格的市场管制约束限制了股票供给，导致新股数量供不应求，新股上市后产生明显的"赚钱效应"。"监管抑价"（Tian，2011；田利辉等，2013）是解释中国 IPO 上市首日高溢价、长期弱势的一个主要观点，"监管抑价"观点认为，新股发行的定价制度导致了一级市场折价，新股发行制度限定发行市盈率或调整信息披露等压低新股发行价格，导致在一级市场产生折价，诱惑投资者在申购过程中形成"抢购风潮"，进一步刺激其他投资者进行非理性投机（宋顺林、唐斯园，2017），导致新股在二级市场产生明显的溢价效应。

上述研究观点为"监管约束—异质信念—IPO 异象"的研究提供了一定的理论支撑，并结合第 4 章 4.3 节的异质信念的解释观点，本节将这种影响关系归纳为：新股定价制度影响着发行人的信息披露程度，新股发行市场化程度较差时，发行人和承销商的定价权受政府管制较为严格，发行

人和承销商可能夸大发行公司的未来潜力，提高了新股的价值不确定性，使得投资者之间的异质信念增加，致使 IPO 首日溢价上涨；新股改革的市场化程度较高时，发行人和承销商的定价权较大，承销商为了提高发行价格和募集资金额度，降低了新股的价值不确定性，投资者的异质信念降低，导致了 IPO 首日溢价下降。

针对上述理论分析结果，本节使用 2000 ~ 2018 年的 IPO 样本数据，基于 2000 年以来的 15 项发行制度改革法规构建了一个新股发行监管指标，实证验证"监管约束—异质信念—IPO 异象"之间的影响逻辑。

5.2.2　基于发行监管指标的实证结果与分析

1. 发行监管指标的度量

中国股市作为一个新兴市场，新股发行改革频繁，涉及因素较多，因此本书构建了两种新股发行监管指标——直接指标和间接指标，前者直接衡量了中国发行市场化改革的特征，是本节进行实证分析的核心变量。

对于直接指标，从证监会的发布的法规条文出发，收集了 2000 ~ 2016 年的 15 项发行制度改革法规和措施办法，手工挖掘每一条法规的文本信息，基于"新法规发布时是否出现法规条文的变动""法规变动变动是否影响市场参与者"和"法规条文变动是否影响市场定价"等原则提取了询价制完善、发行市盈率的窗口指导、询价机构数量的变动、首日价格涨跌限制、网上网下配售数量的变化、发行信息披露和违规处罚措施 7 个因子，衡量方式如下。

（1）询价制完善是指法律法规条文中是否有完善询价制度的表述，存在这种表述则赋值增加 1 单位，反之不增加；如果询价制度越完善则市场化程度越高（邹斌和夏新平，2010）；

（2）发行市盈率窗口指导是指证券监管机构是否存在窗口指导且窗口指导的发行市盈率倍数变化，实际窗口指导的发行市盈率倍数增加则赋值增加 1 单位；一般认为减少窗口指导或者窗口指导发行市盈率倍数越大则市场化程度越高（田利辉等，2013）；

（3）询价机构数量是指监管机构允许参与询价的投资者数量是否增加，实际规定的询价机构数量增加则赋值增加 1 单位；如果询价机构数量越多则发行价格越能反映市场选择，市场化程度越高（俞红海等，2015）；

（4）首日价格涨跌幅限制是指是否对上市首日价格的涨跌幅度进行限制，如果限制则赋值为0，未做限制则赋值增加1单位；价格涨幅限制越大则市场化程度越低；

（5）网上网下配售数量是指网下配售数量是否向网上回拨以及是否存在中止发行机制，网上网下配售数量比例增加则赋值增加1单位；网上配售数量越多中小投资者申购比例越高则市场化程度越高；

（6）发行信息披露是指监管机构要求的发行信息披露内容是否增加，发行信息披露增加一项则赋值增加1单位；信息披露越多则定价信息透明度越高，市场化程度越高；

（7）违规处罚措施是指针对发行主体的违规处罚措施是否增加，违规处罚措施增加则赋值增加1单位；违规处罚措施越多则市场化程度越高。

提取上述7个因子的变动信息，使用7个因子值的算术平均得到新股发行监管指标。

对于间接指标，发行市盈率隐性指导衡量发行价格受到证监会隐性指导的程度，该值越大说明新股发行价格的定价自主权越大，市场化程度越高，计算方式如式（5.2）所示。其中，PE_i 表示 i 上市公司的发行市盈率，X_{PE} 是指证监会的发行市盈率隐性指导倍数。

$$\max(PE_i - X_{PE}, 0) \tag{5.2}$$

发审委管制是指当月发审委的 IPO 通过数量占所有审核数量的比例。基于市场供求关系理论，通过的上市公司越多说明此事新股发行管制程度越低，发行市场化程度越高。

另外，本节使用分析师预测分歧作为异质信念代理指标。其他指标的构建方法具体见4.1节。实证回归中选取了2000年1月到2018年12月2546家的 IPO 样本，样本选择具体见4.1节，并选取了 IPO 首日收益、20日持有期收益两个指标衡量 IPO 异象。

2. 新股发行监管与 IPO 异象的实证结果

表5.8的前两列发现新股发行市场化改革可以有效降低 IPO 定价能力。控制其他变量后，新股发行监管对 IPO 首日超额收益和短期持有期收益的回归系数分别为 −2.965 和 −2.241，且全部在1%水平上显著，说明新股发行监管的市场化的改革可以有效降低 IPO 溢价，减少 IPO 异象。这种结果与前文的理论假设相符合。从控制变量看，发行费用和新股规模对 IPO 定价能力也具有显著影响，发行费用越高，IPO 收益越大；新股规模

越大对 IPO 短期收益具有负影响。

表 5. 8   新股发行监管与 IPO 定价

因变量	发行监管指标		发审委控制		发行价格控制	
	R_1	R_{20}	R_1	R_{20}	R_1	R_{20}
IPO_regu	− 2. 965 *** (− 5. 04)	− 2. 241 *** (− 4. 02)				
IPO_control			− 1. 234 *** (− 8. 25)	− 1. 345 *** (− 9. 56)		
PE_control					− 0. 010 *** (− 5. 52)	− 0. 010 *** (− 5. 72)
IPOcost	0. 236 *** (27. 77)	0. 242 *** (30. 05)	0. 224 *** (28. 07)	0. 234 *** (31. 08)	0. 215 *** (26. 37)	0. 224 *** (29. 12)
Lottery	− 0. 041 ** (− 2. 33)	− 0. 040 ** (− 2. 37)	− 0. 053 *** (− 3. 13)	− 0. 047 *** (− 2. 89)	− 0. 062 *** (− 3. 58)	− 0. 055 *** (− 3. 40)
Size	− 0. 102 *** (− 6. 04)	− 0. 097 *** (− 6. 06)	− 0. 105 *** (− 6. 36)	− 0. 094 *** (− 6. 08)	− 0. 112 *** (− 6. 72)	− 0. 102 *** (− 6. 53)
Age	0. 006 (0. 67)	0. 009 (1. 14)	− 0. 003 (− 0. 34)	0. 002 (0. 29)	− 0. 001 (− 0. 18)	0. 004 (0. 47)
Na	0. 002 (0. 14)	− 0. 004 (− 0. 38)	0. 006 (0. 55)	− 0. 002 (− 0. 21)	0. 021 * (1. 77)	0. 012 (1. 12)
_Cons	2. 566 *** (3. 42)	1. 807 ** (2. 54)	− 1. 447 *** (− 3. 16)	− 1. 551 *** (− 3. 61)	− 0. 418 (− 0. 94)	− 0. 436 (− 1. 04)
行业效应	Yes	Yes	Yes	Yes	Yes	Yes
$Adj - R^2$	0. 358	0. 391	0. 369	0. 409	0. 359	0. 395
Obs.	2546	2546	2546	2546	2546	2546

本书进一步研究了间接监管指标与 IPO 定价的关系，本书使用发审委过会通过比例表示发审委控制表示，使用发行市盈率隐性指导表示发行价格控制，进一步进行实证验证。表 5. 8 的后 4 列给出了实证结果，发审委过会通过比例对 IPO 首日收益和 20 日持有期收益的回归系数都是负的且

在 1% 水平上显著,说明发审委过会通过比例越高,IPO 溢价越低。同样发现,发行市盈率隐性指导对 IPO 首日收益和 20 日持有期收益的回归系数都是负的且在 1% 水平上显著,说明随着发行市盈率隐性指导越少,市场化定价越高,IPO 溢价越低。我国新股发行中的发审委控制和发行价格控制对 IPO 定价具有显著的负向影响,同样验证了新股发行的市场化改革有效降低了 IPO 溢价。

3. 发行监管约束、异质信念与 IPO 异象

IPO 制度的市场化改革可以影响发行市场投资者的异质信念,促进发行人增加披露信息,激励投资者搜索新股信息,降低异质信念程度。

本书使用分析师预测分歧作为异质信念的代理变量,并把新股发行制度指标分解为正市场化指标 $regu^+_{\Delta regu > 0}$ 与逆市场化指标 $regu^-_{\Delta regu < 0}$,两种情形设置可以检验分析师预测分歧在不同制度情形下对 IPO 异象的影响,其中正市场化与逆市场化的构建方法如下:

$$regu^+_{\Delta regu > 0} = IPO\_regu \times 1_{\Delta regu > 0} \qquad (5.3)$$

$$regu^-_{\Delta regu < 0} = IPO\_regu \times 1_{\Delta regu < 0} \qquad (5.4)$$

其中 $1_{\Delta regu > 0}$ 为虚拟变量,当 $regu_j - regu_{j-1} > 0$ 时为 1,反之为 0;j 为新股发行制度改革的次序。

表 5.9 给出了发行监管约束、异质信念与 IPO 异象的实证结果。结果发现分析师预测分歧的回归系数全部为正且在 1% 的水平上显著,但在正市场化条件下的异质信念系数(4.02)大于逆市场化条件的系数(2.12),且两个交互项系数全部在 1% 水平上显著。另外,正市场化交互项系数(-1.66)为负,但逆市场化交互项系数(2.51)为正,表明新股发行的市场化改革中,降低异质信念可以降低 IPO 溢价;但新股发行改革出现逆市场化时,异质信念越大反而会提高 IPO 溢价。

表 5.9   **异质信念、发行监管约束和 IPO 异象**

	R_1			R_{20}		
HB	3.00 *** (10.57)	4.02 *** (8.84)	2.12 *** (4.48)	1.05 *** (4.61)	9.71 *** (8.98)	0.629 ** (2.56)
$regu^+_{\Delta regu > 0}$	-1.12 *** (-8.36)	-0.612 *** (-4.34)		-1.93 *** (-11.47)	-1.47 *** (-9.63)	

续表

	R_1			R_{20}		
$HB \times regu^+_{\Delta regu > 0}$		-1.66 *** (-2.90)			-7.82 *** (-8.09)	
$regu^-_{\Delta regu < 0}$	-0.254 *** (-2.12)	0.042 (0.33)		-0.277 ** (-2.24)		1.24 *** (7.38)
$HB \times regu^-_{\Delta regu < 0}$			2.51 *** (4.49)			-2.39 *** (-7.30)
IPOcost	0.14 *** (10.57)	0.13 *** (9.82)	0.15 *** (10.61)	0.15 *** (10.92)	0.16 *** (12.20)	0.16 *** (11.28)
Lottery	-0.045 *** (-3.08)	-0.05 *** (-3.40)	-0.06 *** (-4.06)	-0.036 ** (-2.35)	-0.017 (-1.16)	-0.06 *** (-4.02)
Size	-0.03 (0.24)	0.011 (1.13)	0.012 (1.13)	-0.003 (-0.31)	-0.021 * (-1.91)	0.005 (0.53)
Age	0.36 *** (4.23)	0.31 *** (3.59)	0.385 *** (4.36)	0.404 *** (4.59)	0.409 *** (4.76)	0.46 *** (5.10)
Na	-0.02 *** (-2.85)	-0.023 *** (-3.25)	-0.020 *** (-2.78)	-0.019 *** (-2.65)	-0.007 (-1.01)	-0.023 *** (-3.05)
_Cons	-2.23 *** (-2.86)	-2.22 *** (-2.85)	-3.56 *** (-4.60)	-1.85 ** (-2.32)	-2.51 *** (-3.21)	-4.23 *** (-5.25)
$Adj - R^2$	0.328	0.342	0.318	0.310	0.338	0.274
Obs.	2546	2546	2546	2546	2546	2546

本节的实证结果验证了前面关于发行监管约束、异质信念与 IPO 异象的理论分析结果。说明了新股发行的市场化改革提高信息扩散，降低了市场上的价值不确定性和投资者的异质信念，引导投资者的交易行为回归理性，降低了 IPO 溢价。反之发行改革是逆市场化时，限制承销商的定价权力，提高了价值不确定性，加剧投资者的交易分歧，提高了 IPO 溢价。

5.2.3　基于其他理论的进一步检验

为了进一步验证上述理论结果，本节引入承销商声誉和投资者情绪进行进一步检验。首先是承销商声誉理论，本节使用承销收入最大的前 5 位券商表示承销商声誉，如果使用为 1，否则为 0。表 5.10 的 Panel A 给出了的不同承销商声誉下新股发行监管和 IPO 异象的回归结果。

表 5.10　　　承销商声誉和投资者情绪的进一步检验结果

Panel A：承销商声誉、发行监管和 IPO 异象

	低承销商声誉			高承销商声誉		
IPO_regu	−2.926 *** (−4.02)			−2.539 (−1.23)		
PE_control		−0.011 *** (−4.21)			−0.037 *** (−3.02)	
IPO_control			−0.398 ** (−2.13)			−2.619 *** (−5.73)
控制变量	Yes	Yes	Yes	Yes	Yes	Yes
行业效应	Yes	Yes	Yes	Yes	Yes	Yes
$Adj-R^2$	0.118	0.103	0.120	0.221	0.254	0.229
Obs.	763	763	763	768	768	768

Panel B：投资者情绪、发行监管与 IPO 异象

	高情绪（≥70%）			低情绪（≤30%）		
IPO_regu	−9.170 *** (−17.85)			−3.149 *** (−4.87)		
PE_control		−0.008 *** (−5.94)			0.004 (0.87)	
IPO_control			−1.916 *** (−7.16)			−0.540 *** (−3.84)
控制变量	Yes	Yes	Yes	Yes	Yes	Yes
行业效应	Yes	Yes	Yes	Yes	Yes	Yes
$Adj-R^2$	0.451	0.179	0.201	0.141	0.113	0.130
Obs.	603	603	603	764	764	764

　　Panel A 的前三列中，低承销商声誉下发行监管对 IPO 异象的回归系数全部为负且在 1% 水平上显著。说明推动市场化改革可以显著降低 IPO 异象，新股发行监管可以通过提高承销商的自主定价能力进而提高 IPO 定价效

率，降低 IPO 异象。但高承销商声誉下的系数也是大部分显著，且系数全部为负。综上所述，可以发现新股发行的市场化改革通过促进新股发行人、承销商的定价权进而降低 IPO 异象，这与模型的理论分析结果不谋而合。

另外，由于投资者情绪也是解释 IPO 异象的重要因素，因此将投资者情绪指标划分为高情绪（最高 70%）和低情绪（最低 30%）两部分。表5.10 的 Panel B 的回归结果表明，在高情绪条件下，新股发行监管对 IPO收益的影响要远远高于低情绪。在高市场情绪条件下，新股发行监管对新股 20 日持有期的回归系数全部为负且在 1% 水平上显著，同样在低市场情绪条件下的系数也是负的且全部在 1% 水平上显著，说明投资者情绪条件下新股发行制度对 IPO 定价的影响是稳健的。另外，从回归系数的大小对比发现，高情绪条件下的系数绝对值要远远小于低市场情绪条件，间接证明了投资者情绪对 IPO 定价的影响。

5.2 节的研究结果验证了前面 "发行监管约束—异质信念—IPO 异象"的影响机制，说明市场监管约束也是造成异质信念的一个重要因素，而且投资者异质信念在监管约束影响 IPO 异象的过程中发挥着重要影响。

5.3　投资者情绪、异质信念与投融资效应

中国股票市场建立 30 多年来取得了丰硕成果，但由于制度设置不健全、暴涨暴跌频发，承担着为实体企业融资 "重任" 的资本市场广受诟病，也使得 "金融支持实体经济" 的理论探索举步维艰。中国对股票市场的 "定位" 主要是为上市企业提供融资，但从股票市场的实践看，相对于银行（或债券）为主导的融资体系，股票市场除提供融资外，其宏观影响更加明显。越来越多的企业管理者、投资者和监管机构利用投资者估值特征进行融资、投资和监管，投资者特征已逐渐成为影响实体经济发展的重要因素。为了进一步确认异质信念对行业投融资行为的结果，本章探讨 "投资者情绪—异质信念—投融效应" 这一影响逻辑。由于投资者情绪反映了股票市场群体的一种异质信念特征，本节直接使用投资者情绪指标代替异质信念，探究其背后的影响关系。

5.3.1　投资者情绪、投融资与产业扩张的逻辑关系

当前针对资本市场影响上市企业的投融资的研究，主要包括 "股权融

资途径"（Baker et al.，2003；郝颖、刘星，2009；花贵如等，2010；崔晓蕾等，2014）和"迎合途径"（刘志远等，2012；李君平、徐龙炳，2015；黄宏斌等，2014）。前者认为投资者错误估值越高，上市企业的股权融资成本越低，融资能力越高；后者发现公司管理层会利用过度投资决策迎合短期投资者，提高投资能力。由于这类研究较多也有成熟的研究结论，所以本节进一步拓展了这种上市公司投融资能力的研究范围，将这种研究从上市公司层面的"投融资"拓展到行业层面的"产业扩张"。

但是，当前涉及行为金融学和产业扩张之间关系的文献较少，尤其是投资者错误估值影响实体经济的文献，与本节主题较为相关的几篇文献分别是崔晓蕾等（2014）、姚海霞和王性玉（2016）、陆蓉等（2017），上述文献对资本市场的如何影响实体经济发展进行了较为前瞻的论述，认为资本市场的投资者非理性行为及股价高估等可能会影响企业的投融资和产业结构调整。因此，将针对投资者错误估值对上市公司的投融资决策和研发投入研究归纳为三个渠道，即"股权融资途径""迎合途径"和"研发创新途径"。

第一，"股权融资途径"，麦克林和赵（McLean & Zhao，2014）使用"市场择时"理论发现，高涨的投资者情绪使得股票或债券的发行成本降低，进而扩大融资水平。徐浩萍和杨国超（2013）发现资本市场投资者情绪对债券融资成本有负向传导；同时黄宏斌和刘志远（2013）、黄宏斌等（2016）进一步发现情绪高涨带来企业股票价格的上升，可供质押的股票增加，上市公司可以获得更多的银行贷款。上市企业的融资越高，投资能力越高，公司管理层会可能自觉地扩大项目投资（Baker et al.，2003；郝颖和刘星，2009；花贵如等，2010；崔晓蕾等，2014），扩大企业生产，促进所在行业的扩张。

第二，"迎合途径"，随着投资者错误估值的上升，上市公司的管理者或控股股东具有迎合投资者的投资行为，进一步地扩大企业投资水平。一方面这种投资行为可能造成过度投资（崔晓蕾等，2014），降低投资效率（刘志远等，2012）；另一方面，这种投资行为受到了控股股东持股比例（刘志远等，2012）、自由现金流量（崔晓蕾等，2014）、企业融资约束（崔晓蕾等，2014；李君平和徐龙炳，2015）、企业所处的生命周期（黄宏斌等，2016）的影响。

第三，"研发创新途径"，投资者错误估值上升促使上市企业增加研发投入，对企业发展和宏观经济增长具有长远性意义。上市企业会增加研发投资，提高企业创新能力，进而影响企业价值（唐玮和崔也光，2017；唐玮等，2017；翟淑萍等，2017a，2017b），虽然这种研发投资降低了创新效率（翟淑萍等，2017a），并受到产权因素（唐玮和崔也光，2017）、管理者过度自信（唐玮等，2017）和资本市场业绩预期压力（唐玮等，2017）的制约。

综上所述，股票市场的投资者错误估值通过投融资效应影响产业扩张。投资者错误估值越高，越能吸引资本进入，提高行业的投融资水平和行业扩张能力。另外，在发展程度较低的股票市场，一个行业的错误估值较高导致 IPO 高溢价及股票收益上涨形成的"造富"信号可能会吸引实体经济中的资本、劳动力以及其他资源的进入该行业中，提高实体经济的发展潜力。

5.3.2　实证研究与结果分析

1. 数据与变量

本书选取 2000～2016 年我国 3027 家上市企业和 78 个行业的季度样本数据。按照证监会 2012 年编制的《上市公司行业分类指引》的标准，将 3027 家上市企业分为 78 个行业。上市公司样本中剔除了曾经被 ST 的股票和财务数据异常的样本。全部数据来源于 CSMAR 数据库。

产业扩张指标，本书使用产业结构变动指标表示产业在整个经济体中的所占份额比重变动。变动越大说明该产业扩张越快，反之说明产业扩张越慢；但产业扩张并不代表产业结构优化，产业结构优化表现为新兴产业的快速发展和传统产业更新换代，相反产业扩张也可能是落后产业的扩张，因此进一步使用行业资本份额、劳动力份额、行业企业单位数量、行业从业人数和行业总资本等指标检验投资者情绪对新兴产业的影响。借鉴宋凌云和王贤彬（2013）、陆蓉等（2017）的方法，本文使用滚动窗口方法构建年度变量，使用一个行业营业总收入在全行业中比重的年度之差表示，如式（5.5）所示：

$$ISE_{i,t} = \frac{Sales_{i,t+4}}{\sum\limits_{i=1}^{78} Sales_{i,t+4}} - \frac{Sales_{i,t}}{\sum\limits_{i=1}^{78} Sales_{i,t}} \tag{5.5}$$

$Sales_{i,t+4}$ 和 $Sales_{i,t}$ 分别表示 i 行业在 $t+4$ 季度和 t 季度的营业总收入，

$ISE_{i,t}$ 表示 i 行业在 t 季度的未来一年内产业扩张程度。另外该指标进行了 Z – score 标准化处理。

行业资本份额（ICE）和劳动力份额（ILE）。为了检验通过哪些渠道促进产业结构优化，本书构建了行业资本份额变动和劳动力份额变动两个指标，前者衡量该行业的投融资能力，后者衡量该行业的人力资本水平（欧阳峣，刘智勇，2010）。使用行业在固定资产、无形资产和其他长期资产的投资与行业营业总收入的比值得到行业资本份额（ICE）指标，行业的支付职工薪酬与行业营业总收入的比值得到行业劳动力份额（ILE）指标。另外，使用新兴产业的行业企业单位数量、行业从业人数和行业总资本等指标代替新兴产业的行业资本份额和行业劳动力份额进行进一步分析。

投资者情绪（$Sent$），借鉴班克儿和乌格拉（2006）和姚海霞和王性玉（2016）的投资者情绪构建方法选取了封闭式基金折价率、行业换手率、行业 Beta 系数、行业市盈率和行业超额回报率 5 个指标因子，因子含义如下。

（1）封闭式基金折价，封闭式基金折价可以衡量市场噪声投资者的投资预期，因此本文使用季度的封闭式基金折价率作为投资者情绪因子。

（2）行业换手率，市场换手率越高，说明投资者的盈利预期和交易行为越活跃（Baker & Wuglar，2006），该指标使用对行业内所有股票样本的季度换手率进行市值加权得到。

（3）行业 Beta 系数，股票的 Beta 系数可以很好衡量股票系统性风险，如果 Beta 系数大于 1 说明该股票的风险收益率大于市场平均风险收益率，反之说明该股票的风险收益率较低，因此使用行业内股票的季度 Beta 系数进行市值加权得到。

（4）行业市盈率，股票市盈率可以反映市场投资者对股票未来价格走势的预期特征。为了保证前后数据一致性，使用所有行业内股票的季度市盈率进行市值加权得到。

（5）行业超额回报率，班克儿等（2003）发现股票的超额收益越高，正反馈的噪声投资者对未来的预期越高，使用所有行业内股票的季度超额回报率进行市值加权得到。

针对每一个行业使用上述 5 个情绪因子进行主成分分析，把每个行业得到的第一主成分得到一个综合的投资者情绪（$Sent$）指标。从行业情绪的形成过程看，一个行业的投资者情绪是一个介于产业发展和股票市场的中介变量，行业情绪受到产业政策（包括税收减免、补贴、政策支持、金融支持、行业开放等）、宏观经济周期和产业发展程度的影响（姚海霞和王性玉，2016）。因此，本书为了得到一个"纯净的"投资者情绪，使用"残差"思维进一步把综合情绪指标里面受到产业政策（是否在所属的"五年规划"中得到产业政策支持，policy）、宏观经济周期（GDP 增长率，gdp）和产业发展程度（行业净利润增长率，profit）等影响的部分分离出来，如式（5.6）所示。在主成分指标中剔除产业政策、宏观经济周期和产业发展的影响，得到最终情绪指标（Sent），$Sent = SENT - (0.188gdp + 0.038policy + 0.018profit)$。

$$Sent_{i,t} = -0.027 + 0.188gdp_{i,t} + 0.038policy_{i,t} + 0.018profit_{i,t} + \varepsilon_{i,t}$$
$$(t = -1.95)\ (t = 1.45)\ (t = 2.74)\ (t = 1.09) \qquad (5.6)$$

其他控制变量，M2 增长率（M2）和财政收入增长率（Reve），本书使用货币市场的 M2 增长率检验宏观货币政策（储德银和建克成，2014）对产业结构调整的影响，使用中央政府的财政收入增长率检验宏观财政政策对产业结构调整的影响。股权融资能力（Equity）和债券融资能力（Debt），前者使用股本和资本公积之和与总资产的比值得到；后者使用短期借款、长期借款和应付债券之和与总资产的比值得到；产权特征（Soe），使用行业内国有和集体企业股权占比表示；外商直接投资的影响（Fdi）（陆蓉等，2017），使用股权结构中外资股占比表示；创新能力（R&D），使用行业研发费用占总营业收入之比表示。

2. 投资者行业情绪与行业扩张的实证结果

本节采用式（5.7）模型研究投资者情绪对产业扩张的影响，因变量为产业扩张（ISE）、资本份额变动（ICE）和劳动力份额变动（ILE），其中 i 表示行业，t 为季度；使用滞后一期的投资者情绪（Sent）作为解释变量；controls 为控制变量，α 和 γ 分别表示行业固定效应和时间固定效应。

$$ISE_{i,t} = \alpha_o + \beta_1 Sent_{i,t-1} + \beta_i controls_{i,t} + \alpha_i + \gamma_t + \varepsilon_{i,t} \qquad (5.7)$$

表 5.11 的前三列给出了投资者情绪对产业扩张的回归结果。结果发现，投资者情绪对产业扩张（ISE）变量的回归系数（0.301）为正且在 1% 水平上显著，行业情绪越高，则该行业所占比重越大，说明资本市场的投资者情绪促进了产业扩张。另外，投资者情绪对资本份额（ICE）的回归系数（0.044）为正且在 1% 水平上显著，但对劳动力份额（ILE）变量的回归系数不显著。说明投资者情绪促进了该行业的投融资水平，尤其

是固定资产投资，而资本市场的投资者情绪并没有吸引劳动力进入该行业。因此，投资者情绪促进产业扩张是基于"投融资效应"产生影响的，该结论与当前金融支持实体经济的研究思路相同——股票价格变动通过影响产业的资本投入，最终促进了产业扩张（崔晓蕾等，2014；李君平和徐龙炳，2015；陆蓉等，2017）。

表 5.11　　　　　　　　　投资者情绪和产业扩张的回归结果

	全行业样本			战略新兴产业			传统制造业		
	ISE	ICE	ILE	ISE	ICE	ILE	ISE	ICE	ILE
Sent	0.301*** (5.06)	0.044*** (3.01)	0.014 (0.38)	0.603*** (4.70)	0.113*** (7.15)	0.048*** (4.22)	0.061 (0.87)	0.042 (1.54)	−0.023 (−1.05)
Equity	−0.204** (−2.27)	0.254*** (11.42)	0.140*** (2.61)	−4.202*** (−6.94)	−0.28*** (−3.57)	−0.138** (−2.43)	−0.186 (−0.87)	−0.20** (−2.45)	0.046 (0.68)
Debt	0.040 (0.20)	−0.201*** (−4.04)	0.077 (0.64)	−1.772*** (−3.31)	−0.29*** (−4.30)	0.020 (0.41)	−0.042 (−0.21)	−0.038 (−0.49)	−0.121* (−1.88)
Soe	2.092*** (12.67)	0.139*** (3.41)	0.228** (2.31)	4.452*** (13.32)	0.096** (2.34)	0.033 (1.10)	0.789*** (4.14)	0.481*** (6.62)	0.140** (2.34)
Fdi	−1.926*** (−2.80)	−0.025 (−0.15)	−0.399 (−0.98)	−4.815*** (−3.77)	0.145 (0.94)	−0.122 (−1.09)	0.426 (0.63)	−0.400 (−1.55)	−0.262 (−1.23)
R&D	0.001 (0.06)	0.087*** (36.63)	0.010* (1.81)	0.007 (0.13)	0.002 (0.37)	0.007 (1.38)	−0.005 (−0.17)	−0.02* (−1.85)	0.001 (0.10)
M2	0.013 (0.64)	0.004 (0.68)	0.044 (0.36)	0.074* (1.96)	0.006 (0.13)	−0.007 (−0.22)	0.038 (0.47)	−0.007 (−0.08)	0.123 (1.64)
Reve	−0.006 (−0.45)	0.004 (0.68)	−0.001 (−0.07)	−0.002 (−0.12)	0.000 (0.06)	0.001 (0.19)	0.016 (0.84)	0.023* (1.91)	−0.015 (−1.54)
_Cons	1.457*** (5.59)	−0.041 (−0.08)	−0.340 (−0.27)	2.78*** (5.11)	0.295 (0.62)	0.252 (0.74)	0.885 (1.15)	0.406 (0.43)	−0.931 (−1.20)
固定效应	Yes	Yes	Yes	Yes	Yes	Yes	Yes	Yes	Yes
Obs.	5167	5167	5167	2559	2559	2559	1350	1350	1350
Ind.	78	78	78	31	31	31	18	18	18
$adj-R^2$	0.013	0.272	0.006	0.070	0.129	0.296	0.032	0.072	0.131

从控制变量看，股权融资能力（*Equity*）、国有股权（*Soe*）和外商直接投资（*Fdi*）对产业扩张（*ISE*）有显著性影响。国有股权比重越大促进该行业所占实体经济的比重增加，支持了宋凌云等（2013）结论，高国有产权行业更容易得到政府的补贴和支持；但是股权融资能力越高、外资股权比重越大，反而产业扩张能力越小，与政策初衷相反，在资本市场进行股权融资并引进外资并没有通过资本供给和技术外溢促进产业扩张，需引起监管者重视。

表 5.11 前三列的结果仅验证了投资者情绪促进了产业扩张，但并没有明确投资者情绪如何影响产业结构升级，进一步构造了战略性新兴行业和传统制造业板块，重点研究投资者情绪对战略性新兴行业的影响。其中战略性新兴行业的选择，根据 2012 年国务院制定的《"十二五"国家战略性新兴产业发展规划》进行了行业分类，包括节能环保、新一代信息技术、生物、高端装备制造、新能源、新材料和新能源汽车七个产业发展规划，以及物联网、集成电路、绿色制造科技发展、废物资源化科技工程、生物技术、高速列车、航空、航天、可再生资源等一系列细分产业领域的专项规划。

本节把涉及《"十二五"国家战略性新兴产业发展规划》中战略新兴产业的 31 个行业组成战略新兴产业板块（涉及农业、采掘业、制造业、交通运输业和服务业 5 个门类行业），把采掘业和制造业行业中除新兴产业外的其他 18 个行业划分为传统制造业板块，表 5.11 的后 6 列给出了实证结果。结果发现，战略新兴板块中投资者情绪（*Sent*）指标对产业扩张（*ISE*）的回归系数为正（0.603）且在 1% 水平上显著，说明投资者情绪越高，新兴产业的产业扩张越快；投资者情绪（*Sent*）指标对资本份额（*ICE*）和劳动力份额（*ILE*）的回归系数全部为正（0.113 和 0.048）且在 1% 水平下显著，说明越高的投资者情绪导致新兴产业的资本投资水平和劳动力质量越高，而产业扩张又离不开投资和劳动力的扩张，因此投资者情绪通过促进新兴产业的资本投资和劳动力进而支持新兴产业扩张。但在传统制造业板块中，投资者情绪系数全部不显著，说明投资者情绪对传统制造业的发展并没有显著影响。

表 5.11 的结果表明投资者情绪可以通过扩大一个行业的投资进而支持该行业扩张，但是这种影响在战略性新兴产业和传统制造业上并不一致。对战略性新兴产业，投资者情绪不仅对其投融资能力具有正影响，还能促进其劳动力质量的提高，而对传统制造业，并没有发现投资者情绪对

产业扩张、投融资和劳动力有影响。综上，投资者情绪对新兴产业具有经济资源的配置作用，新兴产业的投资者情绪越高，说明资本市场投资者对新兴产业存在高预期可以吸引社会资本、劳动力等资源向新兴产业倾斜，提高了新兴产业发展潜力和产业比重，实现产业结构升级。

上述结论与蔡红艳和阎庆民（2004）和陆蓉等（2017）的结论存在差异，特别是这些结论发现中国资本市场不能识别经济优势产业，资产价格高估导致资本流入落后产业等。这可能与样本选择或指标设计有关，比如陆蓉等（2017）构建了一个错误定价与产业效率偏离度指标定义低效率产业，划分较为笼统，而本节根据行业内容划分传统制造业，又难以精确识别一个产业中的低效率行业，结论都具有一定局限性。因此，本书将研究样本拓展到公司层面数据进行研究。

3. 内生性检验

一方面投资者情绪越高导致产业所占比重越大；反过来一个发展快速的产业也会提高资本市场投资者的盈利预期，提高行业情绪，投资者情绪和产业扩张之间可能存在内生性关系。这一节选取了卖空机制这一外生性冲击变量进行内生性识别研究，2010 年资本市场实行融资融券制度，越来越多的研究发现卖空机制的建立减少了投资者之间的信息不对称（李志生等，2015）、降低投资者的信念偏差（Baker & Wulger，2006）和过度反应（刘维奇和李林波，2018），且卖空机制的构建及标的证券的选择与市值、成交金额有关，不受产业结构的影响（陆蓉等，2017），因此卖空机制是一个可靠的工具变量。

过去研究中使用双重差分法和公司层面数据探究卖空机制的影响，但卖空机制如何影响行业层面的情绪并没有一个可靠的方法，本书基于融资融券五次扩容构建了一个行业卖空权重指标作为衡量卖空机制影响的工具变量，如式（5.8）所示，j 表示可卖空标的股，$MarketCap_{i,j,t}$ 表示 i 行业 j 上市公司在 t 季度末的股票市值，分子表示 t 季度末 i 行业可卖空的股票总市值，分母表示 t 季度末资本市场可卖空的股票总市值，$ShortWeight_{i,t}$ 表示 t 季度末 i 行业的卖空权重，卖空权重越大说明该行业受到卖空影响越大。研究方法使用两步最小二乘法，第一步分离卖空影响下投资者情绪，如式（5.9）所示，第二步使用第一步回归得到的投资者情绪，研究其对行业扩张的影响，如式（5.10）所示，控制变量选择了上一节使用的变量，并控制了时间固定效应和行业固定效应，表 5.12 给出了回归结果。

$$ShortWeight_{i,t} = \frac{\sum\limits_{j=1}^{n} MarketCap_{i,j,t}}{\sum\limits_{j=1}^{n} MarketCap_{j,t}} \tag{5.8}$$

$$Sent_{i,t} = \alpha + \beta_1 ShortWeight_{i,t} + \beta_i controls_{i,t} + \alpha_i + \gamma_t + \varepsilon_{i,t} \tag{5.9}$$

$$ISE_{i,t} = \alpha + \beta_1 \overline{Sent}_{i,t} + \beta_i controls_{i,t} + \alpha_i + \gamma_t + \varepsilon_{i,t} \tag{5.10}$$

表 5.12　　　　　　基于卖空机制的准自然实验（2SIS）回归结果

Panel A：第一步回归结果

	全样本	战略性新兴产业
因变量	Sent	Sent
ShortWeight	−1.487 *** （−3.92）	−10.489 *** （−17.71）
控制变量	Yes	Yes
固定效应	Yes	Yes

Panel B：第二步回归结果

	全样本			战略性新兴产业		
因变量	ISE	ICE	ILE	ISE	ICE	ILE
Sent	0.094 *** （3.65）	0.416 *** （6.05）	−1.069 （−1.52）	0.148 *** （16.30）	0.120 *** （2.72）	0.136 *** （3.53）
Equity	−0.006 ** （−2.44）	−0.270 *** （−4.88）	0.187 *** （2.91）	−0.114 *** （−10.23）	−0.366 *** （−6.75）	−0.153 *** （−4.65）
Debt	0.048 *** （3.35）	0.427 *** （8.98）	−0.503 （−1.27）	−0.018 （−1.60）	0.159 *** （2.98）	−0.103 *** （−2.63）
Soe	0.014 *** （2.99）	−0.261 *** （−5.26）	0.314 ** （2.51）	0.007 （0.75）	0.001 （0.00）	−0.242 *** （−7.15）
Fdi	−0.010 （−0.62）	0.787 *** （5.24）	−0.500 （−1.12）	−0.128 *** （−3.98）	−0.128 *** （−3.98）	0.066 （0.48）
R&D	0.001 （0.12）	−0.091 *** （−5.87）	0.010 （1.61）	−0.004 *** （−2.89）	0.001 （0.02）	0.012 ** （2.01）
M2	−0.007 （−1.38）	0.010 *** （4.92）	0.131 （0.92）	−0.012 （−1.14）	0.036 （0.69）	0.001 （1.11）

续表

Panel B：第二步回归结果

因变量	全样本			战略性新兴产业		
	ISE	*ICE*	*ILE*	*ISE*	*ICE*	*ILE*
Reve	0.004 *** (3.10)	0.001 (0.58)	−0.046 (−1.40)	0.006 *** (3.93)	−0.005 (−0.78)	−0.001 (−1.59)
_Cons	0.029 (0.59)	−0.348 *** (−9.13)	−0.550 (−0.40)	0.104 (0.95)	−0.551 (−1.04)	−0.085 *** (−3.95)
固定效应	Yes	Yes	Yes	Yes	Yes	Yes
$adj-R^2$	0.094	0.155	0.017	0.161	0.137	0.005
Hausman 统计量	140.95 (0.000)	112.21 (0.000)	118.87 (0.000)	147.33 (0.000)	3.68 (0.885)	9.57 (0.296)

Panel A 给出了第一步回归的结果，发现一个行业的卖空权重越对投资者情绪具有显著的负效应，全样本和战略性新兴产业板块中卖空权重的回归系数分别是 −1.487 和 −10.489，且全部在 1% 水平上显著，表明资本市场设立卖空限制后，一个行业的可卖空权重越高则该行业的投资者情绪越低。

Panel B 给出了第二步回归结果。前三列结果和表 5.11 相似，投资者情绪对产业扩张（*ISE*）和行业资本份额（*ICE*）的回归系数分别是 0.094 和 0.416，且全部在 1% 水平上显著，但对行业劳动力份额（*ISE*）的回归系数为负且不显著。另外，前三列的 *Hausman* 检验结果均从 1% 水平上拒绝了所有解释变量都是外生变量的原假设，确认了使用工具变量法的必要性。从后三列战略性新兴行业的结果发现，受卖空权重影响的投资者情绪对产业扩张（*ISE*）、行业资本份额（*ICE*）和行业劳动力份额（*ISE*）的回归系数全部为正且全部在 1% 水平上显著。

4. 公司层面的微观机理

在行业层面，投资者情绪支持产业结构升级依然有两个问题无法解释。首先，投资者情绪作为投资者对股票未来现金流（或价格）的一种预期偏差（即异质信念），这种投资者特征影响宏观经济的微观机理是什么？其次，上述划分不同产业的方法难以精确地识别传统制造业中更新换代的新兴企业或新兴产业中低效率的企业，是否存在研究瑕疵？接下来从上市公司层面探讨这两个问题，使用 74198 个公司—季度样本，将公司样本划分为战略新兴产业和传统产业，根据《战略性新兴产业分类（2018）》的国家标准与上市公司的主营业务进行对比，如果一个上市公司的主营业务被包含，则属于战略新兴产业板块，否则属于传统产业板块，最后得到 935 家传统产业公司和 38701 个公司—季度样本观察值，以及 1164 家新兴产业公司和 35497 个公司—季度样本观察值。因变量使用上市公司主营业务收入的季度同比增速（$\Delta Sale_{i,t}$）、未来一年增速（$\Delta Sale_{i,t+4}$）和未来两年增速（$\Delta Sale_{i,t+8}$），解释变量为滞后一期的行业情绪，表 5.13 给出了实证结果。

表 5.13　　　　　　投资者情绪支持产业结构升级的微观机理

	全样本			传统产业			战略新兴产业		
	$\Delta Sale_{i,t}$	$\Delta sale_{i,t-4}$	$\Delta sale_{i,t-8}$	$\Delta sale_{i,t}$	$\Delta sale_{i,t-4}$	$\Delta sale_{i,t-8}$	$\Delta sale_{i,t}$	$\Delta sale_{i,t-4}$	$\Delta sale_{i,t-8}$
Sent	3.130 (0.89)	15.754 * (1.76)	26.040 * (1.88)	3.552 (0.63)	17.635 (1.40)	25.68 (1.25)	1.360 (0.66)	21.847 * (1.73)	45.33 *** (2.73)
Pay	16.80 *** (519.2)	7.210 *** (87.71)	5.81 *** (45.83)	17.14 *** (403.15)	7.344 *** (76.93)	5.913 *** (37.94)	2.032 *** (27.86)	0.868 * (1.95)	−0.193 (−0.33)
Capital	0.075 *** (6.74)	0.858 *** (30.52)	1.09 *** (25.16)	0.063 *** (4.39)	0.851 *** (26.34)	1.077 *** (20.43)	4.254 *** (43.81)	5.08 *** (8.57)	10.440 *** (13.41)
Equity	0.003 (0.25)	0.019 (0.72)	0.026 (0.64)	−0.208 (−0.51)	−0.321 (−0.35)	−0.412 (−0.27)	0.001 (0.32)	0.006 (0.26)	0.004 (0.16)
Debt	−0.002 (−0.01)	−0.667 (−1.28)	−1.176 (−1.47)	0.745 (0.55)	1.184 (0.39)	1.523 (0.31)	−12.82 *** (−13.06)	−162.04 *** (−27.05)	−276.18 *** (−35.07)
R&D	−8.707 (−0.80)	−4.393 (−0.16)	−3.074 (−0.07)	−14.74 (−0.19)	−25.95 (−0.15)	−47.92 (−0.17)	−2.763 (−0.75)	−4.406 (−0.20)	−6.612 (−0.22)
_Cons	−9.472 (−1.40)	−9.644 (−0.56)	−21.98 (−0.83)	−7.860 (−0.70)	−8.378 (−0.33)	−18.071 (−0.44)	−1.708 (−0.47)	−19.772 (−0.90)	−46.801 (−1.62)
Obs.	74198	74198	74198	38701	38701	38701	35497	35497	35497
Firms	2099	2099	2099	935	935	935	1164	1164	1164
$adj - R^2$	0.786	0.090	0.013	0.810	0.141	0.029	0.105	0.025	0.041

结果发现，全样本、传统产业和战略新兴产业的季度同比增速（$\Delta Sale_{i,t}$）中回归系数全部不显著，说明在短期内投资者情绪对上市公司业务并没有

影响，资本市场和实体经济之间存在一个传导过程。全样本中未来一年增速（$\Delta Sale_{i,t+4}$）和未来两年增速（$\Delta Sale_{i,t+8}$）的回归系数分别是 15.754 和 26.040 且仅在 10% 水平上显著，说明行业情绪越高，上市公司的主营业务增长越快，在未来一年或更长时期内投资者情绪对上市公司的经营活动具有正效应，但显著性较差。传统产业样本中两个回归系数全部不显著，而战略新兴产业样本中未来一年增速（$\Delta Sale_{i,t+4}$）和未来两年增速（$\Delta Sale_{i,t+8}$）的回归系数是 21.847 和 45.33，且分别在 10% 和 1% 水平上显著，说明投资者情绪对传统产业上市公司并无影响，而对战略新兴产业公司的主营业务增长在未来一年和两年内具有正效应，这种正效应在越长时期内影响越大（21.847 < 45.33）且越显著（1.73 < 2.73）。

上述结果揭示了投资者情绪支持产业结构升级的微观机理，首先，资本市场投资者情绪促进实体经济的发展存在一个传导过程和时间，这种传导过程需要特别关注；其次，资本市场的投资者情绪通过促进上市公司在未来一年或更长时期内的收入增长，进而促进产业结构升级；最后，投资者情绪对新兴产业上市企业具有正效应，但对传统产业上市公司并没有影响，说明资本市场对落后产业和新兴产业具有识别能力，可以促进产业结构升级。

在 5.3 节研究了"投资者情绪—异质信念—投融资效应"的影响，结果发现资本市场的投资者情绪促进行业扩张，一个行业的投资者情绪越高，其产业扩张越快。高投资者情绪行业越容易吸引资本进入，促进行业的扩张能力。另外，针对战略新兴产业，由于我国股票市场的发展程度较差，投资者情绪通过向社会经济参与者传递一种"造富能力"的信号，吸引更多的资本和劳动力等资源向新兴产业集聚。

本节使用投资者情绪这一系统反映群体性投资者异质信念的指标拓展了异质信念的研究。另外，本书的研究对于当前中国产业结构升级具有启示作用。资本市场监管者需要"正视"投资者情绪的影响。新兴产业的投资者情绪较高，是我国经济发展到一定阶段倒逼产业结构升级的市场反应，对这种现象，资本市场监管者减少干预或者适度干预投资者非理性特征促进实体经济的稳定和发展。

5.4　本章小结

本章分别从不同的视角着重研究了异质信念对股票异象的影响机理，

侧面反映了中国股票市场异象产生机理的复杂性。

第一，使用融资融券制度这一外生事件实证探讨了"卖空限制—异质信念—股票市场过度反应"这一影响机制。结果发现，卖空机制降低了股票市场的持续性过度反应程度，在卖空机制存在时，悲观交易者和负面信息进入股票定价之中，此时市场上的乐观投资者和悲观投资者之间的异质信念逐渐降低，因此异质信念的降低可以提高股票定价效率的同时降低了持续性过度反应程度。本节的结果验证了卖空机制条件下异质信念对股票异象的影响，说明在卖空限制较为明显的中国股票市场中，异质信念理论依然有积极影响。

第二，借鉴发行市场的监管约束特征，研究了发审委控制和发行价格控制影响 IPO 异象的机理。在此基础上，本书使用证监会颁布的 15 项新股发行改革措施与承销法规通过手工挖掘的方式得到新股发行监管直接指标，以及发行市盈率约束和发审委通过比例等间接指标。研究发现，新股发行监管的市场化改革将降低股票市场的 IPO 异象，提高新股定价效率；特别是，监管制度改革对 IPO 定价的影响主要是通过异质信念这一渠道影响的。本书结果进一步证明了新股发行的市场化改革提高信息扩散，降低异质信念和 IPO 溢价，引导投资者的交易行为回归理性。反之发行改革是逆市场化时，限制承销商的定价权力，进一步加剧投资者的交易分歧，提高了 IPO 溢价。

第三，本书构建了一个"纯净的"投资者情绪变量，研究投资者情绪对产业扩张、资本份额和劳动力份额的影响。本书发现资本市场的投资者情绪促进行业扩张。特别是，投资者情绪通过提高行业的投融资能力促进产业扩张，高投资者情绪行业越容易吸引资本进入，提高行业的扩张能力。除微观渠道外，投资者情绪还会通过宏观渠道影响实体经济，尤其是对战略新兴产业。由于中国股票市场的发展程度较差，投资者情绪可以吸引经济资源向新兴产业集聚，促进新兴产业有更多更高质量的经济资源进入，优化资源配置，推动新兴产业快速发展。

综上所述，本章从卖空机制、监管约束和投资者情绪等角度进一步验证了异质信念解释股票异象的稳健性。一方面补充了前文一些涉及异质信念的理论假设但未给出实证证据的研究"缺陷"；另一方面关注中国股票市场特征后，对异质信念的形成机制和解释股票异象等提供了新视角。

第6章

结论与政策建议

6.1 主要结论

异质信念研究是当前行为金融学领域最为热门的议题之一。本书基于中国股票市场的特殊性以及国内外学者对异质信念的研究现状，将理论分析、建模推导和实证研究相结合，探讨了异质信念如何影响中国股票市场异象，本书得出了以下结论：

第一，本书构建了一个异质信念定价模型，提炼了异质信念可以解释股票异象的影响机制。基于理性预期均衡的研究框架，根据知情投资者和公开信息投资者的预期差异定义了一个新的投资者异质信念，从理论推导和数值模拟结果发现，异质信念由股票的基本价值、私人信息和公开信息的质量差异决定的，投资者异质信念反映了市场的噪声信息，且异质信念提高了均衡价格和流动性，但降低了交易成本、市场定价效率、资本成本。然后，引入信息披露成本发现不同条件下异质信念与投资者福利负相关，且如果提高公开信息的质量则可以提高整个市场的投资者福利。

从上述结论中提炼了异质信念影响股票异象的逻辑关系：异质信念越大导致股票价格的噪声信息越多，提高了市场摩擦水平并减低了市场定价效率，使得股票市场出现了市场摩擦异象；另外，上市公司信息披露的不完善使得所有投资者很难获取完整的真实的公司财务信息，异质信念越大使得股票价格越难完全反映上市公司的财务信息，出现了财务信息形成的股票异象。

第二，实证研究中，本书基于异质信念代理指标研究了异质信念和股票收益之间的关系。首先，使用换手率分离模型构建了一个异质信念代理指标，并使用投资组合法、Fama – MacBeth 回归实证验证异质信念与未来股票收益的关系。结果发现投资者异质信念对未来股票收益具有负的预测能力，投资者异质信念增加 1 单位，则未来一期的股票收益将减少 1 个基点。上述研究结论与其他文献的研究相一致，保证了本书构建的异质信念代理指标的一般性。进一步发现，异质信念指标在解释极端投资者情绪下的股票收益的显著优势，也说明了中国股票市场的暴涨暴跌可能是由投资者的非理性投机行为造成的，而且异质信念是一个反映投资者层面定价特征的重要因素。

第三，为了研究异质信念解释股票异象的能力，本书基于异质信念代理指标构建了一个包含市场因子（*MKT*）、规模因子（*SMB*）和信念因子（*FMG*）的 B – 3 因子定价模型，探讨投资者异质信念能否解释交易市场的股票异象。为了较为完整地刻画中国股票市场的定价异象，本书借鉴美国股票市场的异象构建方法，复制了市场摩擦类、动量反转类、价值成长类、投资类、盈利类和无形资产类 6 类 106 个交易市场股票异象，使用 CAPM、FF – 5 模型、CH – 3 模型和 B – 3 模型从调整的 *alpha* 值和 GRS 检验两方面进行检验。结果发现，无论是调整的 *alpha* 值的显著性还是 GRS 检验结果，B – 3 因子模型都要优于其他定价模型，说明异质信念对解释中国股票市场异象具有显著优势，也证明了异质信念是一个反映投资者层面定价特征的重要因素，但该因素在过去研究中被忽视了。

第四，本书检验了异质信念对发行市场异象的解释能力。基于中国新股发行市场的特殊性，本书使用事件研究法构建了 8 个 IPO 异象，并从换手率和分析师预测分歧的角度重新构建了两个异质信念代理指标。结果发现，投资者异质信念越高，IPO 首日收益和 IPO 短期连续收益越高，而 IPO 长期收益表现越差。另外，发行定价的市场化改革减少了异质信念对 IPO 异象的影响，而投资者情绪加剧了这种影响。该结果进一步验证了异质信念解释股票异象的影响逻辑，中国股票市场以“散户”为主的投资者结构，又面临新股的信息少、乐观信息占主导的特征，噪声信息成为新股交易的主要信息，造成了新股发行市场的 IPO 异象。

第五，基于中国股票市场上融资融券制度这一准自然实验，本书使用双重差分法（DID）研究了卖空限制下异质信念对持续性过度反应的影响。卖空限制的放开导致了持续性过度反应的下降，卖空机制使悲观交易者和负面信息进入股票定价之中，降低了投资者异质信念，提高股票定价效率的同时降低了持续性过度反应程度；但卖空机制的影响具有不对称性，在极端情绪条件下持续性过度反应程度并未下降，反而出现了显著上升，说明暴涨暴跌现象导致投资者越来越容易"情绪化"，暴涨时过度相信好消息而忽视坏消息，从而推进了股价的过度反应；暴跌时过度看重市场走势和坏消息而不相信好消息，助推了股票价格趋势。

第六，借鉴中国新股发行市场的监管约束特征，研究了监管约束、异质信念和 IPO 异象的影响机制。新股发行监管的市场化改革将降低股票市场的 IPO 异象，提高新股定价效率；监管制度改革对 IPO 定价的影响主要是通过异质信念这一渠道影响的，新股发行的市场化改革提高信息扩散，降低了市场上的价值不确定性和投资者的异质信念，引导投资者的交易行为回归理性，降低了 IPO 溢价。反之发行改革是逆市场化时，限制承销商的定价权力，提高了价值不确定性，加剧投资者的交易分歧，提高了 IPO 溢价。

第七，使用投资者情绪这一指标，研究了投资者情绪对产业扩张、资本份额和劳动力份额的影响。异质信念也是影响上市公司投融资行为的一个重要指标，上市公司高管通过投资者的估值分歧进而决定本身的融资数量和投资数量。使用投资者情绪表示这种群体性的异质信念特征实证发现，资本市场的投资者估值偏差促进行业扩张，一个行业的投资者错误估值越高，其产业扩张越快。另外，高投资者情绪行业越容易吸引资本进入，促进行业的扩张能力。由于中国股票市场的发展程度较差，投资者情绪可以吸引经济资源向新兴产业集聚，促进新兴产业有更多更高质量经济资源，推动新兴产业快速发展。

6.2　政策建议

伴随着改革开放的历史进程，中国股票市场从无到有、从小到大，实现了跨越式发展，发展速度之快、取得成果之显著，举世瞩目。当前，A 股上市公司达到 3500 余家，总市值达到约 49 万亿元，成为全球第二大市值的股票市场；从多层次资本市场体系的建设看，已建成了主板、中小板、创业板、新三板和科创板为核心的多层次多元化的股票市场体系。中国股票市场已成为推进企业直接融资、服务实体经济的重要一环。

但是，中国股票市场还存在一系列的问题，从中国股票市场的市场表现看，暴涨暴跌现象频繁，炒新现象和概念股炒作严重；从中国股票市的改革趋势看，一些深层次的结构性体制机制性问题还没有得到有效解决，监管制度上，中国股票市场上监管机构的控制严格、市场干预和微观操作频繁、法律法规建设薄弱、执法不严；投资者结构上，投资者的"散户市"特征、以中小投资者为主的投资者结构；信息披露制度上，公开信息质量较差，内幕交易和谣言成为股市健康发展的"拦路虎"，信息披露制度不完善突出；投资者质量上，投资者的知识水平、风险意识等还有待进一步提升。因此，本节分别从政府监管、上市公司和投资者教育三部分提出相应的政策建议。

6.2.1 对政府监管的建议

监管制度问题是导致中国股票市场问题频出的主要因素。探索出一条既遵循成熟市场惯例、又符合我国发展阶段特征的资本市场监管之路，是当前监管改革的重要任务。围绕本文的研究结论，对政府监管的政策建议主要从三个方面阐述：政府监管的方法、信息披露机制及监管和发行市场制度建设。

1. 改进监管机构的监管方法

在常规的市场监管措施上，证监会及沪深交易所通常关注市场流动性、股票波动率等传统指标，当发生重大流动性危机或巨大价格波动时，监管机构才依据这些指标的强弱实施监管。比如2015年股市暴跌时，证监会仅在意识到市场流动性枯竭且出现较大下跌波动时，政府的救市资金才匆匆进入市场"救市"，但是连续数日的救市并未见成效，最后只能被迫"允许"超过一半的股票停牌，公安部门的强势介入才使得股票市场稍有起色。虽然流动性、波动率等指标在监管中存在一定的积极意义，但其在股票市场上的滞后性大大拖延了监管机构的监管时机、降低了监管效果，所以单纯依靠这些指标并不能很好地实施监管。

本书建议如果在监管中引入投资者异质信念指标可以提高监管机构的监管效果。本书的第3章发现异质信念是一个先行指标，是影响股票市场波动的重要因素，更重要的是，当前的技术水平和市场条件已经为这种监管措施提供了一个合适的时机。因此，在监管机构的监管过程中，可以建立投资者信心实时调查系统，构建针对投资者的异质信念指数，进一步把投资者的决策心理作为决定监管时机的指标，变"被动救市"为"防微杜渐"，进一步提高监管机构的监管效率和监管效果。所以，监管机构可以考虑把投资者异质信念纳入监管观测指标。另外，在证券市场制度设计和政策出台的过程中，要充分考虑政策出台后对投资者信念的影响，维护股票市场的稳定性。

2. 完善股票市场的信息披露机制

本书发现信息是资产定价的基础，真实、准确、完整、及时的股票信息是股票市场健康发展的前提。但在中国股票市场上，信息披露存在的问题一直是导致股票市场定价效率不高、暴涨暴跌频发、投资者权益得不到保护的诱因。本书在第3章中对异质信念的形成过程进行了研究，发现信息披露对股票定价和投资者福利具有显著影响，因此完善信息披露机制对中国股票市场的健康发展不容忽视。本节结合研究结论和当前中国股票市场的发展程度，分别从信息披露评价体系、信息披露渠道、信息中介建设、信息披露违法惩罚力度四个角度展开。

第一，构建完善的信息披露评价体系。信息披露评价体系中增加多项量化考核指标，除信息披露的具体财务指标外，还需要包括上市公司信息披露的诚信指标、上市公司信息披露的合规指标、上市公司信息披露的规范运作水平等。将信息披露评价体系与再融资、股权激励、并购重组等准许事项挂钩，并和公司的诚信记录、未来发展事项相联系，提高信息披露评价体系的影响力。

第二，构建便捷的信息披露渠道。中国股票市场上，"小道"信息、劣质信息和虚假信息广泛传播，真实准确的股票信息成为一种"稀缺资源"。因此，必须疏通信息传播渠道，增加信息透明度，提高信息传导效率，保证信息的真实性和准确性。特别是在信息互联网时代，充分体现移动互联的优势，用好微博、朋友圈、微信公众号以及抖音等这类"上市公司—投资者"的信息直通渠道，开拓更多更便捷的信息披露渠道。

第三，提高信息中介的市场比重。提高卖方分析师、机构投资者和注册会计师等信息中介在信息传播机制中的影响，通过制度激励、社会培训等方式大力提高卖方分析师的信息水平，降低信息传播的制度成本，严格惩罚信息中介的违法违规行为；继续完善以机构投资者为主的卖空机制，提高融资融券标的股数量的覆盖比例、推进个股期权交易制度改革、提高机构投资者的参与程度，进一步降低股票市场的信息不对称。

第四，提高信息披露违法惩罚力度。把提高信息披露违法惩罚力度当作提升信息披露效果的"最后一道防火墙"，持续加强监管执法力度，将信息披露与内幕交易、操纵市场、欺诈发行、利益输送等违法违规行为联合查办，将信息披露质量指标与再融资、兼并重组等事项挂钩，实行"一票否决制"，做出立体式、综合性的调查处理。另外，提高信息披露和监管责任人的监督意识，相关责任人的勤勉尽责核查工作能有效降低上市公司财务欺诈行为的发生概率。探索举报有奖制度、金融大数据技术在打击内幕交易和市场谣言方面的作用，积极探索对违规者实施巨额惩罚性罚款的制度。

另外，提高针对股票交易领域的立法水平，加大立法中的处罚力度，建立健全处罚程序，并妥善解决证券监管行政处罚与刑事处罚适用衔接问题，完善证券领域的法律法规建设。

3. 完善发行市场的制度建设

本书在第 4 章和第 5 章探讨了异质信念与 IPO 异象的关系，结果发现发行市场制度约束是影响投资者异质信念和 IPO 异象的一个重要因素。完善的新股发行市场制度不仅有利于中国股票市场的稳定发展，更是服务实体经济的要求。本书认为可以监管机构可以从发行市场改革目标和改革时间表的确定、中国特色的 IPO 制度设计和完善新股发行事后监督体系三个部分进行制度改革。

第一，坚持市场化的改革目标，合理制定改革时间表。自中国股市建立以来，以监管为核心的新股发行市场一直困扰着实体经济直接融资和 IPO 定价。监管约束下新股供给和发行价格显著下降，导致的 IPO 高溢价扭曲了发行市场的定价效率。IPO 的目标是融资，适度 IPO 溢价带来的"赚钱效应"可以吸引投资者兴趣，提高发行成功率。因此，改革目标上，坚持市场化的改革目标，将监管机构对新股的"事前控制，事中干预"（核准制）转变"事后监督"（注册制），并将新股发行改革与推进新股信息披露、培育合格承销商相结合；改革时间上，发行市场改革的时机可以参考投资者异质信念，选择在高投资者异质信念时进行改革而非低异质信念，可以有效降低 IPO 破发概率。

第二，坚持中国特色的 IPO 制度设计。中国新股发行市场上一直存在一个恶性循环：发行控制—"堰塞湖效应"和 IPO 高溢价—增加 IPO 数量—二级市场的"抽血效应"—指数下行—发行控制。在这种恶性循环下，监管机构的监管约束刺激了投资者的申购"赌性"和二级市场"抽血效应"。因此，制度设计上，构建多层次资本市场，可以针对新兴产业、传统产业和中小企业分别建立多板块、多层次的资本市场体系，实行分割管理和严格的板块投资者准入制度，适当避免新股炒作和投资者投机行为；改革流程上，需要注重改革过程的渐进性，渐进式改革是中国资本市场的发展经验，在推行注册制过程中实施渐进式改革可以减少注册制的不利影响，比如注册制之初依旧实行证监会对发行市盈率的窗口指导。

第三，完善新股发行事后监督体系。注册制的推行使得定价和信息披露权力过渡到发行人和承销商，但是当前监管机构对发行违规事件的处罚力度小、缺乏威慑性，导致发行人和承销商操纵 IPO 盈余管理的机会大大提高。因此，完善注册制下证券领域的法律法规建设，建立证监会的事后监督体系，使得监管机构的监管行为和处罚力度做到有法可依；注重券商和机构投资者的合规建设，并对券商和机构投资者的违法违规行为实施市场准入的一票否决制，提高对券商和机构投资者的监督力度。

6.2.2　对上市公司的建议

对股票市场而言，上市公司是信息披露的主体、是直接融资的主体、是股利发放的主体、是市值管理的主体。上市公司建设与股票市场的健康发展息息相关。基于本文的研究结论，围绕上市公司的发展，主要从融资时机的选择、信息披露内部机制等视角提出政策建议。

1. 选择合适的时机进行融资

第 3 章的结论发现异质信念越大提高了均衡价格和流动性，而越高的股票价格越可以提高上市公司的融资额度并降低融资成本，高流动性可以提高直接融资的成功概率。因此，上市公司可以把异质信念作为直接融资的一个检测指标。本节从 IPO 时机选择和公开增发时机的选择两个视角提出建议。

第一，IPO 时机选择。拟上市企业 IPO 的目的是直接融资，为了提高 IPO 的成功概率，降低 IPO 破发的可能性，拟上市企业应该积极关注股票市场以及相关行业的投资者异质信念程度。前文提到过监管机构应该建立投资者信心实时调查系统，构建针对投资者的异质信念指数，发行人和承销商可以把异质信念指标作为选择 IPO 时机的主要指标，将监管政策、投资者异质信念和企业发展实际结合起来，选择合适的时间上市。

第二，公开增发时机的选择。公开增发是另一种直接融资方式，相较于 IPO，上市公司的管理层积极关注公司股价表现，把投资者的异质信念作为企业再融资和扩大生产的选择指标；上市公司也可以适当调节信息披露，提高股票市场的投资者异质信念，为企业再融资创造机会。

2. 建立上市公司的信息披露机制

上一节从监管的角度探讨了股票市场构建信息披露机制的可能性，本节从上市公司的角度研究如何在上市公司内部构建信息披露机制，这种机制主要从信息披露渠道的畅通和信息披露内控机制的构建两部分进行拓展。

第一，构建畅通的信息披露渠道。在互联网信息时代，信息披露渠道陈旧、投资者获得信息不及时、谣言"满天飞"现象普遍发生。因此上市公司应该适应互联网信息时代的信息披露特征，积极拓展信息披露渠道，拓展微博、朋友圈、微信公众号这类直通投资者的媒体渠道作为信息披露渠道。

第二，构建信息披露的内控机制。上市公司在年报中专列有关内控和风险管理的章节，对策略风险、运营风险、金融风险和合规风险等方面进行较为深入的披露，不允许模板式的汇报；对于特殊性风险进行特别披露，比如涉及环境问题、有退市风险、陷入控制权斗争等保证企业各项活动置于政府和社会公众的监督之下；探索信息违规的有奖举报机制，重奖举报内幕交易的举报者，提高监督的有效性，保护举报人的合法权益；定期对公司董事、高管以及其他相关人员作为潜在内幕信息获得者进行信息披露合规培训。

6.2.3　对投资者的建议

投资者是股票交易的主体，受限于投资者的多样性和复杂性，本书的相关结论很难对不同投资者给出有效的对策建议。但是，本书结论发现导致中国股票市场上投资者异质信念影响显著的一个重要原因是以散户占主导的投资者结构。因此，改善和优化投资者结构一直就是中国资本市场改革发展的主要任务。本节结合本文结论建议从培育机构投资者、维护中小投资者合法权益等方面进行制度改革。

1. 大力培育机构投资者

机构投资者包括公募基金、私募基金、证券机构、保险机构、社保基金、信托机构、境内其他机构（期货公司资管、财务公司、银行等）以及境外机构投资者。

机构投资者的资金优势、信息优势和高超的投资水平使得机构投资者成为抚平市场波动、稳定市场发展、防止暴涨暴跌的"压仓石"。基于异质信念的影响发现，机构投资者很容易在价格预期上形成一致，可以降低异质信念并减弱其对股票市场波动的影响。

制度激励上，通过制度设计完善机构投资者的发展环境，扩大机构投资者的规模，继续通过"扩大市场准入"的方式提高商业保险、社会保险、企业年金等在资本市场的投资占比，发展多元化的资产管理机构；税费调节上，通过税收减免、退税和政府补助等方式向进行价值投资的机构投资者减税，通过调节证券公司的印花税和管理费用等增加短线投机者的税负；市场制度设计上，当前中国多层次资本市场体系形成了以主板、中小板、创业板、科创板为主的场内市场，形成了以新三板市场以及区域股权市场为主的场外市场。可以在不同层次的市场间设立差异化的投资者准入制度，比如在创业板、科创板、新三板和区域股权市场上把提高机构投资者参与比重作为合格投资者准入制度的主要条件，最终建立起以机构投资者的为主体的投资者结构。

2. 保护中小投资者权益

中小投资者作为中国股票市场上不可忽视的一部分，维护中小投资者权益既是维护股票市场稳定、提升股票市场价格发现能的重要组成部分，更是维护社会公平正义、防范系统性金融风险发生的重要一环。可以从中小投资者知情权和参与权、投资者教育等方面着手。

从中小投资者知情权和参与权上，维护中小投资者的知情权，除了改善信息披露制度外，积极探索高管直通中小投资者的沟通渠道，创造上市公司—中小投资者之间的信息了解通道，鼓励中小投资者参与上市公司重大事项决策。从投资者教育上，加强投资者对金融理论、股票投资等书籍的学习，督促其不断积累和丰富自身的经验，尽可能降低个人预期的变动幅度，积极倡导理性健康的投资文化。

中小投资者应重视自身教育，培养理性健康的投资文化。对于缺乏信息获取能力和投资能力的中小投资者而言，应该积极学习相关专业的知识，包括金融知识、行业知识等，了解股票市场的运作机制、市场风险水平、上市公司特征等，强化价值投资、理性投资，避免羊群效应和追涨杀跌。

另外，中小投资者要提高风险防范意识，在暴涨暴跌情形下以一颗冷静从容的心态对待股票市场涨跌，避免投资者情绪的蔓延和放大。此外，投资者也应积极参与信心指数问卷调查并关注调查结果，在期末进行思考与总结，不断修正期初预期偏差，减少异质信念提高收益水平。

3. 建立以异质信念为基础的投资策略

本书发现异质信念具有股票收益预测能力并能解释股票异象，因此以异质信念为基础的投资策略可能促进机构投资者的投资获利。因此，在中国股票市场上，投资者结构和投资者情绪的特殊性使得构建一个异质信念动量交易策略进行投资具有一定优势。

附　　录

附录 A：异质信念与 IPO 异象的理论模型

在对新股发行市场的严格监管下，隐性的发行市盈率指导、发审委管制、冗长的审核时间等使得中国 IPO 异象远远高于交易市场的异象。而且发行市场异象的形成并不能反映截面特征，严格的监管导致 IPO 数量大大减小。如何使用理论模型解释异质信念与股票异象的关系，是本节试图完成的工作。

本节根据中国新股发行市场特征，借鉴第 3 章的理性预期均衡模型，构建了一个基于信息不对称和非理性偏差的三期资产定价模型。我国股票市场的新股上市由两个阶段组成，第一阶段通过证券监管机构（发审委）的发行核准，并询价确定发行价格，进而由投资者进行申购；第二阶段是上市交易，由二级市场交易者确定 IPO 首日价格。中国股票市场的 IPO 定价过程如图 A1.1 所示。

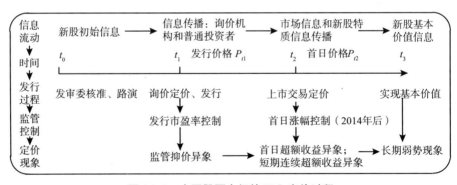

图 A1.1　中国股票市场的 IPO 定价过程

第一阶段（询价阶段）的发行价。第一阶段（$t_1 - t_2$），是新股通过发审委核准并通过询价机制确定发行价格的过程，这一阶段包括路演和询价机构定价，其中 IPO 定价目标是确定发行价格 P_{t1}。该价格的确定过程不需要通过投资者之间交易至市场出清得到，而是由询价投资者、发行人和监管机构的政策约束共同决定。

首先，发行价格受到公司基本价值的制约，且受到发行人信息流动效率的影响，假设新股基本价值由 v 表示，如果询价投资者完全了解新股基本价值，不存在发行人（包括承销商）和询价投资者之间的信息不对称，则 $P_{t1} = v$，如果存在信息不对称，询价投资者高估未知的新股基本价值，则 $P_{t1} > v$，反之低估新股基本信息则 $P_{t1} < v$。询价投资者"高估和低估"行为受到发行人（包括承销商）信息传播效率的影响，为了增加新股发行的成功率，发行人和承销商之间可以通过"压价的共谋行为"降低发行价格预期，导致询价投资者低估新股基本价值，产生"发行抑价"现象，如式（A.1）所示。

$$P_{t1}\begin{cases} >v，信息不对称且询价投资者高估时；\\ =v，信息完全；\\ <v，信息不对称且询价投资者低估时（"发行抑价"现象）\end{cases}$$

(A.1)

其次，发行价格受到监管机构的政策控制。长期以来，监管机构通过控制发行市盈率干预发行价格，比如直接固定发行价格和市盈率，或者规定发行市盈率波动区间、发行价格与行业市盈率的关系等。例如，田（Tian，2011）发现政府干预的监管行为导致新股发行抑价，即新股存在被动的"监管抑价"现象。假设"发行抑价"和"监管抑价"现象导致的抑价率为 $\overline{\pi}$（$0 < \overline{\pi} < 1$），因此得到发行价格与新股基本价值的关系如式（A.2）所示。

$$P_{t1} = \overline{\pi} \times v \qquad (A.2)$$

第二阶段（首日交易阶段）的 IPO 定价。第二阶段（$t_2 - t_3$），是上市交易的阶段，这一阶段的定价目标是确定首日价格（或短期交易价格）P_{t2}。假设公司基本价值 v，$v \sim N(\overline{v}, 1/\rho_v)$。新股在投资者之间存在着明显的信息不对称：一般投资者很难获取真实全面的信息，除承销商及少数知情交易者外，其他投资者只能获取"路演"信息且受市场情绪、高收益期望等影响而过度交易，本书把可以获得新股基本价值信息的交易者称为知情交易者，其他交易者称为噪声交易者，假设两类交易者市场占比为 μ 和 $1 - \mu$。

知情投资者获得知情信息 $\tilde{s}_l$，包括股票基本价值 v：$\tilde{s}_l = v + \tilde{\varepsilon}_l$，$\tilde{\varepsilon}_l \sim$

$N(\bar{v}, 1/\rho_{\varepsilon})$，其中 v 和 $\tilde{\varepsilon}_I$ 相互独立，且 $\rho_{\varepsilon}>0$。由于中国 A 股市场缺乏做市商制度，新股上市首日的流动性较差，因此知情交易者权衡新股价格 P_{t2} 和新股基本价值 v 决定是否进行交易，如果 $v>P_{t2}$，知情投资者选择交易，其市场需求为 x_I，如果 $v<P_{t2}$ 则不交易，因此知情投资者的需求如式（A.3）所示。

$$x_I = \begin{cases} x_I, & \text{当 } v>P_{t2}; \\ 0, & \text{当 } v<P_{t2} \end{cases} \quad (A.3)$$

噪声投资者无法获取新股未来价值 v，通过噪声信息 $\tilde{\varepsilon}_I$ 进行交易，其需求为 x_N。由于新股首日收益较高，噪声交易者显著受到高收益期望的影响，因此其需求由噪声信息和非理性期望偏差引起。非理性偏差是指噪声投资者认为购买越多的新股在未来可以获得越多的超额收益，假设该非理性偏差为 κ，得到噪声投资者的需求如式（A.4）所示。

$$x_N^{bias} = (1+\kappa)x_N \quad (A.4)$$

假设投资者的投资效益服从均值—方差效用函数，风险厌恶系数为 α。由贝叶斯定理得到两者的最优需求，如式（A.5）和式（A.6）所示。

$$x_I = \frac{\rho_{\varepsilon}\tilde{s}_I + \rho_v v - P_{t2}(\rho_{\varepsilon}+\rho_v)}{\alpha} \quad (A.5)$$

$$x_N = \frac{\rho_{\varepsilon}\tilde{\varepsilon}_I - P_{t2}\rho_{\varepsilon}}{\alpha} \quad (A.6)$$

按照我国新股发行制度，上市首日不能卖空、网下配售股票和原股东限售股不能上市交易，缺乏做市商制度，因此假设市场供给为 S，表示股票上市首日中签投资者的卖出意愿，现实中这些投资者存在"惜售"行为，因此 S 是一个非常小的供给量。最终得到市场出清条件如式（A.7）、式（A.8）所示。

$$\mu x_I + (1-\mu)(1+\kappa)x_N = S, \text{ 当 } v>P_{t2} \quad (A.7)$$

$$(1+\kappa)x_N = S, \text{ 当 } v<P_{t2} \quad (A.8)$$

从式（A.8）看，市场出清取决于新股基本价值 v 和首日价格 P_{t2} 之间的关系，为了简化这种关系本书定义了事件概率 b，当 $v>P_{t2}$ 时，事件发生的概率为 b，反之当 $v<P_{t2}$ 时，概率为 $1-b$。中国股票市场的发行制度、询价制度、新购申购制度和首日股票价格形成机制等对交易者存在严格的限制，使新股申购逐渐成为一种"买彩票"行为，因此该事件概率也可以衡量投资者非理性特征。进一步地，市场出清条件可以简化为如式（A.9）所示，将上式的交易量代入得到均衡价格如式（A.10）所示。

$$b\mu x_I + (1-\mu)(1+\kappa)x_N = S \tag{A.9}$$

$$P_{t2} = P_0 + P_v \times v + P_\varepsilon \times \tilde{\varepsilon}_I \tag{A.10}$$

$$P_0 = \frac{-\alpha S}{(1-\mu)(1+\kappa)\rho_\varepsilon + b\mu(\rho_v + \rho_\varepsilon)}$$

$$P_v = \frac{b\mu(\rho_v + \rho_\varepsilon)}{(1-\mu)(1+\kappa)\rho_\varepsilon + b\mu(\rho_v + \rho_\varepsilon)}$$

$$P_\varepsilon = \frac{\rho_\varepsilon[b\mu + (1-\mu)(1+\kappa)]}{(1-\mu)(1+\kappa)\rho_\varepsilon + b\mu(\rho_v + \rho_\varepsilon)}$$

均衡价格由三部分组成：第一部分为供给约束 S 和交易者风险厌恶 α；第二部分是新股基本价值 v 的影响；第三部分是噪声信息 $\tilde{\varepsilon}_I$ 的影响。

新股首日收益使用 $E(P_{t2} - P_{t1})$ 表示，即首日价格的收盘价减去发行价，如式（A.11）所示。

$$E(P_{t2} - P_{t1}) = E(P_0 + P_\varepsilon \times \tilde{\varepsilon}_I + (P_v - \overline{\pi}) \times v)$$

$$= \frac{(1-\overline{\pi})b\mu(\rho_v + \rho_\varepsilon) - \overline{\pi}(1-\mu)(1+\kappa)\rho_\varepsilon}{(1-\mu)(1+\kappa)\rho_\varepsilon + b\mu(\rho_v + \rho_\varepsilon)}\overline{v} \tag{A.11}$$

第三阶段（长期表现）的 IPO 定价。长期内随着新股信息的不断传播，投资者信念逐渐回归理性，价格为新股基本价值 v。

从上述理论模型以及股市实践看，中国股票市场的 IPO 首日高溢价、长期表现弱势现象受到了多方面因素的影响，包括发行市场的政策控制、新股发行的信息不对称、投资者非理性行为等，且这几种因素相互交织、互相影响，进一步推高了中国股票市场的 IPO 异象。

询价机制为知情投资者（如获得询价机会的机构投资者以及发行人、承销商等）提供了识别新股基本价值的机会，如果询价机制有效投资者可以通过交易使均衡价格等于基本价值，不存在 IPO 抑价；股票申购制度为散户在一级市场交易提供了机会，但是通过"低中签率"现象导致中小投资者在交易中出现严重的"彩票效应"和"羊群效应"，吸引未申购成功的和旁观的噪声投资者进入二级市场中，导致 IPO 首日高溢价。

信息不对称、异质信念与 IPO 首日收益。新股发行过程中的信息不对称是指不同市场投资者获取的信息内容存在差异，新股对普通投资者而言是信息"黑箱"，其特殊性使信息不对称现象较为严重。例如，发行人、承销商和询价投资者作为知情投资者，可以得到新股内在价值信息；而普通投资者并不了解新股，其申购目的主要受到短期高收益期望及市场情绪驱使，而非新股的长期表现。这种差异导致知情投资者可以掌握信息披露时机、卖出时机等，进而影响市场价格和持有收益。

本节使用知情投资者（$\tilde{s}_l = v + \tilde{\varepsilon}_l$）和噪声投资者（$\tilde{\varepsilon}_l$）的信息差异表示两者的信息不对称，这种信息不对称主要是指投资者是否能获取到新股基本价值信息 v。信息不对称程度越大，投资者对新股的估值分歧越大，把这种由信息不对称引起的估值分歧称为投资者异质信念。通过理论推导和数值模拟发现异质信念和新股首日收益的关系如式（A.12）所示。

$$0 < \overline{\pi} < \frac{1}{2} \text{时，} \frac{\partial E(P_{t2} - P_{t1})}{\partial v} > 0$$

$$\frac{1}{2} < \overline{\pi} < 0 \text{ 时，} \frac{\partial E(P_{t2} - P_{t1})}{\partial v} < 0 \qquad (A.12)$$

通过式（A.12）发现，新股的估值分歧 v（投资者异质信念）与首日收益受到监管抑价的影响，如果监管较为严格（$\overline{\pi}$ 较小时），异质信念与首日收益为正向关系，即信息不对称程度越大，投资者异质信念越高，市场价格和收益越高。另外，宽松的监管控制（$\overline{\pi}$ 较大时）可能造成负首日收益现象也得到实践的支持。2009～2012 年证监会为推行新股发行改革，放宽了 IPO 首日价格的市盈率指导，客观上降低了 IPO 监管抑价，导致大量新股破发。

从中国新股发行市场看，长期内 IPO 监管较为严格，信息不对称导致了对新股估值过高，产生了 IPO 首日高溢价现象；发行制度也限制了错误估值的修正，核准制导致市场 IPO 公司数量太少，投资者之间存在过度竞争，只有报一个相对较高的价格，才能在与其他投资者的竞争中获得优势，进一步推高了 IPO 的高溢价。因此，在存在严格 IPO 监管条件下，信息不对称造成的异质信念对 IPO 首日收益具有正效应，异质信念越高，IPO 首日收益越高。

非理性偏差、异质信念和 IPO 收益。我国股市的个人投资者较多，非理性投机心理较为严重，噪声投资者在上市首日交易中存在异质信念偏差，κ 越大，异质信念偏差越大，把这种由非理性偏差引起的估值分歧称之为投资者异质信念，新股首日收益与异质信念（非理性偏差）的关系如式（A.13）所示。

$$\frac{\partial E(P_{t2} - P_{t1})}{\partial \kappa} > 0 \qquad (A.13)$$

因此，投资者异质信念越大，新股首日收益越大。从股市现状看，投机行为严重、散户占据主导地位、新股缺乏做空机制等特征使得新股交易中非理性交易行为较为频繁，导致投资者异质信念促进了 IPO 高溢价现象。所以，投资者非理性偏差造成的异质信念对 IPO 首日收益具有正效应，异质信念越大，IPO 首日收益越高。

附录 B：股票异象构建

异象指标的构建方法见 B1 ~ B6；另外，根据股票市场数据和上市公司财务数据的差异，使用两种方法构建异象收益：

方法 1：涉及股票市场数据的异象收益构建，包括 26 个市场摩擦类异象、前 11 个动量反转类异象、上市公司年龄异象，在每个月（t）的月初，按照所有股票上个月（$t-1$）异象指标的十分位点分为 10 组，其中，最小 10% 的股票在第一组（Low），最大 10% 的股票在第十组（High）。然后计算当月（t）的各组的加权/等权重的股票组合的月末收益率，并将第十组（High）与第一组（Low）收益率之差定义为 t 月的异象收益率，以此类推，得到样本期内所有月份的异象收益率。

方法 2：涉及上市公司财务数据的异象收益构建，包括 B2.12 到 B2.17 的动量反转类异象、价值成长类异象、投资类异象、盈利类异象、无形资产类异象；首先根据上市公司财务报表的时间进行对应的数据填充，其中 t 年的一季度报表填充到 t 年的 1、2、3 月，半年报填充到 t 年的 4、5、6 月，三季度报表填充到 t 年的 7、8、9 月，年报填充到 t 年的 10、11、12 月。为了保证在计算异象收益时数据的可获得性，借鉴侯等（Hou et al.，2018）的计算方法，在每个月（t）的月初，按照所有股票前四个月（$t-4$）的异象指标的十分位点分为 10 组。然后计算当月（t）的各组的加权/等权重的股票组合的月末收益率，并将第十组（High）与第一组（Low）收益率之差定义为 t 月的异象收益率，以此类推，得到样本期内所有月份的异象收益率。

B1　市场摩擦类异象（26）

B1.1 规模（*Size*）：参考班斯（Banz，1981）的计算方法，使用每只样本股票的对数化流通市值表示。在每个月（t）的月初，按照所有股票上个月（$t-1$）的对数化流通市值的十分位点分为 10 组，其中，流通市值最小的 10% 的股票在第一组（Low），流通市值最大的 10% 的股票在第十组（High）。然后计算当月（t）的各组的加权/等权重的股票组合的月收益率，并将第十组（High）与第一组（Low）收益率之差定义为 t 月的异象收益率，以此类推，得到样本期内所有月份的异象收益率。

B1.2 行业调整后规模（*IA Size*）：根据阿斯尼斯、波特、史蒂文斯（Asness，Porter & Stevens，2010）的构建方法，参考李林波和刘维奇（2019）的行业分类方法划分为 78 个行业，将每只股票的流通市值减去其所在行业所有股票流通市值的均值，作为行业调整后规模 *IA Size* 的异象指标。在每个月（t）的月初，按照所有股票上个月（$t-1$）的 *IA Size* 异象指标的十分位点分为 10 组（最小的 10% 的股票在最低组（Low），最大的 10% 的股票在最高组（High））。然后计算当月（t 月）末的各组的等权股票组合的月收益率，并将第十组（High）与第一组（Low）收益率之差定义为 t 月的异象收益，以此类推，得到样本期内所有月份的异象收益率。

B1.3 日度波动率（*vold*）：参考安德鲁等（Ang et al.，2010）和李斌、邵新月和李玥阳（2019）的计算方式，日度波动率异象指标使用当月月内个股日收益率的标准差表示，在计算样本中剔除了少于 10 个交易日的股票样本。在每个月（t）的月初，按照所有股票上个月（$t-1$）的日度波动率异象指标的十分位点分为 10 组，其中，异象指标最小的 10% 的股票在第一组（Low），异象指标最大的 10% 的股票在第十组（High）。然后计算当月（t）月末的各组的加权/等权重的股票组合的月收益率，并将第十组（High）与第一组（Low）收益率之差定义为 t 月的日度波动率异象收益率，以此类推，得到样本期内所有月份的异象收益率。

B1.4 月度波动率（*volm*）：参考日度波动率的计算方式，使用 t 月过去 36 个月月收益率的标准差表示月度波动率的异象指标。在每个月（t）的月初，按照所有股票上个月（$t-1$）的月度波动率异象指标的十分位点分为 10 组，其中，异象指标最小的 10% 的股票在第一组（Low），异象指标最大的 10% 的股票在第十组（High）。然后计算当月（t）月末的各组的加权/等权重的股票组合的月收益率，并将第十组（High）与第一组（Low）收益率之差定义为 t 月的月度波动率异象收益，以此类推，得到样本期内所有月份的异象收益。

B1.5 日度收益偏度（*skewd*）：参考阿马亚等（Amaya et al.，2015）的偏态构建方法为 t 月的偏态为 $t-12$ 月末到 t 月末的股票日收益率的偏态，且至少有 120 个日收益率。在每个月（t）的月初，按照所有股票上个月（$t-1$）的日度收益偏度指标的十分位点分为 10 组（最小的 10% 的股票在最低组（Low），最大的 10% 的股票在最高组（High））。然后计算当月（t 月）末的各组的等权股票组合的月收益率，并将第十组（High）与第一组（Low）收益率之差定义为 t 月的异象收益，以此类推，得到样本期内所有月份的异象收益率。

B1.6 月度收益偏度（*skewm*）：参考日度收益偏度的计算方式，使用 t 月过去 36 个月月收益率的偏态表示月度收益偏度的异象指标。在每个月（t）的月初，按照所有股票上个月（$t-1$）的月度收益偏度异象指标的十分位点分为 10 组，其中，异象指标最小的 10% 的股票在第一组（Low），异象指标最大的 10% 的股票在第十组（High）。然后计算当月（t）月末的各组的加权/等权重的股票组合的月收益率，并将第十组（High）与第一组（Low）收益率之差定义为 t 月的月度波动率异象收益，以此类推，得到样本期内所有月份的异象收益。

B1.7 共同偏度（*coskew*）：参考哈维和西迪基（Harvey & Siddique，1999）的共同偏态指标构建方式，对 $t-11$ 月初到 t 月末至少包含 120 个交易日数据的个股日收益率以及等权重市场投资组合数据进行回归，其中市场投资组合收益率平方的系数，*Coskew* 即为 t 期共同偏态指标，其中市场投资组合为上证 A 股所有股票。

$$r_{i,t} = \alpha_i + \beta_i \times r_{m,t} + coskew \times r_{m,t}^2 + \varepsilon_{i,t}$$

在每个月（t）的月初，按照所有股票上个月（$t-1$）的共同偏度指标的十分位点分为 10 组（最小的 10% 的股票在最低组（Low），最大的 10% 的股票在最高组（High））。然后计算当月（t 月）末的各组的等权股票组合的月收益率，并将第十组（High）与第一组（Low）收益率之差定义为 t 月的异象收益，以此类推，得到样本期内所有月份的异象收益率。

B1.8 日度换手率（*Turnd*）：参照高和瑞特（Gao & Ritter，2010）的计算方式，使用过去六个月内日换手率的平均值表示 *Turnd* 的异象指标。在每个月（t）的月初，按照所有股票上个月（$t-1$）的日度换手率指标的十分位点分为 10 组（最小的 10% 的股票在最低组（Low），最大的 10% 的股票在最高组（High））。然后计算当月（t 月）末各组的等权股票组合的月收益率，并将第十组（High）与第一组（Low）收益率之差定义为 t 月的异象收益，以此类推，得到样本期内所有月份的异象收益率。

B1.9 月度换手率（*Turnm*）：参照达塔尔等（Datar et al.，1998）的计算方式，使用过去十二个月内月换手率的平均值表示 *Turnm* 的异象指标。在每个月（t）的月初，按照所有股票上个月（$t-1$）的月度换手率（*Turnm*）指标的十分位点分为 10 组（最小的 10% 的股票在最低组

（Low），最大的 10% 的股票在最高组（High））。然后计算当月（ t 月）末的各组的等权股票组合的月收益率，并将第十组（High）与第一组（Low）收益率之差定义为 t 月的异象收益，以此类推，得到样本期内所有月份的异象收益率。

B1.10　超额换手率（ $Abr-turn$ ）：参照李一红和吴世农（2003）的计算方式，使用 t 月换手率减去当月市场换手率再减去该只股票过去 6 个月的月平均换手率的终值表示 $Abr-turn$ 异象指标。在每个月（ t ）的月初，按照所有股票上个月（ $t-1$ ）的超额换手率（ $Abr-turn$ ）指标的十分位点分为 10 组（最小的 10% 的股票在最低组（Low），最大的 10% 的股票在最高组（High））。然后计算当月（ t 月）末的各组的等权股票组合的月收益率，并将第十组（High）与第一组（Low）收益率之差定义为 t 月的异象收益，以此类推，得到样本期内所有月份的异象收益率。

B1.11　换手率变异系数（ $Std-turn$ ）：参照高和瑞特（2010）的计算方式，使用 t 月过去 36 个月的月换手率方差除以均值之值表示换手率变异系数（ $Std-turn$ ）指标。在每个月（ t ）的月初，按照所有股票上个月（ $t-1$ ）的换手率变异系数指标的十分位点分为 10 组（最小的 10% 的股票在最低组（Low），最大的 10% 的股票在最高组（High））。然后计算当月（ t 月）末的各组的等权股票组合的月收益率，并将第十组（High）与第一组（Low）收益率之差定义为 t 月的异象收益，以此类推，得到样本期内所有月份的异象收益率。

B1.12　交易量（ $Volume$ ）：参考高和瑞特（2010）的计算方式，使用 t 月的过去 6 个月的交易量平均值表示交易量（ $Volume$ ）指标。在每个月（ t ）的月初，按照所有股票上个月（ $t-1$ ）的交易量指标的十分位点分为 10 组（最小的 10% 的股票在最低组（Low），最大的 10% 的股票在最高组（High））。然后计算当月（ t 月）末的各组的等权股票组合的月收益率，并将第十组（High）与第一组（Low）收益率之差定义为 t 月的异象收益，以此类推，得到样本期内所有月份的异象收益率。

B1.13　交易量趋势（ $Trend\ Volume$ ）：参照豪根和贝克（Haugen & Baker，1996）的计算方式，使用 t 月的交易量除以过去 36 个月交易量平均值之值表示交易量趋势（ $Trend\ Volume$ ）指标。在每个月（ t ）的月初，按照所有股票上个月（ $t-1$ ）的交易量趋势指标的十分位点分为 10 组（最小的 10% 的股票在最低组（Low），最大的 10% 的股票在最高组（High））。然后计算当月（ t 月）末的各组的等权股票组合的月收益率，并将第十组

（High）与第一组（Low）收益率之差定义为 t 月的异象收益，以此类推，得到样本期内所有月份的异象收益率。

B1.14 交易量变异系数（*Std Volume*）：参照科迪亚等（Chordia et al.，2001）的计算方式，使用该股票 t 月过去 36 个月的交易量标准差表示交易量变异系数（*Std Volume*）指标。在每个月（t）的月初，按照所有股票上个月（$t-1$）的交易量变异系数（*Std Volume*）的十分位点分为 10 组（最小的 10% 的股票在最低组（Low），最大的 10% 的股票在最高组（High））。然后计算当月（t 月）末的各组的等权股票组合的月收益率，并将第十组（High）与第一组（Low）收益率之差定义为 t 月的异象收益，以此类推，得到样本期内所有月份的异象收益率。

B1.15 股票价格（Price）：使用 t 月月末收盘价表示股票价格（Price）指标，在每个月（t）的月初，按照所有股票上个月（$t-1$）的股票价格（Price）的十分位点分为 10 组（最小的 10% 的股票在最低组（Low），最大的 10% 的股票在最高组（High））。然后计算当月（t 月）末的各组的等权股票组合的月收益率，并将第十组（High）与第一组（Low）收益率之差定义为 t 月的异象收益，以此类推，得到样本期内所有月份的异象收益率。

B1.16 市场 beta（*Beta*）：参照法玛和麦克白（Fama & MacBeth，1973）的计算方式，使用 CAPM 回归过去 48 个月的月收益进行回归得到市场 beta 值，其中 r_{it} 为 t 时刻第 i 支股票的回报率；r_{mt} 为 t 时刻所有样本股票的加权收益率。

$$r_{i,t} = \alpha_i + \beta_i \times r_{m,t} + \varepsilon_{i,t}$$

在每个月（t）的月初，按照所有股票上个月（$t-1$）的市场 beta 的十分位点分为 10 组（最小的 10% 的股票在最低组（Low），最大的 10% 的股票在最高组（High））。然后计算当月（t 月）末的各组的等权股票组合的月收益率，并将第十组（High）与第一组（Low）收益率之差定义为 t 月的异象收益，以此类推，得到样本期内所有月份的异象收益率。

B1.17 Dimson-beta（*Dim Beta*）：参照迪松姆（Dimson，1979）的 Dimson-beta 计算方式，使用 t 月过去一年的个股日收益率同包含前后两天的市场投资组合的日收益率的回归系数之和。

$$r_{i,t} = \alpha_i + \beta_{i,1} \times r_{m,t-1} + \beta_{i,2} \times r_{m,t-2} + \beta_{i,3} \times r_{m,t-3} + \varepsilon_{i,t}$$
$$\beta_{Dim} = \beta_{i,1} + \beta_{i,2} + \beta_{i,3}$$

在每个月（t）的月初，按照所有股票上个月（$t-1$）的 Dimson-beta

的十分位点分为 10 组（最小的 10% 的股票在最低组（Low），最大的 10% 的股票在最高组（High））。然后计算当月（t 月）末的各组的等权股票组合的月收益率，并将第十组（High）与第一组（Low）收益率之差定义为 t 月的异象收益，以此类推，得到样本期内所有月份的异象收益率。

B1.18 日度特质波动率（*idvold*）：参照安德鲁等（2010）的计算方式，将股票收益率对市场等权重投资组合日收益率进行回归，所得残差的标准差即为日度特质波动率，计算跨度为 $t-11$ 月初到 t 月末。

$$r_{i,t} = \alpha_i + \beta_i \times r_{m,t} + \varepsilon_{i,t}$$

在每个月（t）的月初，按照所有股票上个月（$t-1$）的日度特质波动率的十分位点分为 10 组（最小的 10% 的股票在最低组（Low），最大的 10% 的股票在最高组（High））。然后计算当月（t 月）末的各组的等权股票组合的月收益率，并将第十组（High）与第一组（Low）收益率之差定义为 t 月的异象收益，以此类推，得到样本期内所有月份的异象收益率。

B1.19 月度特质波动率（*idvolm*）：参照日度特质波动率的计算方式，使用过去 36 个月的月度收益数据进行滚动回归，所得残差的标准差即为月度特质波动率。在每个月（t）的月初，按照所有股票上个月（$t-1$）的月度特质波动率的十分位点分为 10 组（最小的 10% 的股票在最低组（Low），最大的 10% 的股票在最高组（High））。然后计算当月（t 月）末的各组的等权股票组合的月收益率，并将第十组（High）与第一组（Low）收益率之差定义为 t 月的异象收益，以此类推，得到样本期内所有月份的异象收益率。

B1.20 日度特质偏度（*idskewd*）：参照波伊尔等（Boyer et al.，2010）特质偏度的计算方法，将股票收益率对市场等权重投资组合日收益率进行回归，所得残差的偏度即为日度特质偏度，计算跨度为 $t-11$ 月初到 t 月末。

$$r_{i,t} = \alpha_i + \beta_i \times r_{m,t} + \varepsilon_{i,t}$$

在每个月（t）的月初，按照所有股票上个月（$t-1$）的日度特质偏度的十分位点分为 10 组（最小的 10% 的股票在最低组（Low），最大的 10% 的股票在最高组（High））。然后计算当月（t 月）末的各组的等权股票组合的月收益率，并将第十组（High）与第一组（Low）收益率之差定义为 t 月的异象收益，以此类推，得到样本期内所有月份的异象收益率。

B1.21 月度特质偏度（*idskewm*）：参照日度特质偏度的计算方式，使用过去 36 个月的月度收益数据进行滚动回归，所得残差的偏度即为月度特质偏度。在每个月（t）的月初，按照所有股票上个月（$t-1$）的月度特质偏度的十分位点分为 10 组（最小的 10% 的股票在最低组（Low），最大的 10% 的股票在最高组（High））。然后计算当月（*t* 月）末的各组的等权股票组合的月收益率，并将第十组（High）与第一组（Low）收益率之差定义为 *t* 月的异象收益，以此类推，得到样本期内所有月份的异象收益率。

B1.22 Amihud 流动性（*illiq*）：使用国泰安数据库中的米赫德流动性指标表示。在每个月（*t*）的月初，按照所有股票上个月（*t*−1）的月度特质偏度的十分位点分为 10 组（最小的 10% 的股票在最低组（Low），最大的 10% 的股票在最高组（High））。然后计算当月（*t* 月）末的各组的等权股票组合的月收益率，并将第十组（High）与第一组（Low）收益率之差定义为 *t* 月的异象收益，以此类推，得到样本期内所有月份的异象收益率。

B1.23 Liu 流动性（*liulm*）：参照刘（2006）的计算方式，*Nozd* 为 *t* 月交易量为 0 的交易日数目，*NoTD* 为 *t* 月交易日数目，*turnover* 为 *t* 月日交易换手率之和，*Deflator* 这里选取 480000。计算出来的 LM 为 *t* 月标准化换手率。

$$LM = \left(Nozd + \frac{1}{turn \times Deflator} \right) \times \frac{21}{NoTD}$$

在每个月（*t*）的月初，按照所有股票上个月（*t*−1）的流动性的十分位点分为 10 组（最小的 10% 的股票在最低组（Low），最大的 10% 的股票在最高组（High））。然后计算当月（*t* 月）末的各组的等权股票组合的月收益率，并将第十组（High）与第一组（Low）收益率之差定义为 *t* 月的异象收益，以此类推，得到样本期内所有月份的异象收益率。

B1.24 最大日收益（*Max*）：参照巴里等（Bali et al.，2008）的计算方式，将 *t* 月中日收益率的最大值作为 *t* 月的最大日收益率指标。在每个月（*t*）的月初，按照所有股票上个月（*t*−1）的最大日收益的十分位点分为 10 组（最小的 10% 的股票在最低组（Low），最大的 10% 的股票在最高组（High））。然后计算当月（*t* 月）末的各组的等权股票组合的月收益率，并将第十组（High）与第一组（Low）收益率之差定义为 *t* 月的异象收益，以此类推，得到样本期内所有月份的异象收益率。

B1.25 价格延迟（*pd*）：参照候和莫斯科维茨（Hou & Moskowitz，2005）的计算方式，使用过去 36 个月的月收益率同市场投资组合收益率数据进行回归，并计算相应拟合优度 R^2 作为价格延迟指标。在每个月

（t）的月初，按照所有股票上个月（$t-1$）的价格延迟（price delay）的十分位点分为 10 组（最小的 10% 的股票在最低组（Low），最大的 10% 的股票在最高组（High））。然后计算当月（t 月）末的各组的等权股票组合的月收益率，并将第十组（High）与第一组（Low）收益率之差定义为 t 月的异象收益，以此类推，得到样本期内所有月份的异象收益率。

B1. 26 行业效应（ind）：按照李林波和刘维奇（2019）的行业分类方法划分为 78 个行业，计算每个月每个行业的加权行业收益率。在每个月（t）的月初，按照将所有行业按照十分位点分为 10 组（最小的 10% 的股票在最低组（Low），最大的 10% 的股票在最高组（High））。然后计算当月（t 月）末的各组的等权股票组合的月收益率，并将第十组（High）与第一组（Low）收益率之差定义为 t 月的异象收益，以此类推，得到样本期内所有月份的异象收益率。

B2　动量反转类异象（17）

B2. 1 短期反转（$srev$）：参照杰格迪什（Jegadeesh，1990）的计算方式，在每个月（t）的月初，按照所有股票上个月（$t-1$）的月收益率的十分位点分为 10 组（最小的 10% 的股票在最低组（Low），最大的 10% 的股票在最高组（High））。然后计算当月（t 月）末的各组的等权股票组合的月收益率，并将第十组（High）与第一组（Low）收益率之差定义为 t 月的异象收益，以此类推，得到样本期内所有月份的异象收益率。

B2. 2 6 个月动量效应（$mom6$）：参照杰格迪什和蒂特曼（Jegadeesh & Titman，1993）的计算方式，使用过去 6 个月的平均收益（$AvgCAR_{t-6,t-1}$）表示 6 个月动量效应指标。在每个月（t）的月初，按照所有股票上个月（$t-1$）的 6 个月动量效应指标的十分位点分为 10 组（最小的 10% 的股票在最低组（Low），最大的 10% 的股票在最高组（High））。然后计算当月（t 月）末的各组的等权股票组合的月收益率，并将第十组（High）与第一组（Low）收益率之差定义为 t 月的异象收益，以此类推，得到样本期内所有月份的异象收益率。

B2. 3 12 个月动量效应（$mom12$）：参照杰格迪什和蒂特曼（1993）的计算方式，使用过去 12 个月的平均收益（$AvgCAR_{t-12,t-1}$）表示 12 个月动量效应指标。在每个月（t）的月初，按照所有股票上个月（$t-1$）的 12 个月动量效应指标的十分位点分为 10 组（最小的 10% 的股票在最低组（Low），最大的 10% 的股票在最高组（High））。然后计算当月（t 月）末的各组的等权股票组合的月收益率，并将第十组（High）与第一组（Low）收益率之差定义为 t 月的异象收益，以此类推，得到样本期内所有月份的异象收益率。

B2.4 前推 6 月动量效应（ $mom-6$ ）：参照杰格迪什和蒂特曼（1993）的计算方式，剔除最近 6 个月收益率，使用前推 6 个月的股票收益率，买入并持有 6 个月（ $BAHR_{t-13,t-7}$ ）作为前推 6 月动量效应指标。在每个月（ t ）的月初，按照所有股票上个月（ $t-1$ ）的前推 6 月动量效应指标的十分位点分为 10 组（最小的 10% 的股票在最低组（Low），最大的 10% 的股票在最高组（High））。然后计算当月（ t 月）末的各组的等权股票组合的月收益率，并将第十组（High）与第一组（Low）收益率之差定义为 t 月的异象收益，以此类推，得到样本期内所有月份的异象收益率。

B2.5 前推 12 月动量效应（ $mom-12$ ）：参照杰格迪什和蒂特曼（1993）的计算方式，剔除最近 12 个月收益率，前推 6 个月的买入并持有 6 个月收益（ $BAHR_{t-18,t-13}$ ）作为前推 12 月动量效应指标。在每个月（ t ）的月初，按照所有股票上个月（ $t-1$ ）的前推 12 月动量效应指标的十分位点分为 10 组（最小的 10% 的股票在最低组（Low），最大的 10% 的股票在最高组（High））。然后计算当月（ t 月）末的各组的等权股票组合的月收益率，并将第十组（High）与第一组（Low）收益率之差定义为 t 月的异象收益，以此类推，得到样本期内所有月份的异象收益率。

B2.6 长期反转（ $lrev$ ）：参照德伯特和塞勒（1985）的计算方式，剔除最近 12 个月，前推 24 个月的累计收益的平均值（ $AvgCAR_{t-36,t-13}$ ）。在每个月（ t ）的月初，按照所有股票上个月（ $t-1$ ）的长期反转指标的十分位点分为 10 组（最小的 10% 的股票在最低组（Low），最大的 10% 的股票在最高组（High））。然后计算当月（ t 月）末的各组的等权股票组合的月收益率，并将第十组（High）与第一组（Low）收益率之差定义为 t 月的异象收益，以此类推，得到样本期内所有月份的异象收益率。

B2.7 6 个月残差动量（ $resmom6$ ）：参照 6 个月动量效应的计算方式，使用 CAPM 因子回归后的残差，最近 6 个月的平均残差收益与标准差之比表示，即 $Avg(Res_{t-7,t-2})/std(Res_{t-7,t-2})$ 。在每个月（ t ）的月初，按照所有股票上个月（ $t-1$ ）的 6 个月残差动量指标的十分位点分为 10 组（最小的 10% 的股票在最低组（Low），最大的 10% 的股票在最高组（High））。然后计算当月（ t 月）末的各组的等权股票组合的月收益率，并将第十组（High）与第一组（Low）收益率之差定义为 t 月的异象收益，以此类推，得到样本期内所有月份的异象收益率。

B2.8 12 个月残差动量（*resmom*12）：参照 12 个月动量效应的计算方式，使用 CAPM 因子回归后的残差，最近 11 个月的平均残差收益与标准差之比表示，即 $AvgRes_{t-12,t-2}/\mathrm{std}(Res_{t-12,t-2})$。在每个月（$t$）的月初，按照所有股票上个月（$t-1$）的 6 个月残差动量指标的十分位点分为 10 组（最小的 10% 的股票在最低组（Low），最大的 10% 的股票在最高组（High））。然后计算当月（t 月）末的各组的等权股票组合的月收益率，并将第十组（High）与第一组（Low）收益率之差定义为 t 月的异象收益，以此类推，得到样本期内所有月份的异象收益率。

B2.9 行业调整的动量效应（*iamom*）：参照莫斯科维茨和格林布莱特（Moskwotiz & Grinblatt，1999）的计算方式，使用每个行业的加权收益，前推 6 个月的平均收益（$CAR_{t-6,t-1}$）表示。在每个月（t）的月初，按照上个月（$t-1$）的行业调整的动量效应指标的十分位点分为 10 组（最小的 10% 的股票在最低组（Low），最大的 10% 的股票在最高组（High））。将第十组（High）与第一组（Low）收益率之差定义为 t 月的异象收益，以此类推，得到样本期内所有月份的异象收益率。

B2.10 交易量调整的动量效应（*vamom*）：参照李和斯瓦米纳坦（Lee & Swaminathan，2000）的计算方式，买入过去 6 个月平均交易量的最高 10% 和最低 10% 的股票，只看持有六个月（$BAHR_{t-6,t-1}$）的收益。

B2.11 企业年龄调整的动量效应（*aamom*）：参照指标的一般计算方式，使用过去 6 个月的买入持有收益，按照公司年龄排序，只看最低 10% 的买入持有收益。

B2.12 每股盈余（*EPS*）：使用锐思数据库中的 EPS 结果表示每股盈余指标。在每个月（t）的月初，按照所有股票上个月（$t-1$）的每股盈余指标的十分位点分为 10 组（最小的 10% 的股票在最低组（Low），最大的 10% 的股票在最高组（High））。然后计算当月（t 月）末的各组的等权股票组合的月收益率，并将第十组（High）与第一组（Low）收益率之差定义为 t 月的异象收益，以此类推，得到样本期内所有月份的异象收益率。

B2.13 盈余惊喜（*ES*）：参照福斯特等（Foster et al.，1984）的计算方法，使用调整的 EPS 变动与过去 24 个月 EPS 的标准差之比表示盈余惊喜指标，其中，EPS 值使用锐思数据库中的 EPS 结果表示。

$$ES_t = \frac{(EPS_{t-1} - EPS_{t-4})}{std(EPS_{t-4}, \cdots, EPS_{t-24})}$$

在每个月（t）的月初，按照所有股票上个月（$t-1$）的盈余惊喜指标的十分位点分为 10 组（最小的 10% 的股票在最低组（Low），最大的 10% 的股票在最高组（High））。然后计算当月（t 月）末的各组的等权股票组合的月收益率，并将第十组（High）与第一组（Low）收益率之差定义为 t 月的异象收益，以此类推，得到样本期内所有月份的异象收益率。

B2.14 收益公告异常交易（$aeavol$）：参照莱尔曼等（Lerman et al.，2007）的计算方式，使用财报公布前三天的日交易额均值除以财务报表公布前两周到前六周的日交易额均值之后减去 1 表示。

$$aeavol = \frac{mean(vol_{t-1} + vol_{t-2} + vol_{t-3})}{mean(vol_{t-7} + \cdots + vol_{t-42})}$$

在每个月（t）的月初，按照所有股票上个月（$t-1$）的收益公告异常交易指标的十分位点分为 10 组（最小的 10% 的股票在最低组（Low），最大的 10% 的股票在最高组（High））。然后计算当月（t 月）末的各组的等权股票组合的月收益率，并将第十组（High）与第一组（Low）收益率之差定义为 t 月的异象收益，以此类推，得到样本期内所有月份的异象收益率。

B2.15 盈余一致性（EC）：参照阿尔瓦塔纳尼（Alwathainani，2009）的计算方式，使用下式表示盈余一致性指标，其中，EPS 值使用锐思数据库中的 EPS 结果表示。

$$ES_t = \frac{(EPS_{t-1} - EPS_{t-4})}{[(EPS_{t-1} + EPS_{t-4})/2]}$$

在每个月（t）的月初，按照所有股票上个月（$t-1$）的盈余一致性指标的十分位点分为 10 组（最小的 10% 的股票在最低组（Low），最大的 10% 的股票在最高组（High））。然后计算当月（t 月）末的各组的等权股票组合的月收益率，并将第十组（High）与第一组（Low）收益率之差定义为 t 月的异象收益，以此类推，得到样本期内所有月份的异象收益率。

B2.16 总收入惊喜（RES）：参照杰格迪什和维拉特（Jegadeesh & Livnat，2006）的计算方式，使用总营业收入变动除以过去 24 个月总营业收入的标准差之比表示总收入惊喜指标，其中，总营业收入使用利润表中的"营业总收入"指标表示，该指标季度更新。

$$RES_t = \frac{(Re_{t-4} - Re_{t-7})}{std(Re_{t-4}, \cdots, Re_{t-24})}$$

为了保证在计算数据的可获得性，首先根据上市公司财务报表的时间进行对应的数据填充，其中 t 年的一季度报表填充到 t 年的 1、2、3 月，半年报填充到 t 年的 4、5、6 月，三季度报表填充到 t 年的 7、8、9 月，年报填充到 t 年的 10、11、12 月。在每个月（t）的月初，按照所有股票前四个月（$t-4$）的总收入惊喜指标的十分位点分为 10 组。然后计算当月（t）的各组的加权/等权重的股票组合的月末收益率，并将第十组（High）与第一组（Low）收益率之差定义为 t 月的异象收益率，以此类推，得到样本期内所有月份的异象收益率。

B2.17 应纳税额惊喜（TS）：参照托马斯和张（Thomas & Zhang，2011）的计算方式，使用企业应纳税额变动除以总资产之比表示应纳税额惊喜指标，其中，应纳税额使用资产负债表中的"应交税费"指标，该指标季度更新。

$$TS_t = \frac{(Tax_{t-4} - Tax_{t-7})}{asset_{t-7}}$$

为了计算月度指标，根据上市公司财务报表的季度时间特征进行对应的数据填充，在每个月（t）的月初，按照所有股票前四个月（$t-4$）的应纳税额惊喜指标的十分位点分为 10 组。然后计算当月（t）的各组的加权/等权重的股票组合的月末收益率，并将第十组（High）与第一组（Low）收益率之差定义为 t 月的异象收益率，以此类推，得到样本期内所有月份的异象收益率。

B3　价值成长类异象

B3.1 账市比（BM）：参照戴维斯等（Davis et al.，2000）的计算方法，使用所有者权益除以流通市值之比表示，其中所有者权益是指资产负债表中的"所有者权益合计"，该指标季度更新。为了计算月度指标，根据上市公司财务报表的季度时间特征进行对应的数据填充，在每个月（t）的月初，按照所有股票前四个月（$t-4$）的账市比指标的十分位点分为 10 组。然后计算当月（t）的各组的加权/等权重的股票组合的月末收益率，并将第十组（High）与第一组（Low）收益率之差定义为 t 月的异象收益率，以此类推，得到样本期内所有月份的异象收益率。

B3.2 盈余价格比（EP）：参照刘等（2019）的计算方式，使用净利润除以流通市值之比表示，其中净利润使用利润表中披露的"净利润"，该指标季度更新。为了计算月度指标，根据上市公司财务报表的季度时间特征进行对应的数据填充，在每个月（t）的月初，按照所有股票前四个月（$t-4$）的盈余价格比指标的十分位点分为 10 组。然后计算当月（t）的各组的加权/等权重的股票组合的月末收益率，并将第十组（High）与第一组（Low）收益率之差定义为 t 月的异象收益率，以此类推，得到样本期内所有月份的异象收益率。

B3.3 现金流市值比（CM）：参照拉格尼沙克等（Lakonishok et al.，1994）的计算方法，使用现金流除以流通市值表示，其中现金流指标使用现金流量表中的"现金及现金等价物"，该指标季度更新。为了计算月度指标，根据上市公司财务报表的季度时间特征进行对应的数据填充，在每个月（t）的月初，按照所有股票前四个月（$t-4$）的现金流市值比指标的十分位点分为 10 组。然后计算当月（t）的各组的加权/等权重的股票组合的月末收益率，并将第十组（High）与第一组（Low）收益率之差定义为 t 月的异象收益率，以此类推，得到样本期内所有月份的异象收益率。

B3.4 销售额市值比（SM）：参照巴比等（Barbee et al.，1996）的计算方法，使用营业收入除以流通市值表示，其中营业收入指标使用利润表中的"营业收入"表示（下同），该指标季度更新。为了计算月度指标，根据上市公司财务报表的季度时间特征进行对应的数据填充，在每个月（t）的月初，按照所有股票前四个月（$t-4$）的销售额市值比指标的十分位点分为 10 组。然后计算当月（t）的各组的加权/等权重的股票组合的月末收益率，并将第十组（High）与第一组（Low）收益率之差定义为 t 月的异象收益率，以此类推，得到样本期内所有月份的异象收益率。

B3.5 总负债市值比（LM）：参照班达里（Bhandari，1988）的计算方式，使用总负债除以流通市值表示，其中总负债使用资产负债表中的"总负债合计"表示，该指标季度更新。为了计算月度指标，根据上市公司财务报表的季度时间特征进行对应的数据填充，在每个月（t）的月初，按照所有股票前四个月（$t-4$）的总负债市值比指标的十分位点分为 10 组。然后计算当月（t）的各组的加权/等权重的股票组合的月末收益率，并将第十组（High）与第一组（Low）收益率之差定义为 t 月的异象收益率，以此类推，得到样本期内所有月份的异象收益率。

B3.6 总资产市值比（AM）：参照班达里（1988）的计算方式，使用总资产除以流通市值表示，其中总资产使用资产负债表中的"总资产合计"表示，该指标季度更新。为了计算月度指标，根据上市公司财务报表的季度时间特征进行对应的数据填充，在每个月（t）的月初，按照所有股票前四个月（$t-4$）的总资产市值比指标的十分位点分为 10 组。然后计算当月（t）的各组的加权/等权重的股票组合的月末收益率，并将第十组（High）与第一组（Low）收益率之差定义为 t 月的异象收益率，以此类推，得到样本期内所有月份的异象收益率。

B3.7 杠杆（LEV）：参照班达里（1998）的计算方法，使用长期负债和流通市值的比值表示，其中长期负债指标使用资产负债表中的"非流动负债"表示，该指标季度更新。为了计算月度指标，根据上市公司财务报表的季度时间特征进行对应的数据填充，在每个月（t）的月初，按照所有股票前四个月（$t-4$）的杠杆指标的十分位点分为 10 组。然后计算当月（t）的各组的加权/等权重的股票组合的月末收益率，并将第十组（High）与第一组（Low）收益率之差定义为 t 月的异象收益率，以此类推，得到样本期内所有月份的异象收益率。

B3.8 股利价格比（DP）：使用李兹森伯格和拉马斯瓦米（Litzenberger & Ramaswamy，1979）的计算方法，使用应付股利除以流通市值表示，其中应付股利使用资产负债表中的"应付股利"表示，该指标季度更新。为了计算月度指标，根据上市公司财务报表的季度时间特征进行对应的数据填充，在每个月（t）的月初，按照所有股票前四个月（$t-4$）的股利价格比指标的十分位点分为 10 组。然后计算当月（t）的各组的加权/等权重的股票组合的月末收益率，并将第十组（High）与第一组（Low）收益率之差定义为 t 月的异象收益率，以此类推，得到样本期内所有月份的异象收益率。

B3.9 营业现金流价格比（OCP）：参照德赛等（Desai et al.，2004）的计算方法，使用营业现金流除以流通市值表示，其中营业现金流使用净利润加上折旧加上摊销表示，其中净利润、折旧和摊销分别使用利润表的"净利润"指标、"折旧和摊销"指标，该指标季度更新。为了计算月度指标，根据上市公司财务报表的季度时间特征进行对应的数据填充，在每个月（t）的月初，按照所有股票前四个月（$t-4$）的营业现金流价格比指标的十分位点分为 10 组。然后计算当月（t）的各组的加权/等权重的股票组合的月末收益率，并将第十组（High）与第一组（Low）收益率之差定义为 t 月的异象收益率，以此类推，得到样本期内所有月份的异象收益率。

B3.10 现金流方差（SCASH）：参照豪根和贝克尔（1996）的计算方式，使用 36 个月内现金流除以流通市值之比的方差表示，其中现金流指标使用现金流量表中的"现金及现金等价物"，该指标季度更新。为了计算月度指标，根据上市公司财务报表的季度时间特征进行对应的数据填充，在每个月（t）的月初，按照所有股票前四个月（$t-4$）的现金流方差指标的十分位点分为 10 组。然后计算当月（t）的各组的加权/等权重的股票组合的月末收益率，并将第十组（High）与第一组（Low）收益率之差定义为 t 月的异象收益率，以此类推，得到样本期内所有月份的异象收益率。

B3.11 营运杠杆（OLEV）：参照诺维－马尔克思（Novy－Marx，2010）的计算方式，使用下式计算营运杠杆指标，其中固定资产指标和总资产指标使用资产负债表中的"固定资产"和"总资产总计"表示，营业成本指标按利润表中的"营业成本"表示，该指标季度更新。

$$营运杠杆 = \frac{（固定资产 + 营业成本）}{总资产}$$

为了计算月度指标，根据上市公司财务报表的季度时间特征进行对应的数据填充，在每个月（t）的月初，按照所有股票前四个月（$t-4$）的营运杠杆指标的十分位点分为 10 组。然后计算当月（t）的各组的加权/等权重的股票组合的月末收益率，并将第十组（High）与第一组（Low）收益率之差定义为 t 月的异象收益率，以此类推，得到样本期内所有月份的异象收益率。

B3.12 销售额增长（SG）：参照拉格尼沙克等（1994）的计算方法，使用营业收入的年度增长率表示，其中营业收入营业成本指标按利润表中的"营业收入"表示，该指标季度更新。

为了计算月度指标，根据上市公司财务报表的季度时间特征进行对应的数据填充，在每个月（t）的月初，按照所有股票前四个月（$t-4$）的销售额增长指标的十分位点分为 10 组。然后计算当月（t）的各组的加权/等权重的股票组合的月末收益率，并将第十组（High）与第一组（Low）收益率之差定义为 t 月的异象收益率，以此类推，得到样本期内所有月份的异象收益率。

B3.13 企业倍数（FM）：参照洛克伦和韦尔曼（Loughran & Wellman，2011）的计算方法，使用企业价值除以营业收入。其中，企业价值是指总市值加上总负债减去现金流和短期投资，该指标季度更新。为了计算月度指标，根据上市公司财务报表的季度时间特征进行对应的数据填充，在每个月（t）的月初，按照所有股票前四个月（$t-4$）的企业倍数指标的十分位点分为 10 组。然后计算当月 (t) 的各组的加权/等权重的股票组合的月末收益率，并将第十组（High）与第一组（Low）收益率之差定义为 t 月的异象收益率，以此类推，得到样本期内所有月份的异象收益率。

B3. 14 账面价值价格比（BMP）：参照彭曼等（Penman et al.，2007）的计算方式，使用（账面价值 + 现金流 – 长期负债 – 流动性负债）除以（现金流 – 长期负债 – 流动性负债 + 市值）之比表示账面价值价格比指标，其中市值使用流通市值表示。该指标季度更新。

$$账面价值价格比 = \frac{（账面价值 + 现金流 - 长期负债 - 流通性负债）}{现金流 - 长期负债 - 流通性负债 + 市值}$$

为了计算月度指标，根据上市公司财务报表的季度时间特征进行对应的数据填充，在每个月 (t) 的月初，按照所有股票前四个月 ($t-4$) 的账面价值价格比指标的十分位点分为 10 组。然后计算当月 (t) 的各组的加权/等权重的股票组合的月末收益率，并将第十组（High）与第一组（Low）收益率之差定义为 t 月的异象收益率，以此类推，得到样本期内所有月份的异象收益率。

B3. 15 公司年龄（AGE）：参照蒋等（Jiang et al.，2005）的计算方式，使用当期减去公司成立时间表示。在每个月 (t) 的月初，按照所有股票上个月 ($t-1$) 的盈余一致性指标的十分位点分为 10 组（最小的 10% 的股票在最低组（Low），最大的 10% 的股票在最高组（High））。然后计算当月 (t 月) 末的各组的等权股票组合的月收益率，并将第十组（High）与第一组（Low）收益率之差定义为 t 月的异象收益，以此类推，得到样本期内所有月份的异象收益率。

B3. 16 分析师收益预测（AEF）：参照埃尔德斯等（Elgers et al.，2001）的计算方式，分析师预测净利润均值除以每月末股价。使用上年 12 月底的分析师预测净利润均值除以上年 12 月底的股价，得到收益预测。为了计算月度指标，根据分析师预测报告的季度或年度时间特征进行对应的数据填充，在每个月 (t) 的月初，按照所有股票前四个月 ($t-4$) 的分析师收益预测指标的十分位点分为 10 组。然后计算当月 (t) 的各组的加权/等权重的股票组合的月末收益率，并将第十组（High）与第一组（Low）收益率之差定义为 t 月的异象收益率，以此类推，得到样本期内所有月份的异象收益率。

B3. 17 分析师覆盖（NC）：根据埃尔德斯等（2001）的计算方式，使用国泰安数据库中的分析师预测指标文件获得参与预测的分析师人数。为了计算月度指标，根据分析师预测报告的季度或年度时间特征进行对应的数据填充，在每个月（t）的月初，按照所有股票前四个月（$t-4$）的分析师覆盖指标的十分位点分为 10 组。然后计算当月（t）的各组的加权/等权重的股票组合的月末收益率，并将第十组（High）与第一组（Low）收益率之差定义为 t 月的异象收益率，以此类推，得到样本期内所有月份的异象收益率。

B3.18 分析师人数变动（NCG）：根据塞尔维亚（Scherbina，2010）的计算方式，分析师人数变化用本月分析师人数减去 3 个月之前的人数作为变化值。为了计算月度指标，根据分析师预测报告的季度或年度时间特征进行对应的数据填充，在每个月（t）的月初，按照所有股票前四个月（$t-4$）的分析师人数变动指标的十分位点分为 10 组。然后计算当月（t）的各组的加权/等权重的股票组合的月末收益率，并将第十组（High）与第一组（Low）收益率之差定义为 t 月的异象收益率，以此类推，得到样本期内所有月份的异象收益率。

B3.19 分析师预测每股收益（FEPS）：根据鲍曼和道恩（Bauman & Dowen，1988）的计算方式，使用 5 年内分析师预测的每股收益的平均增长率。为了计算月度指标，根据分析师预测报告的季度或年度时间特征进行对应的数据填充，在每个月（t）的月初，按照所有股票前四个月（$t-4$）的分析师预测每股收益指标的十分位点分为 10 组。然后计算当月（t）的各组的加权/等权重的股票组合的月末收益率，并将第十组（High）与第一组（Low）收益率之差定义为 t 月的异象收益率，以此类推，得到样本期内所有月份的异象收益率。

B3.20 每股预期收益变动（FEPSG）：根据霍金斯等（Hawkins et al.，1984），预期每股收益的变化等于股票 EPS 减去预测 EPS 均值。为了计算月度指标，根据分析师预测报告的季度或年度时间特征进行对应的数据填充，在每个月（t）的月初，按照所有股票前四个月（$t-4$）的每股预期收益变动指标的十分位点分为 10 组。然后计算当月（t）的各组的加权/等权重的股票组合的月末收益率，并将第十组（High）与第一组（Low）收益率之差定义为 t 月的异象收益率，以此类推，得到样本期内所有月份的异象收益率。

B4　投资盈利类异象

B4.1 超额投资（INV）：参照蒂特曼等（Titman et al.，2004）的计算

方法，使用下式表示：

$$Ce_{t-1}/[(Ce_{t-2}+Ce_{t-3}+Ce_{t-4})/3]-1$$

其中，Ce 是资本性支出除以销售额，资本性支出使用现金流量表中的"构建固定资产、无形资产和长期负债的所支付的现金"表示，该指标季度更新。为了计算月度指标，根据上市公司财务报表的季度时间特征进行对应的数据填充，在每个月 (t) 的月初，按照所有股票前四个月 ($t-4$) 的超额投资指标的十分位点分为 10 组。然后计算当月 (t) 的各组的加权/等权重的股票组合的月末收益率，并将第十组（High）与第一组（Low）收益率之差定义为 t 月的异象收益率，以此类推，得到样本期内所有月份的异象收益率。

B4.2 投资增长（INVG）：参照阿巴巴内尔和布希（Abarbanell & Bushee，1998）的计算方法，使用下式表示，

$$[Ce-E(Ce)]/E(Ce)$$

其中，$E(Ce)$ 是指 $t-1$ 期和 $t-2$ 期资本性支出的平均值，资本性支出如上表示，该指标季度更新。为了计算月度指标，根据上市公司财务报表的季度时间特征进行对应的数据填充，在每个月 (t) 的月初，按照所有股票前四个月 ($t-4$) 的投资增长指标的十分位点分为 10 组。然后计算当月 (t) 的各组的加权/等权重的股票组合的月末收益率，并将第十组（High）与第一组（Low）收益率之差定义为 t 月的异象收益率，以此类推，得到样本期内所有月份的异象收益率。

B4.3 投资变动（INVC）：参照陈等（Chen et al.，2010）的计算方法，使用资本支出变化加上存货变化之和表示，存货使用资产负债表中的"存货"表示。为了计算月度指标，根据上市公司财务报表的季度时间特征进行对应的数据填充，在每个月 (t) 的月初，按照所有股票前四个月 ($t-4$) 的投资变动指标的十分位点分为 10 组。然后计算当月 (t) 的各组的加权/等权重的股票组合的月末收益率，并将第十组（High）与第一组（Low）收益率之差定义为 t 月的异象收益率，以此类推，得到样本期内所有月份的异象收益率。

B4.4 存货增长（INTG）：参照托马斯和张（2002）的计算方法，使用该公司的存货年度增长率表示。为了计算月度指标，根据上市公司财务报表的季度时间特征进行对应的数据填充，在每个月 (t) 的月初，按照所有股票前四个月 ($t-4$) 的存货增长指标的十分位点分为 10 组。然后计算当月 (t) 的各组的加权/等权重的股票组合的月末收益率，并将第十

组（High）与第一组（Low）收益率之差定义为 t 月的异象收益率，以此类推，得到样本期内所有月份的异象收益率。

B4.5 存货变动（INTC）：参照托马斯和张（2002）的计算方法，使用存货除以平均总资产（$t-1$ 年总资产与 $t-2$ 年总资产的平均值）的年增长率，该指标季度更新。为了计算月度指标，根据上市公司财务报表的季度时间特征进行对应的数据填充，在每个月（t）的月初，按照所有股票前四个月（$t-4$）的存货变动指标的十分位点分为 10 组。然后计算当月（t）的各组的加权/等权重的股票组合的月末收益率，并将第十组（High）与第一组（Low）收益率之差定义为 t 月的异象收益率，以此类推，得到样本期内所有月份的异象收益率。

B4.6 资本支出变化（CeC）：参照安德森和加西亚－费约（Anderson & Garcia－Feijóo，2006）的计算方法，使用当期与前年当期资本支出的百分比变化表示。为了计算月度指标，根据上市公司财务报表的季度时间特征进行对应的数据填充，在每个月（t）的月初，按照所有股票前四个月（$t-4$）的资本支出变化指标的十分位点分为 10 组。然后计算当月（t）的各组的加权/等权重的股票组合的月末收益率，并将第十组（High）与第一组（Low）收益率之差定义为 t 月的异象收益率，以此类推，得到样本期内所有月份的异象收益率。

B4.7 总资产增长率（AG）：参照库珀等（Cooper et al.，2008）的计算方法，使用本期总资产除以上一年度总资产后减去 1 表示，为了计算月度指标，根据上市公司财务报表的季度时间特征进行对应的数据填充，在每个月（t）的月初，按照所有股票前四个月（$t-4$）的总资产增长率指标的十分位点分为 10 组。然后计算当月（t）的各组的加权/等权重的股票组合的月末收益率，并将第十组（High）与第一组（Low）收益率之差定义为 t 月的异象收益率，以此类推，得到样本期内所有月份的异象收益率。

B4.8 总负债增长率（LG）：参照库珀等（2008）的计算方法，使用本期总负债除以上一年度总负债后减去 1 表示。为了计算月度指标，根据上市公司财务报表的季度时间特征进行对应的数据填充，在每个月（t）的月初，按照所有股票前四个月（$t-4$）的总负债增长率指标的十分位点分为 10 组。然后计算当月（t）的各组的加权/等权重的股票组合的月末收益率，并将第十组（High）与第一组（Low）收益率之差定义为 t 月的异象收益率，以此类推，得到样本期内所有月份的异象收益率。

　　B4.9 净资产增长率（BG）：参照库珀等（2008）的计算方法，使用本期股东权益除以上一年度总股东权益后减去 1 表示，为了计算月度指标，根据上市公司财务报表的季度时间特征进行对应的数据填充，在每个月（t）的月初，按照所有股票前四个月（$t-4$）的净资产增长率指标的十分位点分为 10 组。然后计算当月（t）的各组的加权/等权重的股票组合的月末收益率，并将第十组（High）与第一组（Low）收益率之差定义为 t 月的异象收益率，以此类推，得到样本期内所有月份的异象收益率。

　　B4.10 净经营性资产（NOA）：参照赫什利弗等（Hirshleifer et al.，2004）的计算方法，使用经营性资产减去经营性负债，再除以总资产表示。其中，经营性资产等于总资产减去货币资金减去短期投资净额。经营性负债等于总资产减去短期借款减去长期借款减去归属于母公司所有者权益合计减去少数股东权益。为了计算月度指标，根据上市公司财务报表的季度时间特征进行对应的数据填充，在每个月（t）的月初，按照所有股票前四个月（$t-4$）的净经营性资产指标的十分位点分为 10 组。然后计算当月（t）的各组的加权/等权重的股票组合的月末收益率，并将第十组（High）与第一组（Low）收益率之差定义为 t 月的异象收益率，以此类推，得到样本期内所有月份的异象收益率。

　　B4.11 资产周转率（ATO）：参照索利曼（Soliman，2008）的计算方法，使用下式计算，

$$Sales_t/\left[(NOA_t + NOA_{t-1})/2\right]$$

　　其中，NOA 表示净经营性资产。为了计算月度指标，根据上市公司财务报表的季度时间特征进行对应的数据填充，在每个月（t）的月初，按照所有股票前四个月（$t-4$）的资产周转率指标的十分位点分为 10 组。然后计算当月（t）的各组的加权/等权重的股票组合的月末收益率，并将第十组（High）与第一组（Low）收益率之差定义为 t 月的异象收益率，以此类推，得到样本期内所有月份的异象收益率。

　　B4.12 资产周转率变动（ATC）：参照索利曼（2008）的计算方法，使用当期的资产周转率减去上一期的资产周转率表示。为了计算月度指标，根据上市公司财务报表的季度时间特征进行对应的数据填充，在每个月（t）的月初，按照所有股票前四个月（$t-4$）的资产周转率变动指标的十分位点分为 10 组。然后计算当月（t）的各组的加权/等权重的股票组合的月末收益率，并将第十组（High）与第一组（Low）收益率之差定义为 t 月的异象收益率，以此类推，得到样本期内所有月份的异象收

益率。

B4.13 固定资产存货变动（FIC）：参照索利曼（2008）的计算方法，使用固定资产加上存货，除以总资产的变动表示。为了计算月度指标，根据上市公司财务报表的季度时间特征进行对应的数据填充，在每个月（t）的月初，按照所有股票前四个月（$t-4$）的固定资产存货变动指标的十分位点分为 10 组。然后计算当月（t）的各组的加权/等权重的股票组合的月末收益率，并将第十组（High）与第一组（Low）收益率之差定义为 t 月的异象收益率，以此类推，得到样本期内所有月份的异象收益率。

B4.14 1 年股票发行（ISSUE1）：参照珀笛福和伍德盖特（Pontiff & Woodgate，2008）的计算方法，使用十八个月前到六个月前的流通股增长率表示。为了计算月度指标，根据上市公司财务报表的季度时间特征进行对应的数据填充，在每个月（t）的月初，按照所有股票前四个月（$t-4$）的 1 年股票发行指标的十分位点分为 10 组。然后计算当月（t）的各组的加权/等权重的股票组合的月末收益率，并将第十组（High）与第一组（Low）收益率之差定义为 t 月的异象收益率，以此类推，得到样本期内所有月份的异象收益率。

B4.15 3 年股票发行（ISSUE3）：参照前面的研究方法，使用三年内的流通股增长率表示。为了计算月度指标，根据上市公司财务报表的季度时间特征进行对应的数据填充，在每个月（t）的月初，按照所有股票前一个月（$t-1$）的 3 年股票发行指标的十分位点分为 10 组。然后计算当月（t）的各组的加权/等权重的股票组合的月末收益率，并将第十组（High）与第一组（Low）收益率之差定义为 t 月的异象收益率，以此类推，得到样本期内所有月份的异象收益率。

B4.16 经营性应计（ACC）：参照斯隆（Sloan，1996）的计算方法，试用下计算，

$$Oa = (dCA - dCASH) - (dCL - dSTD - dTP) - DP$$

其中，dCA 表示流动资产变动，$dCASH$ 表示现金（现金等价物）的变动；dCL 表示流动性负债的变动；$dSTD$ 表示包括在流动负债中的债务变动；dTP 表示收入税支出变动；DP 是指折旧和摊销。

为了计算月度指标，根据上市公司财务报表的季度时间特征进行对应的数据填充，在每个月（t）的月初，按照所有股票前四个月（$t-4$）的经营性应计指标的十分位点分为 10 组。然后计算当月（t）的各组的加权/等权重的股票组合的月末收益率，并将第十组（High）与第一组（Low）

收益率之差定义为 t 月的异象收益率，以此类推，得到样本期内所有月份的异象收益率。

B4.17 总应计（ACCP）：根据哈夫扎拉和温克勒（Hafzalla & Winkle, 2010）的计算方法，使用利润总额减去营业现金流，再除以净利润表示。为了计算月度指标，根据上市公司财务报表的季度时间特征进行对应的数据填充，在每个月（t）的月初，按照所有股票前四个月（$t-4$）的总应计指标的十分位点分为 10 组。然后计算当月（t）的各组的加权/等权重的股票组合的月末收益率，并将第十组（High）与第一组（Low）收益率之差定义为 t 月的异象收益率，以此类推，得到样本期内所有月份的异象收益率。

B5　盈利类异象

B5.1 每股收益（ROE）：使用国泰安数据库中的 ROE 指标表示。在每个月（t）的月初，按照所有股票前四个月（$t-4$）的每股收益指标的十分位点分为 10 组。然后计算当月（t）的各组的加权/等权重的股票组合的月末收益率，并将第十组（High）与第一组（Low）收益率之差定义为 t 月的异象收益率，以此类推，得到样本期内所有月份的异象收益率。

B5.2 每股收益变动（ROEC）：使用 ROE 指标的年度增长率表示。为了计算月度指标，根据上市公司财务报表的季度时间特征进行对应的数据填充，在每个月（t）的月初，按照所有股票前四个月（$t-4$）的每股收益变动指标的十分位点分为 10 组。然后计算当月（t）的各组的加权/等权重的股票组合的月末收益率，并将第十组（High）与第一组（Low）收益率之差定义为 t 月的异象收益率，以此类推，得到样本期内所有月份的异象收益率。

B5.3 资产收益率（ROA）：使用国泰安数据库中的 ROA 指标表示。在每个月（t）的月初，按照所有股票前四个月（$t-4$）的资产收益率指标的十分位点分为 10 组。然后计算当月（t）的各组的加权/等权重的股票组合的月末收益率，并将第十组（High）与第一组（Low）收益率之差定义为 t 月的异象收益率，以此类推，得到样本期内所有月份的异象收益率。

B5.4 资产收益率变动（ROAC）：使用 ROE 指标的年度增长率表示。在每个月（t）的月初，按照所有股票前四个月（$t-4$）的资产收益率变动指标的十分位点分为 10 组。然后计算当月（t）的各组的加权/等权重的股票组合的月末收益率，并将第十组（High）与第一组（Low）收益率之差定义为 t 月的异象收益率，以此类推，得到样本期内所有月份的异象收益率。

B5.5 利润率 1（PR1）：参照索利曼（2008）的计算方法，使用 EBIT 除以总营业收入表示。为了计算月度指标，根据上市公司财务报表的季度时间特征进行对应的数据填充，在每个月（t）的月初，按照所有股票前四个月（$t-4$）的利润率 1 指标的十分位点分为 10 组。然后计算当月（t）的各组的加权/等权重的股票组合的月末收益率，并将第十组（High）与第一组（Low）收益率之差定义为 t 月的异象收益率，以此类推，得到样本期内所有月份的异象收益率。

B5.6 利润率变动（PRC）：参照索利曼（2008）的计算方法，使用两期利润率的差值表示。为了计算月度指标，根据上市公司财务报表的季度时间特征进行对应的数据填充，在每个月（t）的月初，按照所有股票前四个月（$t-4$）的利润率变动指标的十分位点分为 10 组。然后计算当月（t）的各组的加权/等权重的股票组合的月末收益率，并将第十组（High）与第一组（Low）收益率之差定义为 t 月的异象收益率，以此类推，得到样本期内所有月份的异象收益率。

B5.7 资本周转率（CT）：参照诺维 – 马尔克思（2013）的计算方法，使用销售额除以总资产表示。为了计算月度指标，根据上市公司财务报表的季度时间特征进行对应的数据填充，在每个月（t）的月初，按照所有股票前四个月（$t-4$）的资本周转率指标的十分位点分为 10 组。然后计算当月（t）的各组的加权/等权重的股票组合的月末收益率，并将第十组（High）与第一组（Low）收益率之差定义为 t 月的异象收益率，以此类推，得到样本期内所有月份的异象收益率。

B5.8 利润率 2（PR2）：参照卡西克等（Karthik，Bartov & Faurel，2010）的计算方法，使用净利润除以总资产表示。为了计算月度指标，根据上市公司财务报表的季度时间特征进行对应的数据填充，在每个月（t）的月初，按照所有股票前四个月（$t-4$）的利润率 2 指标的十分位点分为 10 组。然后计算当月（t）的各组的加权/等权重的股票组合的月末收益率，并将第十组（High）与第一组（Low）收益率之差定义为 t 月的异象收益率，以此类推，得到样本期内所有月份的异象收益率。

B5.9 总利润率（TPR）：参照诺维 – 马尔克思（2013）的计算方法，使用总收入减去营业成本，再除以总资产表示。为了计算月度指标，根据上市公司财务报表的季度时间特征进行对应的数据填充，在每个月（t）的月初，按照所有股票前四个月（$t-4$）的总利润率指标的十分位点分为10组。然后计算当月（t）的各组的加权/等权重的股票组合的月末收益率，并将第十组（High）与第一组（Low）收益率之差定义为 t 月的异象收益率，以此类推，得到样本期内所有月份的异象收益率。

B5.10 营业利润账面价值比（OPB）：参照诺维－马尔克思（2013）的计算方法，使用总收入减去营业成本，再减去销售费用、财务费用和管理费用，再除以账面价值表示。为了计算月度指标，根据上市公司财务报表的季度时间特征进行对应的数据填充，在每个月（t）的月初，按照所有股票前四个月（$t-4$）的营业利润账面价值比指标的十分位点分为10组。然后计算当月（t）的各组的加权/等权重的股票组合的月末收益率，并将第十组（High）与第一组（Low）收益率之差定义为 t 月的异象收益率，以此类推，得到样本期内所有月份的异象收益率。

B5.11 营业利润资产比（OPA）：参照诺维－马尔克思（2013）的计算方法，使用总收入减去营业成本，再减去销售费用、财务费用和管理费用，再除以总资产表示。为了计算月度指标，根据上市公司财务报表的季度时间特征进行对应的数据填充，在每个月（t）的月初，按照所有股票前四个月（$t-4$）的营业利润资产比指标的十分位点分为10组。然后计算当月（t）的各组的加权/等权重的股票组合的月末收益率，并将第十组（High）与第一组（Low）收益率之差定义为 t 月的异象收益率，以此类推，得到样本期内所有月份的异象收益率。

B5.12 营业利润增长率（OPG）：根据阿巴巴内尔和布希（1997）的计算方式，营业利润增长率等于营业利润的年化增长率，即为 t 月份的营业利润减去 $t-12$ 月的营业利润再除以 $t-12$ 月的营业利润。为了计算月度指标，根据上市公司财务报表的季度时间特征进行对应的数据填充，在每个月（t）的月初，按照所有股票前四个月（$t-4$）的营业利润增长率指标的十分位点分为10组。然后计算当月（t）的各组的加权/等权重的股票组合的月末收益率，并将第十组（High）与第一组（Low）收益率之差定义为 t 月的异象收益率，以此类推，得到样本期内所有月份的异象收益率。

B5.13 账面杠杆（BL）：使用总资产除以账面价值表示。为了计算月度指标，根据上市公司财务报表的季度时间特征进行对应的数据填充，在每个月（t）的月初，按照所有股票前四个月（$t-4$）的账面杠杆指标的十分位点分为 10 组。然后计算当月（t）的各组的加权/等权重的股票组合的月末收益率，并将第十组（High）与第一组（Low）收益率之差定义为 t 月的异象收益率，以此类推，得到样本期内所有月份的异象收益率。

B5. 14 销售额增长率（SG）：使用销售额的年度增长率表示，其中销售额使用利润表中的"营业收入"表示。为了计算月度指标，根据上市公司财务报表的季度时间特征进行对应的数据填充，在每个月（t）的月初，按照所有股票前四个月（$t-4$）的销售额增长率指标的十分位点分为 10 组。然后计算当月（t）的各组的加权/等权重的股票组合的月末收益率，并将第十组（High）与第一组（Low）收益率之差定义为 t 月的异象收益率，以此类推，得到样本期内所有月份的异象收益率。

B5. 15 可持续增长能力（SGP）：参照弗朗西斯等（Francis et al.，2004）的计算方法，使用 EPS 的 3 年（12 个季度）滚动的自回归模型系数表示，为了计算月度指标，根据上市公司财务报表的季度时间特征进行对应的数据填充，在每个月（t）的月初，按照所有股票前四个月（$t-4$）的可持续增长能力指标的十分位点分为 10 组。然后计算当月（t）的各组的加权/等权重的股票组合的月末收益率，并将第十组（High）与第一组（Low）收益率之差定义为 t 月的异象收益率，以此类推，得到样本期内所有月份的异象收益率。

B6　无形资产异象

B6. 1 现金流资产比（CA）：参照帕拉佐（Palazzo，2012）的计算方式，使用现金除以总资产得到，现金使用现金流量表中的"现金及现金等价物"表示。为了计算月度指标，根据上市公司财务报表的季度时间特征进行对应的数据填充，在每个月（t）的月初，按照所有股票前四个月（$t-4$）的现金流资产比指标的十分位点分为 10 组。然后计算当月（t）的各组的加权/等权重的股票组合的月末收益率，并将第十组（High）与第一组（Low）收益率之差定义为 t 月的异象收益率，以此类推，得到样本期内所有月份的异象收益率。

B6. 2 销售额变动减去存货变动（SMI）：参照阿巴巴内尔和布希（1998）的计算方式，

$$\%d（销售额）-\%d（存货）$$

其中，$\%d$（销售额）= [销售额（t）- E（销售额（t）)]/E [销售额（t）]，而 E [销售额（t）] = [销售额（t-1）+ 销售额（t-2）]/2，$\%d$

（存货）计算方式相同。为了计算月度指标，根据上市公司财务报表的季度时间特征进行对应的数据填充，在每个月（t）的月初，按照所有股票前四个月（$t-4$）的销售额变动减去存货变动指标的十分位点分为 10 组。然后计算当月（t）的各组的加权/等权重的股票组合的月末收益率，并将第十组（High）与第一组（Low）收益率之差定义为 t 月的异象收益率，以此类推，得到样本期内所有月份的异象收益率。

B6.3 销售额变动减去应收账款变动（SMA）：参照阿巴巴内尔和布希（1998）的计算方式，

$$\%d（销售额）-\%d（总应收账款）$$

其中，为了计算月度指标，根据上市公司财务报表的季度时间特征进行对应的数据填充，在每个月（t）的月初，按照所有股票前四个月（$t-4$）的销售额变动减去应收账款变动指标的十分位点分为 10 组。然后计算当月（t）的各组的加权/等权重的股票组合的月末收益率，并将第十组（High）与第一组（Low）收益率之差定义为 t 月的异象收益率，以此类推，得到样本期内所有月份的异象收益率。

B6.4 毛利变动减去销售额变动（MMS）：

$$\%d（毛利）-\%d（销售额）$$

其中，毛利是指营业收入减去营业成本。为了计算月度指标，根据上市公司财务报表的季度时间特征进行对应的数据填充，在每个月（t）的月初，按照所有股票前四个月（$t-4$）的毛利变动减去销售额变动指标的十分位点分为 10 组。然后计算当月（t）的各组的加权/等权重的股票组合的月末收益率，并将第十组（High）与第一组（Low）收益率之差定义为 t 月的异象收益率，以此类推，得到样本期内所有月份的异象收益率。

B6.5 销售额变动减去三大费用变动（SMS）：

$$\%d(Sales)-\%d(SG\&A)$$

为了计算月度指标，根据上市公司财务报表的季度时间特征进行对应的数据填充，在每个月（t）的月初，按照所有股票前四个月（$t-4$）的销售额变动减去三大费用变动指标的十分位点分为 10 组。然后计算当月（t）的各组的加权/等权重的股票组合的月末收益率，并将第十组（High）与第一组（Low）收益率之差定义为 t 月的异象收益率，以此类推，得到样本期内所有月份的异象收益率。

B6.6 雇佣率变动（HIRE）：参照比罗等（Belo et al.，2014）的计算方式，使用上市公司员工人数的年度变动得到。为了计算月度指标，根据上市公司财务报表的年度时间特征进行对应的数据填充，在每个月（t）的月初，按照所有股票前四个月（$t-4$）的盈余价格比指标的十分位点分为 10 组。然后计算当月（t）的各组的加权/等权重的股票组合的月末收益率，并将第十组（High）与第一组（Low）收益率之差定义为 t 月的异象收益率，以此类推，得到样本期内所有月份的异象收益率。

B6.7 折旧率（DIC）：参照霍尔特豪森和拉克尔（Holthausen & Larcker, 1992）的计算方式，折旧率因子为折旧率等于固定资产折旧除以固定资产净值。为了计算月度指标，根据上市公司财务报表的季度时间特征进行对应的数据填充，在每个月（t）的月初，按照所有股票前四个月（$t-4$）的折旧率指标的十分位点分为 10 组。然后计算当月（t）的各组的加权/等权重的股票组合的月末收益率，并将第十组（High）与第一组（Low）收益率之差定义为 t 月的异象收益率，以此类推，得到样本期内所有月份的异象收益率。

B6.8 折旧变化（DICC）：参照霍尔特豪森和拉克尔（Holthausen & Larcker, 1992）的计算方式，折旧率变化因子为固定资产折旧环比变化率。为了计算月度指标，根据上市公司财务报表的季度时间特征进行对应的数据填充，在每个月（t）的月初，按照所有股票前四个月（$t-4$）的折旧变化指标的十分位点分为 10 组。然后计算当月（t）的各组的加权/等权重的股票组合的月末收益率，并将第十组（High）与第一组（Low）收益率之差定义为 t 月的异象收益率，以此类推，得到样本期内所有月份的异象收益率。

B6.9 研发成本收入比（R&DS）：参照郭等（Guo et al., 2006）的计算方式，研发成本收入比等于管理费用除以营业收入。其中，使用管理费用来代替研发费用，这是由于中国上市公司的财务报表中没有披露。为了计算月度指标，根据上市公司财务报表的季度时间特征进行对应的数据填充，在每个月（t）的月初，按照所有股票前四个月（$t-4$）的研发成本收入比指标的十分位点分为 10 组。然后计算当月（t）的各组的加权/等权重的股票组合的月末收益率，并将第十组（High）与第一组（Low）收益率之差定义为 t 月的异象收益率，以此类推，得到样本期内所有月份的异象收益率。

B6.10 现金生产力（CP）：参照钱德拉什卡尔和饶（Chandrashekar & Rao, 2009）的计算方式，流通市值加上长期负债减去总资产，然后除以货币资金。为了计算月度指标，根据上市公司财务报表的季度时间特征进行对应的数据填充，在每个月（t）的月初，按照所有股票前四个月（$t-4$）的现金生产力指标的十分位点分为 10 组。然后计算当月（t）的各组的加权/等权重的股票组合的月末收益率，并将第十组（High）与第一组（Low）收益率之差定义为 t 月的异象收益率，以此类推，得到样本期内所有月份的异象收益率。

B6.11 营业收入现金比（SCR）：参照乌和彭曼（Ou & Penman，1989）的计算方式，营业收入现金比等于营业收入除以货币资金。为了计算月度指标，根据上市公司财务报表的季度时间特征进行对应的数据填充，在每个月（t）的月初，按照所有股票前四个月（$t-4$）的盈余价格比指标的十分位点分为 10 组。然后计算当月（t）的各组的加权/等权重的股票组合的月末收益率，并将第十组（High）与第一组（Low）收益率之差定义为 t 月的异象收益率，以此类推，得到样本期内所有月份的异象收益率。

B6.12 税收增长率（TAX）：参照托马斯和张（2011）的计算方式，t月份的税收增长率等于 t 月的税收减去 $t-12$ 月的税收再除以 $t-12$ 月的税收。为了计算月度指标，根据上市公司财务报表的季度时间特征进行对应的数据填充，在每个月（t）的月初，按照所有股票前四个月（$t-4$）的税收增长率指标的十分位点分为 10 组。然后计算当月（t）的各组的加权/等权重的股票组合的月末收益率，并将第十组（High）与第一组（Low）收益率之差定义为 t 月的异象收益率，以此类推，得到样本期内所有月份的异象收益率。

B6.13 偿债能力资产比（DCA）：参照阿尔梅达和卡佩罗（Almeida & Campello，2007）的计算方式，偿债能力/总资产 = （现金流 + 0.715 × 应收账款 + 0.547 × 存货 + 0.535 × PPE）/总资产。为了计算月度指标，根据上市公司财务报表的季度时间特征进行对应的数据填充，在每个月（t）的月初，按照所有股票前四个月（$t-4$）的偿债能力资产比指标的十分位点分为 10 组。然后计算当月（t）的各组的加权/等权重的股票组合的月末收益率，并将第十组（High）与第一组（Low）收益率之差定义为 t 月的异象收益率，以此类推，得到样本期内所有月份的异象收益率。

参 考 文 献

[1] 包锋, 徐建国. 异质信念的变动与股票收益 [J]. 经济学 (季刊), 2015, 14 (4): 1591 – 1610.

[2] 蔡红艳, 阎庆民. 产业结构调整与金融发展——来自中国的跨行业调查研究 [J]. 管理世界, 2004 (10): 79 – 84.

[3] 陈国进, 范长平. 我国股票市场的过度反应现象及其成因分析 [J]. 南开经济研究, 2006 (3): 42 – 53.

[4] 陈国进, 胡超凡, 王景. 异质信念与股票收益——基于我国股票市场的实证研究 [J]. 财贸经济, 2009 (3): 26 – 31.

[5] 陈国进, 张贻军, 王景. 异质信念与盈余惯性——基于中国股票市场的实证分析 [J]. 当代财经, 2008b (7): 43 – 48.

[6] 陈国进, 张贻军, 王磊. 股市崩盘现象研究评述 [J]. 经济学动态, 2008a (11): 116 – 120.

[7] 陈国进, 张贻军. 异质信念、卖空限制与我国股市的暴跌现象研究 [J]. 金融研究, 2009 (4): 80 – 91.

[8] 储德银, 建克成. 财政政策与产业结构调整——基于总量与结构效应双重视角的实证分析 [J]. 经济学家, 2014 (2): 80 – 91.

[9] 褚剑, 方军雄. 中国式融资融券制度安排与股价崩盘风险的恶化 [J]. 经济研究, 2016, 51 (5): 143 – 158.

[10] 崔秋锁. 理性和非理性概念研究 [J]. 哲学动态, 1989 (11): 38 – 41.

[11] 崔晓蕾, 何婧, 徐龙炳. 投资者情绪对企业资源配置效率的影响——基于过度投资的视角 [J]. 上海财经大学学报, 2014, 16 (3): 86 – 94.

[12] 董晨昱, 刘维奇, 汪颖杰. 最大日收益率效应成因及投资策略分析——来自中、美股票市场的对比研究 [J]. 经济问题, 2018 (1): 27 – 35.

［13］郭阳生，沈烈，汪平平．沪港通降低了股价崩盘风险吗——基于双重差分模型的实证研究［J］．山西财经大学学报，2018，40（6）：30－44.

［14］韩立岩，孙曈．卖空机制、异质信念与市场有效性——基于事件研究法的实证分析［J］．管理与决策，2015（1）：10－24.

［15］郝颖，刘星．股权融资依赖与企业投资行为——基于行为公司财务视角［J］．经济与管理研究，2009（5）：32－40.

［16］赫伯特·西蒙．管理行为［M］．詹正茂译．北京：机械工业出版社，2013.

［17］花贵如，刘志远，许骞．投资者情绪、企业投资行为与资源配置效率［J］．会计研究，2010（11）：49－55，97.

［18］黄宏斌，刘志远．投资者情绪、信贷融资与企业投资规模［J］．证券市场导报，2014（7）：28－34，39.

［19］黄宏斌，翟淑萍，陈静楠．企业生命周期、融资方式与融资约束——基于投资者情绪调节效应的研究［J］．金融研究，2016（7）：96－112.

［20］江成山．基于异质信念的资产定价理论和实证研究［D］．重庆大学，2009.

［21］金永红，罗丹．异质信念、投资者情绪与资产定价研究综述［J］．外国经济与管理，2017，39（5）：100－114.

［22］李斌，邵新月，李玥阳．机器学习驱动的基本面量化投资研究［J］．中国工业经济，2019（8）：61－79.

［23］李宏，王刚，路磊．股票流动性能够解释收益反转之谜吗？［J］．管理科学学报．2016，19（8）：84－101.

［24］李君平，徐龙炳．资本市场错误定价、融资约束与公司融资方式选择［J］．金融研究，2015（12）：113－129.

［25］李林波，刘维奇．投资者情绪与产业结构升级——"投融资途径"与"信号传递"的视角［J］．外国经济与管理，2020，42（2）：111－123.

［26］李心丹．行为金融学：理论及中国的证据［M］．上海：上海三联书店，2004.

［27］李一红，吴世农．中国股市流动性溢价的实证研究［J］．管理评论，2003（11）：34－42.

［28］李志生，陈晨，林秉旋．卖空机制提高了中国股票市场的定价效率吗？——基于自然实验的证据［J］．经济研究，2015，50（4）：165 - 177.

［29］李志文，修世宇．中国资本市场新股 IPO 折价程度及原因探究［J］．中国会计评论，2006（2）：173 - 188.

［30］林煜恩，尚铎，陈宜群，池祥萱．连续性过度反应对股票价格反转与暴跌的影响［J］．金融评论，2017，9（4）：108 - 123，126.

［31］刘晋华，姚益龙．基于异质信念演化的资产市场波动研究［J］．南方经济，2011（4）：52 - 64.

［32］刘维奇，李林波．卖空机制与中国股市的持续性过度反应——基于融券制度的准自然实验分析［J］．山西财经大学学报，2018，40（9）：33 - 47.

［33］刘维奇，李娜．投资者学习行为与股票市场波动［J］．山西大学学报（哲学社会科学版），2019，42（1）：125 - 136.

［34］刘燕，朱宏泉．个体与机构投资者，谁左右 A 股股价变化？——基于投资者异质信念的视角［J］．中国管理科学，2018，26（4）：120 - 130.

［35］刘煜辉，熊鹏．股权分置、政府管制和中国 IPO 抑价［J］．经济研究，2005（5）：85 - 95.

［36］刘志远，靳光辉，黄宏斌．投资者情绪与控股股东迎合——基于公司投资决策的实证研究［J］．系统工程，2012，30（10）：1 - 9.

［37］鲁臻，邹恒甫，中国股市的惯性与反转效应研究［J］．经济研究，2007（9）：145 - 155.

［38］陆蓉，何婧，崔晓蕾．资本市场错误定价与产业结构调整［J］．经济研究，2017，52（11）：104 - 118.

［39］马文杰，路磊．认沽权证系统性高估机理：投机还是创设机制？［J］．管理科学学报，2016，19（5）：68 - 86.

［40］孟庆斌，黄清华．卖空机制是否降低了股价高估？——基于投资者异质信念的视角［J］．管理科学学报，2018，21（4）：43 - 66.

［41］欧阳峣，刘智勇．发展中大国人力资本综合优势与经济增长——基于异质性与适应性视角的研究［J］．中国工业经济，2010（11）：26 - 35.

［42］潘莉，徐建国，A 股个股回报率的惯性与反转［J］．金融研究，2011，367（1）：149：166.

[43] 屈源育，沈涛，吴卫星. 壳溢价：错误定价还是管制风险？[J]. 金融研究，2018 (3)：155 - 171.

[44] 史金艳，赵江山，张茂军. 基于投资者异质信念的均衡资产定价模型研究 [J]. 管理科学，2009，22 (6)：95 - 100.

[45] 宋凌云，王贤彬，徐现祥. 地方官员引领产业结构变动 [J]. 经济学（季刊），2013，12 (1)：71 - 92.

[46] 宋顺林，唐斯圆. IPO 定价管制、价值不确定性与投资者"炒新" [J]. 会计研究，2017 (1)：61 - 67，96.

[47] 宋顺林，唐斯圆. 首日价格管制与新股投机：抑制还是助长？[J]. 管理世界，2019，35 (1)：211 - 224.

[48] 宋顺林，王彦超. 投资者情绪如何影响股票定价？——基于 IPO 公司的实证研究 [J]. 管理科学学报，2016 (5)：41 - 55.

[49] 唐玮，崔也光，罗孟旎. 投资者情绪与企业创新投入——基于管理者过度自信中介渠道 [J]. 北京工商大学学报（社会科学版），2017，32 (4)：66 - 77.

[50] 唐玮，崔也光，齐英. 长期融资性负债、银企关系与 R&D 投资——来自制造业上市公司的经验证据 [J]. 数理统计与管理，2017，36 (1)：29 - 37.

[51] 田利辉，张伟，王冠英. 新股发行：渐进式市场化改革是否可行 [J]. 南开管理评论，2013 (2)：116 - 132.

[52] 王凤荣，赵建. 基于投资者异质性信念的证券定价模型——对我国股票市场价格的实证检验 [J]. 经济管理，2006 (18)：41 - 46.

[53] 王明涛，路磊，宋锴. 政策因素对股票市场波动的非对称性影响 [J]. 管理科学学报，2012，15 (12)：40 - 57.

[54] 王永宏，赵学军. 中国股市"惯性策略"和"反转策略"的实证分析 [J]. 经济研究，2001 (6)：56 - 61.

[55] 魏志华，曾爱民，吴育辉，李常青. IPO 首日限价政策能否抑制投资者"炒新"？[J]. 管理世界，2019，35 (1)：192 - 210.

[56] 谢玲红，刘善存，邱菀华. 意见分歧与企业融资方式选择——基于并购事件 [J]. 系统工程，2011，29 (8)：65 - 72.

[57] 熊熊，高雅，冯绪. 卖空交易与异质信念：基于中国股票市场的证据 [J]. 系统工程理论与实践，2017，37 (8)：1937 - 1948.

[58] 徐枫，胡鞍钢，郭楠. 异质信念、卖空限制对证券发行决策的

影响 [J]. 中国管理科学, 2013, 21 (2): 1-8.

[59] 徐浩萍, 杨国超. 股票市场投资者情绪的跨市场效应——对债券融资成本影响的研究 [J]. 财经研究, 2013, 39 (2): 47-57.

[60] 亚当·斯密, 郭大力. 国民财富的性质和原因的研究 [M]. 王亚南译. 北京: 商务印书馆, 2011.

[61] 姚海霞, 王性玉. 客观行业及市场情绪是否与主观情绪相一致——基于宏观产业政策角度 [J]. 中国管理科学, 2016, 24 (S1): 814-820.

[62] 易志高, 茅宁. 中国股市投资者情绪测量研究: CICSI 的构建 [J]. 金融研究, 2009 (11): 174-184.

[63] 俞红海, 李心丹, 耿子扬. 投资者情绪、意见分歧与中国股市 IPO 之谜 [J]. 管理科学学报, 2015 (3): 78-89.

[64] 虞文微, 张兵, 赵丽君. 异质信念、卖空机制与"特质波动率之谜"——基于2698家中国A股上市公司的证据 [J]. 财经科学, 2017 (2): 38-50.

[65] 翟淑萍, 黄宏斌, 毕晓方. 资本市场业绩预期压力、投资者情绪与企业研发投资 [J]. 科学学研究, 2017, 35 (6): 896-906.

[66] 翟淑萍, 卓然, 王玥. 业绩预期压力、高管股权激励与企业投资不足 [J]. 金融论坛, 2017, 22 (6): 38-49.

[67] 张橹. 资产定价中的因子大战 [J]. 清华金融评论, 2016 (12): 101-104.

[68] 张维, 张永杰. 异质信念、卖空限制与风险资产价格 [J]. 管理科学学报, 2006 (4): 58-64.

[69] 张信东, 郝盼盼. 企业创新投入的原动力: CEO 个人品质还是早年经历——基于 CEO 过度自信品质与早年饥荒经历的对比 [J]. 上海财经大学学报, 2017, 19 (1): 61-74.

[70] 郑敏. 异质信念、生存条件及市场影响力 [J]. 管理科学学报, 2015, 18 (8): 73-82.

[71] 周铭山, 林靖, 许年行. 分析师跟踪与股价同步性——基于过度反应视角的证据 [J]. 管理科学学报. 2016, 19 (6): 49-73.

[72] 朱宏泉, 余江, 陈林. 异质信念、卖空限制与股票收益——基于中国证券市场的分析 [J]. 管理科学学报, 2016, 19 (7): 115-126.

[73] 朱战宇, 吴冲锋, 王承炜. 股市价格动量与交易量关系: 中国的

经验研究与国际比较 ［J］. 系统工程理论与实践, 2004 (2): 1 - 7, 13.

［74］邹斌, 夏新平. 中国 IPO 股价的信息含量及其上市首日收益研究 ［J］. 管理科学, 2010, 23 (3): 60 - 69.

［75］Abarbanell J, Bushee B. Abnormal returns to a fundamental analysis strategy ［J］. Accouting Review, 1998, 73 (1): 19 - 45.

［76］Abel A B. Asset Prices under Habit Formation and Catching Up with the Joneses ［J］. American Economic Review, 1990, 80 (2): 38 - 42.

［77］Ajinkya B, Atiase K, Gift J. Volume of trading and the dispersion in financial analysts' earnings forecasts ［J］. Accounting Review, 1991, 66 (2): 389 - 401.

［78］Allen F, Morris S, Postlewaite A. Finite Bubbles with Short Sale Constraints and Asymmetric Information ［J］. Journal of Economic Theory, 1993, 61 (2): 206 - 229.

［79］Almeida H, Campello M. Financial constraints, asset tangibility, and corporate investment ［J］. Review of Financial Studies, 2007, 20 (5): 1429 - 1460.

［80］Alti A, Tetlock C. Biased beliefs, asset prices, and investment: A structural approach ［J］. Journal of Finance, 2014, 69 (1): 325 - 361.

［81］Alwathainani A M. It's all overreaction: Earning momentum to value/ growth ［J］. SSRN Electronic Journal, 2010.

［82］Amaya D, Christoffersen P, Jacobs K, Vasquez A. Do realized skewness and kurtosis predict the cross-section of equity returns? ［OL］. Working Paper, 2011.

［83］Amihud Y. Illiquidity and stock returns: Cross-section and time-series effects ［J］. Journal of Financial Markets, 2002, 5 (1): 31 - 56.

［84］Anderson C W, Garcia - Feijoo L. Empirical evidence on capital investment, growth options, and security returns ［J］. Journal of Finance, 2006, 61 (1): 171 - 194.

［85］Anderson E, Ghysels E, Juergens J. Do heterogeneous beliefs matter for asset pricing? ［J］. Review of Financial Studies, 2005, 18 (3): 875 - 924.

［86］Andrea B, Alexei J. Model uncertainty and option markets with heterogeneous beliefs ［J］. Journal of Finance, 2006, 61 (6): 2841 - 2897.

[87] Ang A, Hodrick R J, Xing Y, Zhang X. The cross-section of volatility and expected returns [J]. Journal of Finance, 2006, 61: 259 – 99.

[88] Asness C S, Porter R B, Stevens R. Predicting stock returns using industry-relative firm characteristics [OL]. Working Paper, 2000.

[89] Atmaz A, Basak S. Belief dispersion in the stock market [J]. Journal of Finance, 2018, 73 (3): 1225 – 1279.

[90] Baker D, Hollifield B, Osambela E. Disagreement, speculation, and aggregate investment [J]. Journal of Financial Economics, 2016, 119 (1): 210 –225.

[91] Baker M, Stein J, Wurgler J. When does the market matter? stock prices and the investment of equity-dependent firms [J]. Quarterly Journal of Economics, 2003, 118 (3): 969 – 1006.

[92] Baker M, Wurgler J. Investor sentiment and the cross-section of stock returns [J]. Journal of Finance, 2006, 61 (4): 1645 – 1680.

[93] Balakrishnan K, Bartov E, Faurel L. Post loss/profit announcement drift [J]. Journal of Accounting and Economics, 2010, 50 (1): 20 –41.

[94] Bali T G, Cakici N. Idiosyncratic volatility and the cross section of expected returns [J]. Journal of Financial and Quantitative Analysis, 2008, 43 (1): 29 –58.

[95] Bamber L, Barron O, Stober T. Trading volume and different aspects of disagreement coincident with earnings announcements [J]. Accounting Review, 1997, 72 (4): 575 –597.

[96] Bamber L S, Barron O E, Stober T L. Differential interpretations and trading volume [J]. Journal of Financial & Quantitative Analysis, 1999, 34 (3): 369 –386.

[97] Bamber L S. Unexpected earnings, firm size, and trading volume around quarterly earnings announcements [J]. Accounting Review, 1987, 62 (3): 510 –532.

[98] Banz R W. The relationship between return and market value of common stocks [J]. Journal of Financial Economics, 1981, 9 (1): 3 –18.

[99] Barbee W C, Sandip M, Raines G A. Do sales-price and debt-equity explain stock returns better than book-market and firm size? [J]. Financial Analysts Journal, 1996, 52 (2): 56 –60.

[100] Barberis N, Greenwood R, Jin L, Shleifer A. X – CAPM: An extrapolative capital asset pricing model [J]. Journal of Financial Economics, 2015, 115 (1): 1 –24.

[101] Barberis N, Huang M, Santos T. Prospect theory and asset prices [J]. Quarterly Journal of Economics, 2001, 116 (1): 1 –53.

[102] Barberis N, Shleifer A, Vishny R. A model of investor sentiment [J]. Journal of Financial Economics, 1998, 49 (3): 307 –343.

[103] Barillas F, Shanken J. Comparing asset pricing models [J]. Journal of Finance, 2018, 73 (2): 715 –754.

[104] Basak S. Asset pricing with heterogeneous beliefs [J]. Journal of Banking and Finance, 2005, 29 (11): 2849 –2881.

[105] Basu S. Investment performance of common stocks in relation to their price-earnings ratios: A test of the Efficient Market Hypothesis [J]. Journal of Finance, 1977, 32 (3): 663 –682.

[106] Bauman W S, Dowen R. Growth projections and common stock returns [J]. Financial Analysts Journal, 1988, 44 (4): 79 –80.

[107] Beatty R, Ritter J. Investment banking, reputation, and the underpricing of initial public offerings [J]. Journal of Financial Economics, 1986, 15 (1): 213 –232.

[108] Belo F, Lin X, Bazdresch S. Labor hiring, investment, and stock return predictability in the cross section [J]. Journal of Political Economy, 2014, 122 (1): 129 –177.

[109] Benveniste M, Spindt A. How investment bankers determine the offer price and allocation of new issues [J]. Journal of Financial Economics, 1989, 24 (2): 343 –361.

[110] Bertrand, Mullainathan. Corporate governance and executive pay: evidence from Takeover Legislation [OL]. Working Paper, 1999.

[111] Bessembinder H, Chan K, Seguin P J. An empirical examination of information, differences of opinion, and trading activity [J]. Journal of Financial Economics, 1996, 40 (1): 105 –134.

[112] Bhandari L C. Debt/equity ratio and expected common stock returns: Empirical evidence [J]. Journal of Finance, 1988, 43 (2): 507 –528.

[113] Boehme D, Danielsen B, Sorescu M. Short-sale constraints,

differences of opinion, and overvaluation [J]. Journal of Financial and Quantitative Analysis, 2006, 41 (2): 455 – 487.

[114] Bond P, Goldstein I. Government intervention and information aggregation by prices [J]. Journal of Finance, 2015, 70 (3): 2777 – 2811.

[115] Boyer B, Mitton T, Vorkink K. Expected idiosyncratic skewness [J]. Review of Financial Studies, 2010, 23 (1): 169 – 202.

[116] Brav A, Heaton J B. Competing theories of financial anomalies [J]. Review of Financial Studies, 2002, 15 (2): 575 – 606.

[117] Brock W, Hommes C H. Models of compelxity in economics and finance [OL]. Working Paper, 1997.

[118] Byun S, Lim S, Yun S. Continuing overreaction and stock return predictability [J]. Journal of Financial and Quantitative Analysis, 2014, 51 (6): 2015 – 2046.

[119] Campbell J Y. Asset pricing at the millennium [J]. Journal of Finance, 2000, 55 (4): 1515 – 1567.

[120] Campbell Y, Kyle S. Smart money, noise trading and stock price behaviour [J]. The Review of Economic Studies, 1993, 60 (1): 1 – 34.

[121] Carhart M. On persistence in mutual fund performance [J]. Journal of Finance, 1997, 52 (1), 57 – 82.

[122] Carlin B, Longstaff F, Matoba K. Disagreement and asset prices [J]. Journal of Financial Economics, 2014, 114 (2): 226 – 238.

[123] Chandrashekar S, Rao R. The productivity of corporate cash holdings and the cross-section of expected stock returns [J]. SSRN Electronic Journal, 2009.

[124] Chan Y L, Kogan L. Heterogeneous preferences and the dynamics of asset prices [J]. Journal of Political Economy, 2002, 110 (6): 1255 – 1285.

[125] Chemmanur J, Krishnan K. Heterogeneous beliefs, IPO valuation, and the economic role of the underwriter in IPOs [J]. Financial Management, 2012, 41 (4): 769 – 811.

[126] Chen L, Novy – Marx R, Zhang L. An alternative three-factor model [OL]. Working Paper, 2011.

[127] Chen L, Qin L, Zhu H. Opinion divergence, unexpected trading

volume and stock returns: Evidence from China [J]. International Review of Economics and Finance, 2015, 36 (3): 119 – 127.

[128] Chiarella C, He X, Dieci R. A framework for CAPM with heterogeneous beliefs [M]. Nonlinear Dynamics in Economics, 2010.

[129] Chordia T, Subrahmanyam A, Anshuman V R. Trading activity and expected stock returns [J]. Journal of Financial Economics, 2001, 59 (1): 3 – 32.

[130] Cochrane J H. Asset pricing (Revised Edition) [M]. Princeton University press, 2011.

[131] Cooper M J, Gulen H, Schill M. Asset growth and the cross-section of stock returns [J]. Journal of Finance, 2008, 63 (4): 1609 – 1651.

[132] Daniel D, Hirshleifer A, Teoh H. Investor psychology in capital markets: Evidence and policy implications [J]. Journal of Monetary Economics, 2002, 49 (1): 139 – 209.

[133] Daniel K, David H, Sun L. Short-and long-horizon behavioral factors [OL]. NBER Working Paper, 2018.

[134] Daniel K, Hirshleifer D, Subrahmanyam A. Investor psychology and security market under-and overreactions [J]. Journal of Finance, 1998, 53 (6): 1839 – 1885.

[135] Daniel K, Titman S. Market reactions to tangible and intangible information [J]. Journal of Finance, 2006, 61 (4): 1605 – 1643.

[136] Datar V T, Naik N Y, Radcliffe R. Liquidity and stock returns: An alternative test [J]. Journal of Financial Markets, 1998, 1 (2): 203 – 219.

[137] David A. Heterogeneous beliefs, speculation, and the equity premium [J]. Journal of Finance, 2008, 63 (1): 41 – 83.

[138] Davis J L, Fama E F, French K R. Characteristics, covariances, and average returns: 1929 to 1997 [J]. Journal of Finance, 2000, 55 (1): 389 – 406.

[139] Da Z, Engelberg J, Gao P J. In search of attention [J]. Journal of Finance, 2011, 66 (5): 1461 – 1499.

[140] De Bondt W, Thaler R. Does the stock market overact? [J]. Journal of Finance, 1985, 40 (3): 793 – 808.

[141] Delong B J, Shleifer A, Summers L, Waldmann R J. The survival of noise traders in financial markets [J]. Journal of Business, 1991, 64 (1): 1 – 19.

[142] Desai H, Rajgopal S, Venkatachalam M. Value-glamour and accruals mispricing: One anomaly or two? [J]. Accounting Review, 2004, 79 (2): 355 – 385.

[143] Diamond W, Verrecchia R. Disclosure, liquidity, and the cost of capital [J]. Journal of Finance, 1991, 46 (4): 1325 – 1359.

[144] Diamond W, Verrecchia R. Information aggregation in a noisy rational expectations economy [J]. Journal of Financial Economics, 1981, 9 (2): 221 – 235.

[145] Diether B, Christopher M, Anna S. Differences of opinion and the cross section of stock returns [J]. Journal of Finance, 2002, 57 (5): 2113 – 2141.

[146] Diether K B, Lee K H, Werner I. Short-sale strategies and return predictability [J]. Review of Financial Studies, 2009, 22 (2): 575 – 607.

[147] Dimson E. Risk management when shares are subject to infrequent trading [J]. Journal of Financial Economics, 1979, 7 (2): 197 – 226.

[148] Dumas B. Two-person dynamic equilibrium in the capital market [J]. Review of Financial Studies, 1989, 2 (2): 157 – 188.

[149] Easley D, O'Hara M. Information and the cost of capital [J]. Journal of Finance, 2004, 59 (4): 1553 – 1583.

[150] Easley D, O'Hara M, Yang L. Opaque trading, disclosure, and asset prices: Implications for hedge fund regulation [J]. Review of Financial Studies, 2014, 27 (4): 1190 – 1237.

[151] Edelen M, Ince S, Kadlec B. Institutional investors and stock return anomalies [J]. Journal of Financial Economics, 2016, 119 (3): 472 – 488.

[152] Elgers P, Lo M, Jr R. Delayed security price adjustments to financial analysts' forecasts of annual earnings [J]. Accounting Review, 2001, 76 (4): 613 – 632.

[153] Fama E. Efficient capital markets: A review of theory and empirical work [J]. Journal of Finance, 1970, 25 (2): 383 – 417.

［154］ Fama E F, French K R. A five-factor asset pricing model ［J］. Journal of Financial Economics, 2015, 116 (1): 1 – 22.

［155］ Fama E F, French K R. Choosing factors ［J］. Journal of Financial Economics, 2018, 128 (2): 234 – 252.

［156］ Fama E F, French K R. Common risk factors in the returns on stocks and bonds ［J］. Journal of Financial Economics, 1993, 33 (1): 3 – 56.

［157］ Fama E, MacBeth J. Risk, return and equilibrium: Empirical tests ［J］. Journal of Political Economy, 1973, 81 (3): 607 – 636.

［158］ Foster G, Olsen C, Shevlin T. Earnings releases, anomalies, and the behavior of security returns ［J］. Accounting Review, 1984 (59): 574 – 603.

［159］ Francis J, LaFond R, Olsson P, et al. Costs of equity and earnings attributes ［J］. Accounting Review, 2004, 79 (4): 967 – 1010.

［160］ Gao X, Ritter J. The marketing of seasoned equity offerings ［J］. Journal of Financial Economics, 2010, 97 (1): 33 – 52.

［161］ Garfinkel A. Measuring investors' opinion divergence ［J］. Journal of Accounting Research, 2009, 47 (5): 1317 – 1348.

［162］ Garfinkel A, Sokobin J. Volume, opinion divergence, and returns: A study of post-earnings announcement drift ［J］. Journal of Accounting Research, 2006, 44 (1): 85 – 112.

［163］ Garlappi L, Giammarino R, Lazrak A. Ambiguity and the corporation: Group disagreement and underinvestment ［J］. Journal of Financial Economics, 2017, 125 (3): 417 – 433.

［164］ Gibbons M R, Ross S A, Shanken J. A test of the efficiency of a given portfolio ［J］. Econometrica, 1989, 57 (5): 1121 – 1152.

［165］ Goetzmann N, Massa M. Dispersion of opinion and stock returns ［J］. Journal of Financial Markets, 2005, 8 (3): 324 – 349.

［166］ Goldstein I, Yang L. Information disclosure in financial markets ［J］. Annual Review of Financial Economics, 2017 (9): 101 – 125.

［167］ Grossman J, Stiglitz E. On the impossibility of informationally efficient markets ［J］. American Economic Review, 1980, 70 (3): 393 – 408.

［168］ Guo R J, Lev B, Shi C. Explaining the short-and long-term IPO anomalies in the US by R&D ［J］. Journal of Business Finance & Accounting,

2006, 33 (3 – 4): 550 – 579.

[169] Hafzalla N, Lundholm R, Van Winkle E. Percent accruals [J]. Accounting Review, 2011, 86 (1): 209 – 236.

[170] Handa P, Schwartz R, Tiwari A. Quote setting and price formation in an order driven market [J]. Journal of Financial Markets, 2003, 6 (4): 461 – 489.

[171] Harris M, Raviv A. Differences of opinion make a horse race [J]. Review of Financial Studies, 1993, 6 (3): 473 – 506.

[172] Harrison M, Kreps M. Speculative investor behavior in a stock market with heterogeneous expectations [J]. The Quarterly Journal of Economics, 1978, 92 (2): 323 – 336.

[173] Harvey C R, Liu Y, Zhu H. ⋯and the cross-section of expected returns [J]. Review of Financial Studies, 2016, 29 (1): 5 – 68.

[174] Harvey C R, Siddique A. Conditional skewness in asset pricing tests [J]. Journal of Finance, 2000, 55: 1263 – 95.

[175] Haugen R, Baker N. Commonality in the determinants of expected stock returns [J]. Journal of Financial Economics, 1996, 41 (3): 401 – 39.

[176] Hawkins E H, Chamberlin S C, Daniel W E. Earnings expectations and security prices [J]. Financial Analysts Journal, 1984, 40 (5): 24 – 38.

[177] Hellwig M. On the aggregation of information in competitive markets [J]. Journal of Economic Theory, 1980, 22 (3): 477 – 498.

[178] Hirshleifer D, Hou K, Teoh S, Zhang Y. Do investors overvalue firms with bloated balance sheets? [J]. Journal of Accounting and Economics, 2004, 38: 297 – 331.

[179] Hirshleifer D. Investor psychology and asset pricing [J]. Journal of Finance, 2001, 56 (4): 1533 – 1597.

[180] Holthausen R, Larcker D. The prediction of stock returns using financial statement information [J]. Journal of Accounting and Economics, 1992, 15 (2): 373 – 411.

[181] Hong H, Stein C. Disagreement and the stock market [J]. Journal of Economic Perspectives, 2007, 21 (4): 109 – 128.

[182] Hong H, Stein J. A unified theory of underreaction, momentum trading, and overreaction in asset markets [J]. Journal of Finance, 1999, 54

(6): 2143 – 2189.

[183] Hong H, Stein J. Differences of opinion, short-sales constraints, and market crashes [J]. Review of Financial Studies, 2003, 16 (2): 487 – 525.

[184] Houge T, Loughran T, Yan X. Divergence of opinion, uncertainty, and the quality of initial public offerings [J]. Financial Management, 2001, 30 (4): 5 – 23.

[185] Hou K, Mo H, Xue C, Zhang L. An augmented q-factor model with expected growth [J/OL]. Review of Finance, forthcoming, 2020.

[186] Hou K, Moskowitz T J. Market frictions, price delay, and the cross-section of expected returns [J]. Review of Financial Studies, 2005, 18 (3): 981 – 1020.

[187] Hou K, Xue C, Zhang L. Digesting anomalies: An investment approach [J]. Review of Financial Studies, 2015, 28 (3): 650 – 705.

[188] Hou K, Xue C, Zhang L. Replicating anomalies [J/OL]. Review of Financial Studies, forthcoming (https://doi. org/10. 1093/rfs/hhy131), 2019.

[189] Hsu J, Viswanathan V, Wang M, Wool P. Anomalies in Chinese A-shares [OL]. SSRN Working Paper, 2017.

[190] Hughes J S, Liu J. Information asymmetry, diversification, and cost of capital [J]. Accounting Review, 2007, 82: 705 – 729.

[191] Jarrow R, Krishenik A, Minca A. Optimal cash holdings under heterogeneous beliefs [J]. Mathematical Finance, 2017, 28 (2): 712 – 747.

[192] Jegadeesh, N. Evidence of predictable behavior of security returns [J]. Journal of Finance, 1990, 45 (3): 881 – 98.

[193] Jegadeesh N, Livnat J. Revenue surprises and stock returns [J]. Journal of Accounting & Economics, 2006, 41 (1/2): 147 – 171.

[194] Jegadeesh N, Titman S. Returns to buying winners and selling losers: Implications for stock market efficiency [J]. Journal of Finance, 1993, 48 (1): 65 – 91.

[195] Jiang G, Lee C M C, Zhang Y. Information uncertainty and expected returns [J]. Review of Accounting Studies, 2005, 10 (2 – 3): 185 – 221.

[196] Jiao J, Yan A. Convertible securities and heterogeneity of investor beliefs [J]. Journal of Financial Research, 2015, 38 (2): 255 –282.

[197] Kahneman D, Tversky A. On the psychology of prediction [J]. Psychological Review, 1973, 80 (4): 237 –251.

[198] Kahneman D, Tversky A. Prospect theory: An analysis of decision under risk [J]. Econometrica, 1979, 47 (2): 263 –292.

[199] Kandel E, Pearson N. Differential interpretation of public signals and trade in speculative markets [J]. Journal of Political Economy, 1995, 103 (4): 831 –872.

[200] Kasa K, Walker B, Whiteman H. Heterogeneous beliefs and tests of present value models [J]. Review of Economic Studies, 2014, 81 (3): 1137 –1163.

[201] Kogan L, Uppal R. Risk aversion and optimal portfolio policies in partial and general equilibrium economies [J]. CEPR Discussion Papers, 2002, 4 (1): 113 –133.

[202] Kozak S, Nagel S, Santosh S. Interpreting factor models [J]. Journal of Finance, 2018, 73 (3): 1183 –1223.

[203] Kuhn, T. The structure of scientific revolutions [M]. Chicago, University of Chicago Press, 1962.

[204] Kyle S. Continuous auctions and insider trading [J]. Finance & Stochastics, 1985, 53 (6): 1315 –1335.

[205] Kyle S, Wang A. Speculation duopoly with agreement to disagree: Can overconfidence survive the market test? [J]. Journal of Finance, 1997, 52 (5): 2073 –2090.

[206] Lakonishok J, Shleifer A, Vishny R W. Contrarian investment, extrapolation, and risk [J]. Journal of Finance, 1994, 49 (5): 1541 –1578.

[207] Lambert R, Leuz C, Verrecchia R E. Accounting information, disclosure, and the cost of capital [J]. Journal of Accounting Research, 2007, 45 (2): 385 –420.

[208] Lee C M C, Shleifer A, Thaler R H. Investor sentiment and the closed-end fund puzzle [J]. Journal of Finance, 1991, 46 (1): 75 –109.

[209] Lee C M C, Swaminathan B. Price momentum and trading volume [J]. Journal of Finance, 2000, 55 (5): 2017 –2069.

[210] Lerman A, Livnat J, Mendenhall R R. The high-volume return premium and post-earnings announcement drift [J]. SSRN Electronic Publishing, 2007.

[211] Lintner J. The valuation of risk asset and the selection of risky investments in stock portfolios and capital budgets [J]. Review of Economics and Statistics, 1965, 47 (1): 13 – 37.

[212] Litzenberger R H, Ramaswamy K. The effect of personal taxes and dividends on capital asset prices: Theory and empirical evidence [J]. Journal of Financial Economics, 1979, 7 (2): 163 – 195.

[213] Liu J, Stambaugh R F, Yuan Y. Size and value in China [J]. Journal of Financial Economics, 2019, 134 (1): 48 – 69.

[214] Liu W. A liquidity-augmented capital asset pricing model [J]. Journal of Financial Economics, 2006, 82 (3): 631 – 71.

[215] Loughran T, Wellman J W. New evidence on the relation between the enterprise multiple and average stock returns [J]. Journal of Financial & Quantitative Analysis, 2011, 46 (6): 1629 – 1650.

[216] Markowitz H M. Portfolio selection [J]. Journal of Finance, 1952 (7): 77 – 91.

[217] McLean R D, Zhao M. The Business Cycle, Investor Sentiment, and Costly External Finance [J]. Journal of Finance, 2014, 69 (3): 1377 – 1409.

[218] Mehra R, Prescott E C. The equity premium: A puzzle [J]. Journal of Monetary Economics, 1985, 15 (2): 145 – 161.

[219] Merton R C. A simple model of capital market equilibrium with incomplete information [J]. Journal of Finance, 1987, 42 (2): 483 – 510.

[220] Milgrom P, Stokey N. Information, trade, and common knowledge [J]. Journal of Economic Theory, 1982, 26: 17 – 27.

[221] Miller E. Risk, Uncertainty, and divergence of opinion [J]. Journal of Finance, 1977, 32 (4): 1151 – 1168.

[222] Modigliani F., M H. Miller. The cost of capital, corporation finance and the theory of investment [J]. The American Economic Review, 1958, 48 (3): 261 – 297.

[223] Moskowitz T, Grinblatt M. Do industries explain momentum? [J].

Journal of Finance, 1999, 54 (4): 1249 – 1290.

[224] Mossin J. Equilibrium in a capital asset market [J]. Econometrica, 1966, 34 (4): 768 – 783.

[225] Novy – Marx R. Operating leverage [J]. Review of Finance, 2010, 15 (1): 103 – 134.

[226] Novy – Marx R. The other side of value: The gross profitability premium [J]. Journal of Financial Economics, 2013, 108 (1): 1 – 28.

[227] Ou J, Penman S. Financial statement analysis and the prediction of stock returns [J]. Journal of Accounting and Economics, 1989, 11 (4): 295 – 329.

[228] Palazzo B. Cash holdings, risk, and expected returns [J]. Journal of Financial Economics, 2012, 104 (1): 162 – 185.

[229] Peng L, Xiong W. Investor attention, overconfidence and category learning [J]. Journal of Financial Economics, 2006, 80 (3): 563 – 602.

[230] Penman S H, Richardson S A, Tuna I. The book-to-price effect in stock returns: Accounting for leverage [J]. Journal of Accounting Research, 2007, 45 (2): 427 – 67.

[231] Pontiff J, Woodgate A. Share issuance and cross-sectional returns [J]. Journal of Finance, 2008, 63 (1): 921 – 945.

[232] Ritter J, Welch I. A review of IPO activity, pricing, and allocations [J]. Journal of Finance, 2002, 57 (4): 1795 – 1828.

[233] Rock K. Why new issues are underpriced? [J]. Journal of Financial Economics, 1986, 15 (1): 187 – 212.

[234] Ross S A. The arbitrage theory of capital asset pricing [J]. Journal of Economic Theory, 1976, 13 (3): 341 – 360.

[235] Scheinkman J, Xiong W. Overconfidence and speculative bubbles [J]. Journal of Political Economy, 2003, 111 (6): 1183 – 1220.

[236] Scherbina A. Suppressed negative information and future underperformance [J]. Review of Finance, 2008, 12 (3): 533 – 565.

[237] Sharpe W F. Capital asset prices: A theory of market equilibrium under conditions of risk [J]. Journal of Finance, 1964, 19 (3): 425 – 442.

[238] Shiller R J. Irrational exuberance [M]. 2nd ed. New Jersey: Princeton University Press, 2005.

[239] Shiller R J. The use of volatility measures in assessing market efficiency [J]. Journal of Finance, 1981, 36 (2): 291 – 304.

[240] Sloan R G. Do stock prices fully reflect information in accruals and cash flows about future earnings? [J]. Accounting Review, 1998, 71 (3): 289 – 315.

[241] Soliman M T. The use of DuPont analysis by market participants [J]. Accounting Review, 2008, 83 (3): 823 – 853.

[242] Song L, Tan S, Yi Y. IPO initial returns in China: Underpricing or overvaluation? [J]. China Journal of Accounting Research, 2014, 7 (1): 31 – 49.

[243] Stambaugh F, Yuan Y. Mispricing factors [J]. Review of Financial Studies, 2017, 30 (4): 1270 – 1315.

[244] Stambaugh F, Yu J, Yuan Y. The short of it: Investor sentiment and anomalies [J]. Journal of Financial Economics, 2012, 104 (2): 288 – 302.

[245] Statman S M. Behavioral capital asset pricing theory [J]. The Journal of Financial and Quantitative Analysis, 1994, 29 (3): 323 – 349.

[246] Thomas J K, Zhang F. Tax expense momentum [J]. Journal of Accounting Research, 2011, 49 (3): 791 – 821.

[247] Tian H. Regulatory underpricing: Determinants of Chinese extreme IPO returns [J]. Journal of Empirical Finance, 2011, 18 (1): 78 – 90.

[248] Titman S, Xie F, Wei K. Capital investments and stock returns [J]. Journal of Financial and Quantitative Analysis, 2004, 39 (4): 677 – 700.

[249] Tong Z, Wei X. Heterogeneous beliefs and diversification discount [J]. Finance Research Letters, 2018, 27 (2): 148 – 153.

[250] Verardo M. Heterogeneous beliefs and momentum profits [J]. Journal of Financial & Quantitative Analysis, 2009, 44 (4): 795 – 822.

[251] Verrecchia E. Information acquisition in a noisy rational expectations economy [J]. Econometrica, 1982, 50 (6): 1415 – 1430.

[252] Vives X. Information and learning in markets: The impact of market microstructure [M]. Princeton: Princeton University Press, 2008.

[253] Williams T. Capital asset prices with heterogeneous beliefs [J]. Journal of Financial Economics, 1977, 5 (2): 219 – 239.

[254] Xiong W. Bubbles, crises, and heterogeneous beliefs [J]. Handbook for Systemic Risk, 2013: 663 – 713.

[255] Zapatero F. Effects of financial innovations on market volatility when beliefs are heterogeneous [J]. Journal of Economic Dynamics and Control, 1998, 22 (4): 597 – 626.